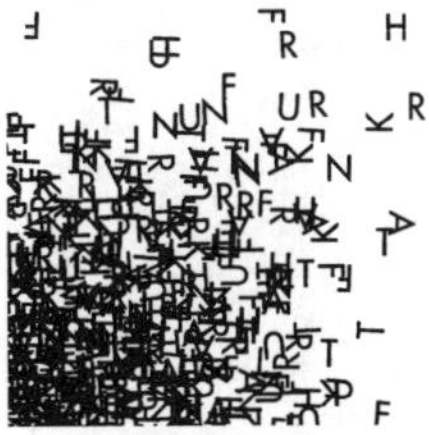

Dagmar Oberlies
Simone Holler
Margrit Brückner

Ratgeberin: Recht

Für Frauen, die sich trennen wollen,
und für Mitarbeiterinnen in
Frauenhäusern und Beratungsstellen

Fachhochschulverlag
Der Verlag für Angewandte Wissenschaften

Dagmar Oberlies, Simone Holler, Margrit Brückner
Ratgeberin: Recht
Für Frauen, die sich trennen wollen,
und für Mitarbeiterinnen in Frauenhäusern
und Beratungsstellen
Band 52, 2. Auflage
Stand: 1. Januar 2000

ISBN 3-923098-86-3

Der Verlag für Angewandte Wissenschaften
Frankfurt am Main

Typographische [redacted]
Christoph [redacted]
[redacted] Michael Becker und
[redacted] Studenten
an der Fachhochschule Frankfurt am Main,
auf Apple Macintosh Power PC 8600 im
Layoutprogramm FrameMaker 5.5
Druck: Elektra, 65527 Niedernhausen

Bestellungen
Das Buch kostet 20,– DM pro Exemplar (inkl. Versandkosten).
Bestellungen bitte per Post, Telefax, E-mail oder Telefon
unter der Angabe »Band 52« an:

Fachhochschulverlag · Vertrieb
Kleiststraße 31
60318 Frankfurt am Main

Telefon: (0 69) 15 33 – 28 20
Telefax: (0 69) 15 33 – 28 40
E-Mail: fhverlag@verlag.fh-frankfurt.de

INHALT

VORWORT ZUR 2. AUFLAGE

Gut eineinhalb Jahre nach der 1. Auflage nun die 2. Auflage der »Ratgeberin: Recht«, nicht nur, weil sich seither rechtlich einiges geändert hat, sondern auch, weil die 1. Auflage bis auf das letzte Buch verkauft ist. Dieser Erfolg ermutigt uns, auf dem begonnenen Weg fortzufahren.

neuester Stand

Die 2. Auflage ist auf den neuesten Stand gebracht. Das betrifft z.B. das Kindergeld, die geringfügigen Beschäftigungen, die Sozialhilferegelsätze, die Düsseldorfer Tabelle usw.

vereinfachte Berechnungstabellen

Die wichtigste Änderung betrifft die Neuaufnahme stark vereinfachter Berechnungstabellen, die eine erste Orientierung bzgl. der Frage ermöglichen sollen, ob Anspruch auf bestimmte Geldleistungen wie Prozesskostenhilfe, Unterhalt, Sozialhilfe, Erziehungsgeld besteht – und wenn ja, ungefähr in welche Höhe.

Eine erste Überschlagsrechnung mittels der Berechnungstabellen kann nicht die sehr viel genaueren behördlichen oder anwaltlichen Auskünfte ersetzen. Trotzdem hoffen wir, dass sie eine Hilfestellung für die Praxis sind (Blankoberechnungsformulare im Anhang, ab Seite 232).

Zum Schluss möchten wir nochmals die Bitte aus der 1. Auflage wiederholen: Teilen Sie uns mit, wenn Sie ein Stichwort vermissen oder ein Problem, das in Ihrem Arbeitsalltag wichtig ist, nicht angesprochen ist! Wir überarbeiten die »Ratgeberin« fortlaufend und greifen dabei gerne Ihre Anregungen auf.

Wer sich nicht nur durch Lesen bilden möchte, hat zudem noch die Möglichkeit, an einer der beruflichen Weiterbildungen teilzunehmen, die begleitend zum Buch von der Fachhochschule Frankfurt am Main angeboten werden (s. Seite 234).

Danken möchte ich den RezensentInnen der 1. Auflage: Ihr Lob hat uns gefreut, und ihre Kritik hat uns geholfen, die »Ratgeberin« (noch) besser zu machen. Dank gilt auch meiner Kollegin Sibylla Flügge, von deren fachlicher Kenntnis des »neuen« Kindschaftsrechts die »Ratgeberin« in ihrer 2. Auflage profitiert.

Frankfurt am Main
im Januar 2000

Dagmar Oberlies

VORWORT ZUR 1. AUFLAGE

Liebe Leserinnen!

Wir freuen uns, dass Sie unsere »Ratgeberin: Recht« in der Hand halten – so hat sich unsere Arbeit gelohnt.

Die »Ratgeberin: Recht« geht auf einen Leitfaden für Frauen zurück, der vor über fünfzehn Jahren geschrieben wurde, um Frauen, die sich von ihren (gewalttätigen) Männern trennen wollten, eine erste Orientierung Im Gewirr von rechtlichen Ansprüchen und erforderlichen bürokratischen Schritten zu ermöglichen. Inzwischen brauchen nicht nur von Gewalt betroffene Frauen, sondern auch die Mitarbeiterinnen in Frauenhäusern und Beratungsstellen eine solche Orientierungshilfe im Labyrinth sich ständig ändernder gesetzlicher Regelungen.

Wir haben deshalb den Spagat gewagt, sowohl den betroffenen Frauen praktische Hilfe anzubieten als auch den Mitarbeiterinnen einen qualifizierten Überblick über die für ihre Arbeit wichtigen Rechtsgebiete zu geben. Wir hoffen, dass uns das gelungen ist, und erwarten gern Ihre Kritik, Anregungen, Änderungsvorschläge, um sie bei der nächsten Auflage zu berücksichtigen.

30 Stichworte

Für die »Ratgeberin: Recht« haben wir 30 Stichworte bearbeitet: Von »Anwaltlicher Hilfe« über »Arbeitslosigkeit«, »Kinder«, »Krankenversicherung«, »Migrantinnen«, »Nichteheliche Lebensgemeinschaften«, »Rente«, »Scheidung«, »Schutzanordnungen«, »Sorgerecht«, »Sozialhilfe«, »Steuern«, »Strafanzeige«, »Trennung«, »Unterhalt«, »Versorgungsausgleich«, »Wohngeld« bis »Zugewinn«. Über das Griffregister sind sie leicht auffindbar, so dass Sie die Möglichkeit haben, sich schnell und übersichtlich über alle neuen gesetzlichen Regelungen zu informieren.

auf aktuellem Stand

Wir haben alle absehbaren Rechtsentwicklungen eingearbeitet, die »Ratgeberin: Recht« ist auf aktuellem Stand: Juli 1998. So erfahren Sie alles Wesentliche zum neuen Kindschaftsrecht und zum gerade verabschiedeten Kindesunterhaltsgesetz. Wir haben die Rechtsänderungen durch das SGB III im Bereich der Arbeitsförderung und der Erteilung von Arbeitsgenehmigungen sowie die Neuregelung vieler Straftatbestände im Bereich sexueller Gewalt berücksichtigt.

Neu für Fachkräfte

Neu ist, dass wir der Broschüre – vor allem für die mit dem Thema befassten Fachkräfte – die wichtigsten gesetzlichen

Regelungen aus den Bereichen »Anwalts- und Gerichtskosten«, »Arbeits- und Arbeitslosenrecht«, »Familien- und Jugendhilferecht«, »Sozialleistungsrecht«, »Strafrecht und Opferentschädigung« beigefügt haben.

Das ermöglicht Ihnen, sich die einzelnen Regelungen, die wir im Text nur kursorisch darstellen konnten, genauer nachzulesen. Wir hoffen, dass diese Hilfe die alltägliche Arbeit erleichtert.

Gesetze haben eine sehr kurze »Verfallszeit«: ständig ändert sich etwas. Vor allem für Fachkräfte, die Frauen beraten, ist es deshalb wichtig, in der Tagespresse die geplanten Rechtsänderungen zu verfolgen. Zusätzlich empfiehlt sich die laufend aktualisierte Gesetzessammlung für Sozialberufe des Fachhochschulverlages.*

Für Frauen, die sich trennen wollen

Frauen, die sich trennen wollen, wollen wir mit diesem Leitfaden eine Übersicht geben, wie, wo, wann, was und mit welcher Konsequenz im Falle einer Trennung/Scheidung zu tun ist. Wir haben uns bemüht, die notwendigen bürokratischen Verfahren möglichst einfach und verständlich darzustellen, damit Sie Ihre Rechte wahrnehmen können und wissen, was auf Sie zukommt. Wir hoffen, dass Ihnen das Sicherheit im Umgang mit Behörden und Gerichten gibt. Dennoch sollten Sie sich nicht scheuen, professionelle Hilfe in Anspruch zu nehmen. Unterschiedliche Hilfestellungen erhalten Sie bei Beratungsstellen, Anwältinnen, Therapeutinnen; Zufluchtsmöglichkeiten für Sie und Ihre Kinder gibt es in Frauenhäusern.

Hinweiszeichen

Wir haben versucht, die »Ratgeberin: Recht« durch Hinweiszeichen sowie Randüberschriften übersichtlich zu gestalten, so dass Sie schnell finden können, was Sie suchen. Speziell für Frauen, die Zuflucht in einem Frauenhaus suchen, haben wir

Adressen

im Anhang die Adressen und Telefonnummern aller autonomen Frauenhäuser abgedruckt (von den verbandlichen Frauenhäusern haben wir Kontaktadressen angegeben).
Die »Ratgeberin: Recht« geht auf viele Vorarbeiten zurück: Die Idee stammt aus einer Zusammenarbeit zwischen dem autonomen Frauenhaus Frankfurt am Main und dem Theorie-Praxis-

* »Gesetze für Sozialberufe«, 2 Teilbände, 2.100 Seiten, DM 49,– (inkl. Versandkosten); Bezug: Fachhochschulverlag, Kleiststraße 31, 60318 Frankfurt am Main; Fax: 069/1533 – 2840; e-mail: fhverlag@verlag.fh-frankfurt.de

Schwerpunkt »Frauenarbeit« des Fachbereichs Sozialarbeit an der Fachhochschule Frankfurt am Main. Der erste Leitfaden erschien 1980 unter dem Namen »Leitfaden für Frauen in Frauenhäusern«.
Die letzte Überarbeitung des Leitfadens wurde 1985 vom Frankfurter »Infoladen für Frauen« geleistet, einem Projekt, das aus dem Frauenschwerpunkt hervorgegangen war und Beratung für misshandelte Frauen anbot. Die finanzielle Hinterlassenschaft dieses Projektes (dessen Aufgaben heute vom Autonomen Frauenhaus wahrgenommen werden) hat die Überarbeitung der vorliegenden Broschüre möglich gemacht.

viele Mütter – und noch mehr Tanten

Die aktuelle »Ratgeberin: Recht« hat viele Mütter – und noch mehr Tanten: Außer den Autorinnen haben an der Ausarbeitung der Stichworte auch Studentinnen des Schwerpunktes Frauenarbeit an der Fachhochschule Frankfurt am Main mitgewirkt.

Fachkundige Hilfe haben wir uns bei den Rechtsanwältinnen Luise Gantzer (Frankfurt am Main), Malin Bode und Jutta Kassing (beide Bochum), Angelika Schröder (Darmstadt) und bei Sabine Heinke (Bremen) geholt. Ihnen allen danken wir.

Zum Schluss noch ein Hinweis: In der Broschüre verwenden wir überwiegend weibliche Berufsbezeichnungen. Wir gehen davon aus, dass im Bereich »Gewalt gegen Frauen« mehrheitlich Frauen tätig sind – und wollen unsere Wertschätzung und die Anerkennung dieser Realität auch sprachlich zum Ausdruck bringen.

Frankfurt am Main
im Juli 1998

Dagmar Oberlies
Simone Holler
Margrit Brückner

ABKÜRZUNGS- UND SYMBOLVERZEICHNIS

BGB	Bürgerliches Gesetzbuch
BSHG	Bundessozialhilfegesetz
HSOG	Hessisches Gesetz über die öffentliche Sicherheit und Ordnung
KJHG	Kinder- und Jugendhilfegesetz
PKH	Prozesskostenhilfe
SGB	Sozialgesetzbuch
StGB	Strafgesetzbuch

Verweis auf andere Stichworte im Leitfaden

Erklärungen im selben Stichwort oben

Erklärungen im selben Stichwort unten

Berechnungsbeispiele

Weitere Informationen

§ Gesetzliche Regelungen

Informationen speziell für Migrantinnen

Literaturhinweise

Hier ist Vorsicht geboten

Unbedingt schriftlich festhalten

Bitte Fristen beachten

ANWALTLICHE HILFE

Um Ihre Rechte durchzusetzen, empfiehlt es sich, Beratung einzuholen und ggfs. die Hilfe einer Anwältin in Anspruch zu nehmen. Manchmal sieht das Gesetz sogar zwingend vor, dass Sie nur mit einer Anwältin vor Gericht erscheinen dürfen (sogenannter Anwaltszwang), dazu gehören in der Regel die Scheidungsverfahren ☞. Auch wenn anwaltliche Vertretung nicht zwingend vorgeschrieben ist, wie beispielsweise bei der Regelung der Trennungsfolgen: Sorge- und Besuchsrecht für die Kinder ☞, Unterhalt während des Getrenntlebens ☞, Hausratsverteilung usw. ☞, ist sie doch häufig ratsam.

Anwaltszwang

anwaltliche Vertretung häufig ratsam

Ein gutes Beispiel ist der Unterhalt ☞: wenn er zu gering berechnet wurde, kann nicht rückwirkend mehr verlangt werden; es kommt also auf die richtige Berechnung an – und die ist oft sehr schwierig. Es empfiehlt sich deshalb, frühzeitig eine Anwältin einzuschalten. Aber: nicht alle Anwältinnen können alles gleich gut, sie sind spezialisiert. Deshalb ist es wichtig, die richtige Anwältin für Ihr Problem zu suchen und zu finden.

Hilfreich ist ein von der feministischen Rechtszeitschrift STREIT herausgegebenes Rechtsanwältinnenverzeichnis (Bezugsadresse: Wyckstr. 8, 28213 Bremen; Fax: 0421/2239719. Kosten: 25,– DM + 5,– DM Versandkostenanteil), das Anwältinnen nicht nur nach ihrem Kanzleisitz, sondern auch nach ihren Tätigkeitsschwerpunkten auflistet. Ein vergleichbares Verzeichnis gibt es auch vom Deutschen Juristinnenbund e.V., Reuterstr. 241, 53113 Bonn.

Gut ist auch, vorher z.B. bei der Frauenbeauftragten Ihrer Gemeinde, bei einer Frauenberatungsstelle oder einem Frauenhaus anzurufen, um zu erfahren, mit wem diese zusammenarbeiten. Die Angst vor den Kosten einer anwaltlichen Vertretung muss kein Argument sein, denn möglicherweise können Sie Beratungs- oder Prozesskostenhilfe oder Prozesskostenvorschuss in Anspruch nehmen.

Vorsicht mit Anwaltswechseln! Die Gebühren können doppelt anfallen.

Falls Ihr Einkommen gering ist, können Sie sich für wenig Geld

- anwaltlich beraten lassen (Beratungshilfe) und
- auch in einem Prozess von einer Anwältin kostengünstig vertreten lassen (Prozesskostenhilfe).

Die für dieses Stichwort relevanten gesetzlichen Regelungen finden sie unter: Beratungshilfegesetz, S. 174, Prozesskostenhilfe (Zivilprozessordnung), S. 175; Bürgerliches Gesetzbuch (§ 1361), S. 149

Voraussetzung ist, dass Ihr Einkommen unterhalb bestimmter Einkommensgrenzen ☞ liegt.

Auch Migrantinnen haben Anspruch auf Prozesskosten- und Beratungshilfe.

Beratungshilfe

Beratungshilfe wird gewährt:

- im Zivilrecht: z.B. in Mietsachen, bei Scheidung, Unterhalts- und Scheidungssachen und auch im Arbeitsrecht;
- im Verwaltungsrecht: dazu gehören die Sozialhilfe und die Jugendhilfe, das Ausländerrecht oder auch das Wohngeld;
- im Sozialrecht: damit ist vor allem das Sozialversicherungsrecht gemeint, also Kranken-, Arbeitslosen- und Rentenversicherung sowie
- (eingeschränkt) im Strafrecht.

Beratungshilfe ist nicht nur Beratung, sondern – außer in Strafsachen – auch Vertretung, das heißt, dass die Anwältin für Sie auch mit Behörden, Ehemännern oder anderen Anwälten verhandeln kann.

Antragstellung

Beratungshilfe muss beantragt werden, entweder:

- bei der sogenannten Rechtsantragsstelle des Amtsgerichts (dort wird Ihnen dann ein »Berechtigungsschein« ausgehändigt, den Sie bei Ihrer Anwältin vorlegen müssen) oder
- direkt über die Anwältin, von der Sie beraten werden wollen.

Für den Antrag benötigen Sie Unterlagen, aus denen sich Ihre Einkommensverhältnisse ☞ ergeben.

Prozesskostenhilfe

Prozesskostenhilfe, also die Übernahme Ihrer Gerichts- und Anwaltsgebühren, gibt es:

- in Zivilverfahren (☞ Gerichte): bei allen Familienstreitigkeiten, und im Arbeitsrecht, in Verwaltungsverfahren und Sozialgerichtsverfahren (☞ Gerichte) sowie
- für sogenannte Nebenklagevertretungen (☞ Strafanzeige), also wenn Sie sich als Betroffene an einem Strafverfahren gegen den Täter beteiligen wollen.

Antragstellung

Der Antrag auf Prozesskostenhilfe wird durch Ihre Anwältin gestellt. Sie braucht von Ihnen jedoch Unterlagen um Ihre Einkommensverhältnisse ☞ festzustellen.

Das Gericht

- überprüft ihr Einkommen ☞,
- legt eventuell Raten fest bzw. wie Sie Ihre Prozesskosten zurückzahlen müssen,
- schätzt die Erfolgsaussichten des angestrebten Prozesses ein, denn für aussichtslose Prozesse will der Staat kein Geld ausgeben.

Einkommensgrenzen

Maßgeblich ist das sogenannte »bereinigte Nettoeinkommen« (☞ Sozialhilfe), also Ihr Einkommen nach Abzug von
- Steuern
- Sozialversicherungsbeiträgen
- anderen notwendigen Versicherungen
- Werbungskosten, z.B. Fahrtkosten zur Arbeit, Arbeitsmittel
- Kosten der Wohnung
- Berufstätige können noch einen Mehrbedarf von bis zu 50% des sozialhilferechtlichen Regelsatzes abziehen.

Kosten

Vom Restbetrag werden weitere Pauschalsätze für Sie selbst und andere unterhaltsberechtigte Personen abgezogen. Wenn Ihnen nach Abzug dieser Beträge weniger als
- 672,– DM für Sie selbst,
- plus 672,– DM für einen im gleichen Haushalt lebenden Ehepartner, der kein eigenes Einkommen hat,
- plus 473 DM für jede weitere Person, die Sie versorgen oder an die Sie Unterhalt zahlen,

bleiben, kostet die Beratung gerade mal 20,– DM, die Prozessvertretung ist kostenlos. Liegen Sie über diesem Betrag, besteht immer noch die Möglichkeit, die Prozesskosten in Raten zurückzuzahlen ☞. Sozialhilfeempfängerinnen liegen immer unter der maßgeblichen Einkommensgrenze.

Die Beträge werden jeweils zum 1. Juli eines Jahres neu festgesetzt.

Achtung: Wenn Sie den Prozess verlieren, können Kosten auf Sie zukommen – die der anderen Seite nämlich. Bei der Scheidung gibt es aber – *rechtlich* – keine Gewinnerinnen und Verlierer, weil nur ein Zustand (Ehe) beendet wird.

Auch wenn Ihr Einkommen über der Einkommensgrenze liegt, lohnt sich ein Antrag auf Prozesskostenhilfe: meist führt er dazu, daß Ihnen Prozesskostenhilfe auf der Basis monatlicher Raten gewährt wird (insgesamt nie mehr als 48). Die Raten werden je nach Höhe Ihres Einkommens anhand einer speziellen Tabelle festgesetzt.

Sollten sich Ihre finanziellen Verhältnisse verschlechtern, können Sie bei Gericht um geringere Raten bitten.

Im Falle einer Verbesserung Ihrer Einkommensverhältnisse kann aber auch das Gericht innerhalb von vier Jahren nach Abschluss des Prozesses nachträglich Raten festsetzen oder festgesetzte Raten erhöhen.

Zur vereinfachten Berechnung des Beratungshilfe- bzw. Prozesskostenhilfeanspruchs finden Sie ein Berechnungsbeispiel auf der nächsten Seite.

Vereinfachte Berechnung des Beratungshilfe- bzw. Prozesskostenhilfeanspruchs[1]
(Blankoberechnungsformular Seite 232)

Beispielsrechnung: Alleinerziehende, 1 Kind, Nettoeinkommen 2.250 DM/Monat plus Kindergeld, KFZ-Haftpflicht 680 DM/Jahr, Miete inkl. Nebenkosten und Heizung 550 DM.

	Berechnungsmodus (Sätze 1999)	Beispiel	
Nettoeinkommen	Alle Einkünfte (auch Unterhalt) einschließlich Weihnachtsgeld, Urlaubsgeld, Zulagen abzüglich Steuern und SV-Beiträge umgerechnet auf einen Monat <u>oder</u> vereinfacht: monatliches Nettoeinkommen x 13 : 12	2.438 DM	
+ Kindergeld, Wohngeld		+ 270 DM	
– Kosten der Wohnung	Miete plus Nebenkosten plus Heizung	– 550 DM	
– Versicherungen	soweit gesetzlich vorgeschrieben oder angemessen (z.B. Haftpflicht, Hausrat)	– 57 DM	
– Werbungskosten	Arbeitsmittel, Fahrten zur Arbeit, Gewerkschaftsbeiträge	– 47 DM	
– Abzugsbetrag für Erwerbstätige	bei Einkommen über 1.050 DM: 50% des Sozialhilferegelsatzes (273 DM)	– 273 DM	
– Abzugsbetrag	64% des Regelsatzes nach § 79 BSHG (672 DM)	– 672 DM	
– Abzugsbetrag für Ehegatten	64% des Regelsatzes nach § 79 BSHG (672 DM)		
– Abzugsbetrag für weitere unterhaltsberechtigte Personen	45% des Regelsatzes nach § 79 BSHG (473 DM)	– 473 DM	
– sonstige Zahlungsverpflichtungen und besondere Belastungen	z.B. Kredite, Kinderbetreuungskosten		
einzusetzendes Einkommen		636 DM	

<u>Ergebnis:</u> Kein Anspruch auf Beratungshilfe; Prozesskostenhilfe auf der Basis von monatlichen Raten in Höhe von 190 DM

[1] Diese Berechnungen sind eine (ungefähre) Orientierungshilfe. Eine genaue Berechnung muss durch die zuständigen Stellen bzw. Anwältinnen erfolgen.

Prozesskostenvorschuss

Wichtig zu wissen: möglicherweise muss Ihr Mann – im Rahmen seiner Unterhaltsverpflichtung – für die Kosten eines Rechtsstreites (einschließlich Ihrer Scheidungskosten) aufkommen und sogar einen entsprechenden Vorschuss leisten, wenn Sie selbst nicht in der Lage sind, die Kosten zu tragen.

Rechtsschutzversicherung:
Welche Versicherung gegen welches Risiko?

Wenn Sie eine Rechtsschutzversicherung haben, müssen Sie nicht selbst für die Kosten eines Rechtsstreites aufkommen. Prüfen Sie deshalb, ob Sie eine Familienrechtsschutzversicherung haben (gibt es auch für nichtverheiratete Paare) – oder über Ihre Gewerkschaft rechtsschutzversichert sind.
Wie bei allen Versicherungen müssen Sie auch bei der Rechtsschutzversicherung genau darauf achten, gegen welches Risiko Sie versichert sind (nur Verkehrsrechtsschutz oder auch Vertragsrechtsschutz). In manchen Rechtsbereichen werden nur Beratungen übernommen (wie z.B. bei Ehescheidungen), in anderen auch die Vertretung vor Gericht.

Bei Scheidungsverfahren gibt es noch eine weitere Besonderheit: Wenn Sie eine Familienrechtsschutzversicherung haben, die auf den Namen Ihres Mannes abgeschlossen wurde, werden nur seine Kosten übernommen. Oft ist es aber möglich, dass Sie sich trotzdem – auf Kosten der Rechtschutzversicherung – zunächst einmal beraten lassen.

➲ Fragen Sie vorher Ihren Versicherungsvertreter oder Ihre Anwältin, ob die Kosten übernommen werden können.

Berechnung der Anwaltsgebühren
Streitwert

Die Gebühren der Anwältinnen werden nicht nach Stunden, sondern nach dem »Wert« des Gegenstandes bemessen, um den gestritten wird (z.B. der Höhe der Unterhaltsforderung). Weiter ist maßgeblich, welche einzelnen Tätigkeiten die Anwältin erbracht hat (z.B. nur Beratung oder auch Prozessvertretung). Die Gebührenrahmen sind für die einzelnen Tätigkeiten gesetzlich festgelegt, die Höhe der Gebühren bezogen auf den jeweiligen »Streitwert« ergeben sich aus einer Gebührentabelle. Nur in umfangreichen Strafverfahren ist es üblich geworden, eine Honorarvereinbarung (z.B. ein Tages- oder Stundenhonorar) abzuschließen.

Am besten erkundigen Sie sich über die voraussichtlichen Kosten und die Möglichkeit, Prozesskostenhilfe zu beantragen, bevor Sie die anwaltliche Vollmacht unterschreiben.

ARBEIT, ARBEIT, ARBEIT

… gemeint ist hier (ausreichend) bezahlte Arbeit; unbezahlte Arbeit (Hausarbeit, Kinderbetreuung) haben Sie vermutlich – wie die meisten Frauen – genug.

Erwerbsarbeit
Rückkehr in den Beruf: Arbeitssuche

Viele Frauen wollen oder müssen nach einer Trennung von ihrem Mann wieder eine Arbeit suchen. Das ist bei der derzeitigen Arbeitsmarktlage, vor allem bei dem hohen Anteil arbeitsloser Frauen, nicht leicht. Vorteile haben Sie, wenn Sie bereits eine Berufsausbildung haben, schwieriger ist es, wenn Sie keine Ausbildung vorzuweisen haben.

➲ Bei der Arbeitssuche hilft Ihnen das Arbeitsamt: Es bietet eine Berufsberatung und eine Arbeitsvermittlung; ergänzend kann es eine Reihe von finanziellen Unterstützungen leisten (☞ Arbeitslosigkeit).

Wenn Sie nur vorübergehend Unterhalt ☞ von Ihrem Mann bekommen bis Sie wieder eine Arbeit gefunden haben, müssen Sie mehr tun als sich beim Arbeitsamt arbeitssuchend zu melden; dann müssen Sie sich zumindest auf in Betracht kommende Anzeigen in der Zeitung bewerben und ggfs. zusätzlich von sich aus Firmen anschreiben und sich bewerben.

Hilfe vom Arbeitsamt

Oft sind Sie aber nach einer Trennung in der schwierigen Lage, dass Sie – familienbedingt – Ihre Berufstätigkeit unterbrochen oder auf eine Ausbildung ganz verzichtet haben.

➲ Auch in diesem Fall sollten Sie sich an das Arbeitsamt wenden. Es kann Eingliederungszuschüsse gewähren sowie Trainings-, Aus- und Weiterbildungsmaßnahmen fördern, um Ihre Chancen auf dem Arbeitsmarkt zu verbessern (☞ Arbeitslosigkeit).

Hilfe durch die Sozialämter

Auch im Rahmen der Sozialhilfe ☞ werden immer mehr Anstrengungen unternommen, Menschen wieder in Arbeit zu vermitteln und ihnen so zu helfen, selbst für sich zu sorgen. Welche Hilfen angeboten werden, ist örtlich sehr verschieden. Grundsätzlich müssen sich auch Menschen, die Sozialhilfe beziehen, selbst um Arbeit bemühen. Das gilt allerdings nur soweit dadurch nicht die Erziehung der Kinder gefährdet wird. Das könnte der Fall sein, wenn Ihr Kind (eines Ihrer Kinder) jünger als drei Jahre ist, danach hat es Anspruch auf einen Kindergartenplatz (dass es diesen auch wirklich bekommt, dabei sollen die Sozialämter helfen).

Die für dieses Stichwort relevanten gesetzlichen Regelungen finden sie unter: Bürgerliches Gesetzbuch, S. 136; Arbeitszeitgesetz, S. 135; Entgeltfortzahlungsgesetz, S. 139; Kündigungsschutzgesetz, S. 140; Mutterschutzgesetz, S. 141; Beschäftigtenschutzgesetz, S. 137

Haben Sie die Möglichkeit, Arbeit zu bekommen, dann kann das Sozialamt Ihrem Arbeitgeber und – für ein halbes Jahr – (auch) Ihnen selbst einen Zuschuss zahlen. Zudem hat das Sozialamt auch selbst die Verpflichtung, Arbeitsgelegenheiten zu schaffen. Wenn Sie in einer solchen Maßnahme beschäftigt sind, wird entweder ein reguläres Arbeitsverhältnis begründet, in dem Sie nicht nur Lohn bekommen, sondern auch kranken- und rentenversichert sind, oder Sie erhalten – zusätzlich zur Hilfe zum Lebensunterhalt (☞ Sozialhilfe) – eine »angemessene« Entschädigung (in diesem Fall sind Sie aber nicht sozialversichert).

Abschluss von Arbeitsverträgen

Wenn Sie Glück haben und einen Arbeitsplatz finden, dann sind Sie in der vielleicht ungewohnten Lage, einen Arbeitsvertrag abschließen zu müssen.

Sie sollten sich angewöhnen, Verträge genau durchzulesen und sich im Zweifel alles erklären zu lassen, was Sie nicht verstehen. In einem Arbeitsvertrag sollte geregelt sein:

- die Dauer des Arbeitsverhältnisses (befristet/unbefristet), evtl. die Länge der Probezeit;
- die Höhe des Lohnes, Urlaubs- und Weihnachtsgeld;
- die Art der Arbeit und der genaue Arbeitsplatz;
- die Arbeitszeit und Urlaub.

Zudem sollten Sie nachfragen, ob ergänzend ein Tarifvertrag gilt, und sich diesen sofort besorgen, weil darin oft noch einige Besonderheiten geregelt sind.

Manchmal werden Sie vor dem Abschluss eines Arbeitsvertrages gefragt, ob Sie schwanger sind (oder in absehbarer Zeit schwanger werden wollen). Solche Fragen sind unzulässig, weil sie nur Frauen gestellt werden können und deshalb diskriminierend sind (denn sie haben nur das eine Ziel, Sie dann nicht einzustellen). Sie müssen diese Frage deshalb nicht beantworten, sogar die Unwahrheit kann Ihnen nicht angelastet werden.

Arbeitsverhältnisse

Einige Arbeitsverhältnisse, die fast ausschließlich Frauen vorbehalten sind, weisen Besonderheiten auf.

Geringfügige Beschäftigung

Als geringfügig gelten Beschäftigungen mit einer (regelmäßigen) Arbeitszeit von max. 15 Stunden/Woche und einem (regelmäßigen) Einkommen von bis zu 630,– DM/Monat. Wer diese Grenzen überschreitet – egal, ob mit mehreren geringfügigen Beschäftigungen oder mit einer Hauptbeschäftigung und einer geringfügigen Nebenbeschäftigung –, ist sozialversicherungs- und grds. steuerpflichtig. Wer dagegen wirklich nur einen 630-DM-Job hat, für den gelten Sonderregelungen: Zwar müssen Sie selbst auch weiterhin keine Beiträge in die Sozialversicherung entrichten, aber Ihr Arbeitgeber ist jetzt verpflichtet, zusätzlich zu Ihrem Lohn 12% Ihres Arbeitsentgeltes in die Rentenversicherung und 10% an die Krankenversicherung zu zahlen. Ansprüche aus der Krankenversicherung ☞ haben Sie aber weiterhin nur, wenn Sie über Ihren Mann mitversichert sind. Rentenansprüche erwerben Sie, wenn Sie nicht freiwillig zuzahlen, nur eingeschränkt (☞ Rente).

Andererseits gilt aber auch für geringfügige Beschäftigungsverhältnisse das normale Arbeitsrecht, das heißt: im Krankheitsfalle gibt es Lohnfortzahlung (korrekt: Entgeltfortzahlung), es gilt das Kündigungsschutzgesetz, sie haben Anspruch auf bezahlten Urlaub usw.

Teilzeitarbeit

Viele Frauen wollen, solange Sie kleine Kinder betreuen, nur Teilzeit arbeiten. Wenn Sie nicht ausschließlich geringfügig beschäftigt sind, haben Sie Anspruch auf die Leistungen der Sozialversicherungen. Ein Problem ergibt sich dort, wo die Leistungen einkommensabhängig erbracht werden – wie in der Renten- und Arbeitslosenversicherung. Hier gilt: wer wenig verdient (und deshalb wenig eingezahlt) hat, bekommt auch wenig.

Im Alter oder bei Arbeitslosigkeit können deshalb teilzeitarbeitende Frauen leicht unter eine Grenze rutschen, die ein existenzsicherndes Einkommen garantiert. Dann sind Sie u. U. darauf angewiesen, ergänzend Sozialhilfe ☞ zu beantragen.

Arbeitsplatzprobleme:
Aufgabe des Arbeitsplatzes

Wenn Sie – auch nach einer Trennung – Gewalttätigkeiten Ihres Mannes befürchten, kann es manchmal erforderlich werden, den Wohnort zu wechseln und sogar den Arbeitsplatz aufzugeben. Ein solcher Schritt will gut geplant sein.

Wenn Sie selbst kündigen, kann Ihnen unter Umständen eine Sperrzeit vom Arbeitsamt auferlegt werden (☞ Arbeitslosigkeit). Deshalb sollten Sie versuchen, Ihre Lage mit Ihrem Arbeitgeber zu besprechen und eine Lösung suchen, die Ihnen nicht schadet.

➲ In diesem Fall empfiehlt es sich auch, sich vorher anwaltlichen Rat ☞ zu holen.

Kündigung des Arbeitsplatzes

Bei der derzeitigen Arbeitsmarktlage besteht aber auch die Gefahr, dass Sie Ihren Arbeitsplatz verlieren. Wenn Sie – seit mehr als 6 Monaten – in einem Betrieb mit mehr als 5 Beschäftigten arbeiten (Teilzeitkräfte zählen nur anteilig), gilt für Sie das Kündigungsschutzgesetz. Kündigungen sind dann unzulässig, wenn Sie sozial ungerechtfertigt sind. Mögliche Kündigungsgründe sind:

- Gründe, die in Ihrer Person liegen, z. B. häufige oder längere Krankheiten;

- Gründe, die in Ihrem Verhalten liegen, z.B. Alkoholkonsum, Diebstahl, schlechte Leistungen, unentschuldigtes Fehlen oder häufiges Zuspätkommen (aber meist nur, wenn Sie vorher abgemahnt worden sind), unkollegiales Verhalten;
- betriebsbedingte Gründe, also vor allem, wenn der Betrieb in finanzielle Schwierigkeiten geraten ist; aber auch dann muss Ihr Arbeitgeber genau darlegen, warum gerade Ihr Arbeitsplatz wegfallen soll, und dass es keine anderen Möglichkeiten gibt (z.B. Kurzarbeit oder eine andere »Sozialauswahl«).

Unabhängig davon, ob für Sie das Kündigungsschutzgesetz Anwendung findet, gelten – abhängig von der Beschäftigungsdauer – gesetzliche oder tarifvertragliche Kündigungsfristen. Ohne Frist kann ein Arbeitsverhältnis nur aus »wichtigem Grund« gekündigt werden, das heißt, wenn es unmöglich ist, die Kündigungsfrist abzuwarten. Gibt es in Ihrem Betrieb einen Betriebsrat (bei Behörden: Personalrat) muss er vor der Kündigung angehört werden, sonst ist die Kündigung unwirksam.

Halten Sie eine Kündigung für ungerechtfertigt, müssen Sie unbedingt innerhalb von drei Wochen Klage beim Arbeitsgericht einreichen, sonst ist die Kündigung wirksam.

Wenn Sie gekündigt worden sind, sollten Sie sich umgehend beraten lassen, um keine folgenschweren Fehler zu machen.

Weitere Informationen bekommen Sie, falls Sie Mitglied sind, bei Ihrer Gewerkschaft, sonst bei den Fachanwältinnen für Arbeitsrecht (☞ Anwaltliche Hilfe).

Einen guten Überblick über Fragen des Arbeitsrechts im Frauenalltag gibt der – nicht mehr ganz »aktuelle« – Beitrag von Malin Bode (1990) im: Rechtsratgeber Frauen, rororo aktuell 12553, 19,80 DM.

(Sexuelle) Belästigung am Arbeitsplatz

Seit 1994 gibt es ein spezielles Gesetz zum Schutz vor sexueller Belästigung am Arbeitsplatz.

Es definiert sexuelle Belästigung als »vorsätzliches, sexuell bestimmtes Verhalten, das die Würde von Beschäftigten am Arbeitsplatz verletzt.« Als Beispiele nennt das Gesetz: strafbare Handlungen, aber auch sonstige sexuelle Handlungen (oder die Aufforderung dazu), Berührungen, Bemerkungen und das Zeigen pornografischer Darstellungen. Das Gesetz stellt klar, dass solche Handlungen nicht nur strafbar sein können, sondern arbeitsvertragliche bzw. Dienstpflichten verletzen. Deshalb kann (und muss) der Arbeitgeber gegen solches Verhalten arbeitsrechtlich, das heißt durch Abmahnungen, Versetzungen bis hin zu Kündigungen vorgehen, wenn sich eine betroffene Frau beschwert. Umgekehrt dürfen der Frau keine Nachteile entstehen. Regt sich Ihr Arbeitgeber oder Vorgesetzter nicht, um die Belästigung zu unterbinden, dürfen Sie bei Vorliegen bestimmter Voraussetzungen sogar die Arbeit einstellen, ohne dass Ihnen Ihr Einkommen verlorengeht.

Familie und Beruf

Wenn Sie neben der Familie auch berufstätig sind, stellt sich oft die Frage, wie beides »unter einen Hut« gebracht werden kann. Eine wichtige Errungenschaft ist sicher der Rechtsanspruch auf einen Kindergartenplatz (☞ Kinder), der, wenn auch oft nur vormittags, die Kinderbetreuung sicherstellt. Auch der Anspruch auf (bezahlte) Freistellung von bis zu 10 Tagen pro Kind und Jahr (Alleinerziehende bis zu 20 Tagen) bei einer Erkrankung ihres Kindes schafft für viele Frauen im Alltag einige Erleichterung – Voraussetzung ist allerdings, dass Sie selbst krankenversichert sind; geringfügig Beschäftigte ☝ profitieren allerdings auch hier nicht. Schließlich mag auch noch die – mit dem Erziehungsurlaub ☞ verbundene – Arbeitsplatzgarantie und die Berücksichtigung der Kindererziehungszeiten bei der Rente ☞ die Vereinbarkeit von Familie und Beruf erleichtern.

💣 Schwieriger wird es oft dann, wenn Frauen nicht nur vorübergehend, sondern ganz auf eine eigene Berufstätigkeit verzichtet haben oder im Vertrauen darauf, dass sie versorgt sind, nur einer geringfügigen Beschäftigung nachgegangen sind. Solche Frauen verspüren die mit dem Verzicht auf eigenes Einkommen verbundene Abhängigkeit manchmal erst, wenn es zu einer Scheidung ☞ kommt. Dann können Sie gezwungen sein, eine existenzsichernde Erwerbstätigkeit aufzunehmen (☞ Unterhalt) oder sie stellen fest, dass Ihre Rentenansprüche (☞ Versorgungsausgleich) für den Ernstfall des Alters nicht ausreichen. Sie sollten deshalb in jedem Fall bei einer Berufsunterbrechung oder -aufgabe überlegen, ob eine freiwillige (Weiter-) Versicherung in der Rentenversicherung ☞ sinnvoll und möglich ist.

➲ Die BfA (Bundesversicherungsanstalt für Angestellte) und die LVA (Landesversicherungsanstalten) beraten Sie sicher gern.

ARBEITSLOSIGKEIT

Hilfe vom Arbeitsamt

Vom Arbeitsamt können Sie, wenn Sie arbeitslos werden (aber auch, wenn Sie Angst haben müssen, arbeitslos zu werden) oder wenn Sie, z. B. nach einer Trennung und Scheidung erstmals Arbeit suchen, Hilfestellung erwarten:

➲ Das Arbeitsamt
- berät und hilft bei der Stellensuche,
- fördert Trainingsmaßnahmen, (berufliche) Aus- und Weiterbildungen und gewährt verschiedene finanzielle Unterstützungen.

§ Ausdrücklich heißt es im neuen Gesetz (SGB III – Arbeitsförderung),
- dass die aktive Arbeitsförderung der Durchsetzung der Gleichberechtigung, insbesondere der Beseitigung bestehender Nachteile, dienen soll,
- dass Frauen entsprechend ihrem Anteil an den Arbeitslosen gefördert werden sollen und
- dass die Leistungen so gestaltet sein sollen, dass sie die Lebensverhältnisse von Menschen berücksichtigen, die Kinder betreuen und erziehen.

Beratung und Vermittlung

Die Beratungs- und Vermittlungstätigkeit des Arbeitsamtes steht allen offen, die Arbeit suchen, also auch denen, die z. B. als geringfügig Beschäftigte keine Beiträge zur Arbeitslosenversicherung gezahlt haben. Die Beratung umfasst Auskunft und Rat zur Berufswahl, zu Möglichkeiten der beruflichen Bildung, der Arbeitsplatzsuche und der finanziellen Förderung. Darüber hinaus muss das Arbeitsamt allen auch eine konkrete Arbeitsvermittlung und Hilfen bei der Bewerbung anbieten. Wenn Sie arbeitslos sind (und Beiträge gezahlt haben), können für Sie auch Bewerbungs- und sogar Reisekosten übernommen werden.

Verbesserung der Chancen auf dem Arbeitsmarkt:

Eine Reihe von Leistungen der Arbeitsämter sollen Arbeitslosen oder von Arbeitslosigkeit Bedrohten helfen, ihre Chancen auf dem Arbeitsmarkt zu verbessern. Gefördert werden können Trainingsmaßnahmen sowie (berufliche) Erstausbildungen und Weiterbildungen. Die Förderung besteht z. B. in der Übernahme der Kosten für die Maßnahme (einschließlich Fahrtkosten und Unterbringung), der Weiterzahlung der Arbeitslosenunterstützung oder der Zahlung von Berufsausbildungsbeihilfe bzw. Unterhaltsgeld.

Die für dieses Stichwort relevanten gesetzlichen Regelungen finden sie unter: Arbeitsförderung (SGB III), S. 134; Allgemeine Vorschriften (SGB I), S. 177

nur für Versicherte

Diese Leistungen werden – mit Ausnahme der Ausbildungsbeihilfen – nur für Versicherte angeboten. Kinderbetreuungskosten können bis zur Höhe von 120,– DM pro Monat und Kind übernommen werden (in Härtefällen auch bis 200,– DM). Einige (finanzielle) Hilfestellungen sollen den Abschluss von Arbeitsverträgen erleichtern. Dazu gehören – auf der Seite der Arbeitslosen – die sogenannten »Mobilitätshilfen« wie Geld für Arbeitskleidung und -geräte oder auch Fahrtkosten zur Arbeitsstelle, Umzugskosten usw., auf der Seite der Arbeitgeber vor allem die Eingliederungszuschüsse z.B. für die Dauer der Einarbeitungszeit oder für Menschen, die nur schwer vermittelt werden können, und für über 55jährige Arbeitslose.

für Berufsrückkehrerinnen

Vor allem Berufsrückkehrerinnen, in der gesetzlichen Definition Frauen, die ihre Erwerbstätigkeit wegen der Betreuung und Erziehung von aufsichtsbedürftigen Kindern unterbrochen haben und in angemessener Zeit danach in die Erwerbstätigkeit zurückkehren wollen, können den Einarbeitungszuschuss in Anspruch nehmen. Anders als die Mobilitätshilfen werden Eingliederungszuschüsse auch für Arbeitnehmerinnen gewährt, die vor der Rückkehr in den Beruf keine Beiträge gezahlt haben, wichtig ist nur, dass sie ohne den Zuschuss auf dem Arbeitsmarkt keine Chance hätten.

Fast alle diese Leistungen setzen voraus, dass Sie die erforderlichen Mittel nicht selbst aufbringen können. Keinen Anspruch haben Sie z.B., wenn die Kosten durch einen Ihnen zustehenden Ausbildungsunterhalt (☞ Unterhalt) gedeckt wären. Wenn Sie keine berufliche, sondern eine schulische Ausbildung anstreben, greift nicht das Arbeitsförderungsrecht, sondern das Bundesausbildungsförderungsgesetz (BAföG).

➲ Auskunft erteilt in diesem Fall das Amt für Ausbildungsförderung und das Studentenwerk.

Arbeitslosenunterstützung

Auch weiterhin (und – traurigerweise – zunehmend) wird die Auszahlung von Arbeitslosengeld und Arbeitslosenhilfe zu den wichtigsten Aufgaben der Arbeitsämter gehören.

Anspruch auf Arbeitslosengeld oder -hilfe haben Sie nur, wenn Sie in den letzten drei Jahren mindestens 12 Monate versicherungspflichtig beschäftigt waren, also nicht bei 630-DM-Jobs. Die Dreijahresfrist kann durch Kindererziehungszeiten ausgedehnt werden.

Antragstellung

Zur Antragstellung müssen Sie persönlich beim Arbeitsamt erscheinen, eine schriftliche Meldung reicht nicht. Sie kann frühestens zwei Monate vor dem (vermuteten) Eintritt der Arbeitslosigkeit erfolgen.

Arbeitslosengeld (und Arbeitslosenhilfe) werden frühestens ab dem Tag gezahlt, an dem Sie persönlich beim Arbeitsamt den Antrag gestellt haben.
Fehlende Unterlagen können Sie nachreichen, sie sind kein Grund, Sie wegzuschicken. Zuständig ist das Arbeitsamt, in dessen Bezirk Sie am ersten Tag Ihrer Arbeitslosigkeit wohnen. Wenn Sie den Antrag stellen, sollten Sie schon ein Konto haben, auf das das Geld überwiesen werden kann. Zudem sollten Sie möglichst bald Ihren Sozialversicherungsausweis beim Arbeitsamt hinterlegen. Damit der Antrag endgültig bearbeitet werden kann, benötigt das Arbeitsamt folgende Unterlagen:
- Personalausweis/Pass
- Arbeitspapiere, mindestens Lohnsteuerkarte, Arbeitsbescheinigung Ihres Arbeitgebers und Sozialversicherungsausweis
- den letzten Bewilligungsbescheid (falls Sie schon einmal Arbeitslosengeld oder Arbeitslosenhilfe bezogen haben)
- Ihre Kontonummer.

Achten Sie darauf, dass Ihr Antrag mit dem Tagesstempel versehen wird.

Arbeitslosengeld

Das Arbeitslosengeld beträgt 60% des maßgeblichen Nettolohns ; haben Sie Kinder, steigt das Arbeitslosengeld auf 67% des Nettolohns. Anspruch auf Arbeitslosengeld haben Sie, wenn Sie
- sich – persönlich(!) – beim Arbeitsamt arbeitslos gemeldet haben,
- arbeitslos und verfügbar sind und eine – versicherungspflichtige – Beschäftigung suchen und
- Beiträge zur Arbeitslosenversicherung gezahlt und die Anwartschaftszeiten erfüllt haben.

Arbeitslos, aber Arbeit suchend

Arbeitslosigkeit meint, dass Sie gerade nicht in einem Beschäftigungsverhältnis stehen und – tatsächlich – eine (versicherungspflichtige) Beschäftigung suchen. Allerdings hindert es die Arbeitslosigkeit nicht, wenn Sie geringfügig, also unter der 630-DM-Grenze beschäftigt sind.
Als beschäftigungssuchend gelten Sie nur, wenn Sie
- alle Möglichkeiten nutzen, um eine Arbeit zu finden und
- dem Arbeitsamt für die Vermittlung zur Verfügung stehen, das heißt, täglich erreichbar sind (Ausnahme: Krankheit, Urlaub).

Verfügbarkeit

Die Anforderungen an die Verfügbarkeit sind genau definiert:

- Sie müssen bereit sein, eine (zumutbare) sozialversicherungspflichtige Beschäftigung unter den üblichen Bedingungen anzunehmen, wobei es möglich ist, z.B. aus familiären Gründen, nur eine bestimmte Dauer und Verteilung der Arbeitszeit oder nur Teilzeitarbeit oder – wenn Sie vor der Arbeitslosigkeit Heimarbeiterin waren – nur Heimarbeit zu suchen.
- Zudem müssen Sie – zeitnah(!) – Vorschlägen des Arbeitsamtes zur beruflichen Eingliederung nachkommen und an entsprechenden Maßnahmen teilnehmen.

Nicht zumutbar sind Beschäftigungen, die erheblich (mehr als 20% bis 30%) niedriger bezahlt sind als das für das Arbeitslosengeld maßgebliche Einkommen ☝. Die Verfügbarkeit entfällt nicht, wenn Sie (bis zu 6 Wochen) krankgeschrieben oder (bis zu 3 Wochen) in Urlaub sind. Auch wenn Sie Ihre Kinder betreuen, steht dies der Verfügbarkeit nicht entgegen: Sie müssen nur für den Fall der Arbeitsvermittlung eine Betreuungsmöglichkeit nachweisen können. Wenn Ihr Kind über 3 Jahre alt ist, hat es seit einiger Zeit einen gesetzlichen Anspruch auf einen Kindergartenplatz (☞ Kinder); Sie können aber auch Betreuungsgemeinschaften mit anderen – arbeitslosen – Eltern bilden oder Verwandte einschalten.

Probleme gibt es meist erst dann, wenn Sie eine Arbeit aufgeben oder eine angebotene Arbeit ablehnen, weil die Kinderbetreuung nicht sichergestellt ist.

An der erforderlichen Verfügbarkeit fehlt es dann, wenn Sie nach der Geburt eines Kindes Erziehungsurlaub und Erziehungsgeld ☞ in Anspruch nehmen: Also entweder sind Sie verfügbar oder im Erziehungsurlaub – Sie haben die Wahl.

Höhe- und Dauer des Arbeitslosengeldbezuges:

Bemessungsentgelt

Die Höhe des Arbeitslosengeldes richtet sich danach, was Sie vorher verdient haben (sogenanntes Bemessungsentgelt); die maximale Bezugsdauer nach Ihren Beschäftigungszeiten in den letzten sieben Jahren und nach Ihrem Alter.

Ausgangspunkt ist Ihr früheres (durchschnittliches) sozialversicherungspflichtiges Einkommen, vermindert um eine Steuerpauschale (entsprechend der Lohnsteuerklasse) und die Sozialversicherungsbeiträge. Maßgeblich sind die Gehaltsabrechnungen der letzten 52 Wochen. Bei »Härtefällen«, also wenn es grob ungerecht wäre nur das letzte Jahr zu betrachten, können Sie beantragen, dass die letzten zwei Jahre zugrunde gelegt werden.

Haben Sie in den letzten drei Jahren mindestens 6 Monate am Stück Vollzeit gearbeitet, danach aber die Arbeitszeit auf weniger als 80% (und mehr als 5 Stunden in der Woche) reduziert, ist das Einkommen aus der Vollzeitbeschäftigung maßgeblich.

Etwas anderes gilt, wenn Sie zukünftig nur für eine Teilzeitarbeit zur Verfügung stehen, dann wird nur der anteilige Lohn zugrundegelegt.

Haben Sie in den letzten drei Jahren schon einmal Arbeitslosengeld oder Arbeitslosenhilfe bezogen, wird (mindestens) das damals zugrundegelegte Einkommen auch dem neuen Antrag zugrunde gelegt. Sie können sich also, auch wenn Sie zwischendurch schlechterbezahlt arbeiten, dadurch nicht schlechterstellen.

Neu ist, dass Abfindungen, die Sie z.B. aus Anlass einer Kündigung erhalten haben, teilweise auf das Arbeitslosengeld angerechnet werden.

Das Bemessungsentgelt, das Grundlage Ihres Arbeitslosengeldanspruches ist, wird jährlich angepasst.

Aus der sogenannten Leistungstabelle, die im Arbeitsamt aushängt und jährlich neu erstellt wird, können Sie die Höhe ihrer Arbeitslosenbezüge ersehen.

Bezugsdauer

Die maximale Bezugsdauer beträgt, grob gesagt, die Hälfte Ihrer versicherungspflichtigen Beschäftigungszeit; mehr als ein Jahr aber nur dann, wenn Sie – zum Zeitpunkt des Eintritts der Arbeitslosigkeit – älter als 45 Jahre waren.

Sperrzeiten

Das Gesetz sieht vor, dass Arbeitslosengeld unter bestimmten Umständen 12 Wochen lang (in Härtefällen nur 6 Wochen) nicht ausgezahlt wird (Sperrzeit), und zwar dann, wenn

- Sie das Arbeitsverhältnis selbst gelöst oder Anlass zur Kündigung gegeben haben,
- Sie eine angebotene Beschäftigung nicht annehmen oder sich weigern, an einer Trainingsmaßnahme, einer Aus- oder Weiterbildung teilzunehmen oder eine solche Maßnahme abbrechen *und*
- Sie keinen wichtigen Grund für Ihr Verhalten haben.

Außer bei der Kündigung müssen Sie aber vom Arbeitsamt darüber belehrt worden sein, welche Folgen Ihr Verhalten haben kann. Eine Kündigung wegen häufiger Krankheit oder wegen Rationalisierung innerhalb des Betriebes zieht keine Sperrzeit nach sich – nur die verhaltensbedingte Kündigung ☝.

Eine Herabsetzung der Sperrzeit können Sie verlangen, wenn die Dauer der Sperrzeit im Verhältnis zum Anlass besonders hart erscheint. Können Sie für Ihr Verhalten wichtige Gründe geltend machen, so entfällt die Sperrzeit. Wichtige Gründe für eine Kündigung (oder auch einen »einverständlichen« Aufhebungsvertrag) sind z. B., wenn:

- für die Arbeit kein Geld mehr bezahlt wird,
- ein gesetzwidriges Verhalten von Ihnen verlagt wird.

Ob eine Kündigung wegen eines Wohnungswechsels zum Schutz vor ehelicher Gewalt als »wichtiger Grund« anerkannt wird, sollten Sie mit Ihrem Arbeitsamt klären, am besten bevor Sie kündigen oder der Aufhebung des Arbeitsverhältnisses zustimmen.

Arbeitslosenhilfe

Arbeitslosenhilfe gibt es:

- im Anschluss an den Bezug von Arbeitslosengeld oder
- wenn Sie innerhalb des letzten Jahres mindestens 1 Tag Arbeitslosengeld bezogen haben.

Die Arbeitslosenhilfe beträgt 53% des maßgeblichen Einkommens ☝, wenn Sie – mindestens – ein Kind haben 57%. Sie wird in der Regel für ein Jahr bewilligt und – nach erneuter Prüfung der Voraussetzungen – verlängert. Arbeitslosenhilfe wird im wesentlichen unter den gleichen Voraussetzungen gewährt wie Arbeitslosengeld ☝: Sie müssen arbeitslos, verfügbar und – persönlich – arbeitslos gemeldet sein. Hinzukommen muss aber, dass Sie keinen Anspruch auf Arbeitslosengeld haben und bedürftig ☟ sind.

Bedürftigkeit

Bedürftig sind Sie nur, soweit Sie Ihren Lebensunterhalt nicht auf andere Weise als durch Arbeitslosenhilfe bestreiten oder bestreiten können – vor allem aus eigenem Einkommen und Vermögen und (in begrenztem Umfang) dem Ihres nicht getrennt lebenden Ehemannes oder Partners. Bekommen Sie z.B. Unterhalt von Ihrem getrennt lebenden Ehemann, so haben Sie ein Einkommen und sind nur dann »bedürftig«, wenn der Unterhalt unter dem für die Arbeitslosenhilfe maßgeblichen Einkommen liegt. Leben Sie mit einem Mann zusammen, so wird sein Einkommen berücksichtigt, soweit es den steuerlichen Grundfreibetrag übersteigt. Ist der Mann, mit dem Sie zusammenleben, vermögend, kann es auch deshalb an Ihrer Bedürftigkeit fehlen. Bei der Bestimmung der Arbeitslosenhilfe gelten bestimmte Sozialleistungen nicht als Einkommen, sonst aber fast alles.

Anrechnungsfrei ist eigenes Vermögen und das Ihres nicht getrennt lebenden Ehemannes oder Partners in Höhe von je 8.000 DM sowie ein angemessener Betrag für die Alterssicherung (1.000 DM je vollendetem Lebensjahr einmal für Sie selbst und zum anderen für Ihren Ehemann oder Partner).

➲ Da es speziell bei der Anrechnung von Einkommen und Vermögen Ausnahmen und Sonderregelungen gibt, empfehlen wir, die sehr ausführliche Information im »Leitfaden für Arbeitslose« (s. nächste Seite unten) zu befragen oder sich an eine Beratungsgruppe für Arbeitslose zu wenden.

Kranken-, Renten- und Pflegeversicherung

Wenn Sie arbeitslos werden, besteht zunächst für einen Monat sogenannter nachgehender Krankenversicherungsschutz. Wird Ihnen Arbeitslosengeld oder Arbeitslosenhilfe bewilligt, werden auch die Beiträge zur Kranken-, Renten- und Pflegeversicherung vom Arbeitsamt übernommen.

Widerspruch und Klage

Über Ihren Antrag auf Arbeitslosengeld oder Arbeitslosenhilfe wird vom Arbeitsamt schriftlich entschieden.

Sind Sie mit dem Bescheid nicht einverstanden, können Sie innerhalb eines Monats nach Zugang Widerspruch beim Arbeitsamt einlegen.

Der Widerspruch muss schriftlich erfolgen oder beim Arbeitsamt zur Niederschrift aufgenommen werden.

Das Widerspruchsverfahren ist kostenlos. Der Widerspruch gibt dem Arbeitsamt die Möglichkeit, seinen Bescheid zu überprüfen und selbst zu korrigieren. Der Widerspruch muss folgende Angaben enthalten:

- Name, Anschrift, Datum,
- Stammnummer,
- Datum und Aktenzeichen des Bescheids, gegen den Widerspruch eingelegt wird,
- Begründung des Widerspruchs und
- Unterschrift.

Falls dem Widerspruch nicht oder nur teilweise entsprochen wird, können Sie Klage beim Sozialgericht (☞ Gerichte) erheben.

Dies muss innerhalb eines Monats nach Zugang des Widerspruchsbescheids geschehen. Dieser Rechtsweg ist gerichtskostenfrei; für Anwaltskosten kann Prozesskostenhilfe beantragt werden (☞ Anwaltliche Hilfe).

Ausführliche Informationen zum Thema Arbeitslosigkeit finden Sie im »Leitfaden für Arbeitslose«, 16. Aufl., 508 Seiten; Preis (inkl. Versandkosten): 20,– DM.

Bezug unter dem Stichwort »Band 3«:
Fachhochschulverlag · Vertrieb
Kleiststraße 31
60318 Frankfurt am Main
Telefon (0 69) 15 33-28 20
Telefax (0 69) 15 33-28 40
E-mail: fhverlag@verlag.fh-frankfurt.de

Erziehungsgeld

Wenn Sie ein Kind erziehen, können Sie während der ersten zwei Lebensjahre Ihres Kindes Erziehungsgeld in Anspruch nehmen. Das Erziehungsgeld beträgt z.Zt. 600,– DM monatlich. Voraussetzung ist, dass Sie sorgeberechtigt sind und mit dem Kind in einem Haushalt leben.

einkommensabhängig

Sie können Erziehungsgeld auch dann bekommen, wenn Sie weniger als 20 Stunden arbeiten oder Sozialhilfe, BAföG oder Unterhalt beziehen. Allerdings darf ihr voraussichtliches Jahreseinkommen nicht mehr als 75.000,– DM (bei Verheirateten 100.000,– DM) betragen, sonst wird schon von Beginn an der auszuzahlende Betrag gekürzt. Bezieherinnen von Arbeitslosengeld oder -hilfe können nicht gleichzeitig Erziehungsgeld in Anspruch nehmen; auch das Mutterschaftsgeld (☞ Schwangerschaften und Geburten) wird auf das Erziehungsgeld angerechnet. Ab dem 7. Monat wird das Erziehungsgeld reduziert, wenn das Einkommen bestimmte Grenzen überschreitet.

➲ Von den Ausnahmen gibt es aber weitere Ausnahmen; deshalb empfiehlt es sich, dass Sie, selbst wenn sie mehr als 20 Stunden arbeiten oder noch Arbeitslosengeld beziehen, bei der zuständigen Erziehungsgeldstelle (in den meisten Bundesländern sind das die Versorgungsämter) Erkundigungen einholen.

Antragstellung

Stellen Sie Ihren Antrag rechtzeitig, denn Erziehungsgeld wird nur 6 Monate rückwirkend gezahlt.

➲ Zuständig sind in den meisten Bundesländern die Versorgungsämter.

Auch Migrantinnen, die eine Aufenthaltsberechtigung oder -erlaubnis besitzen, haben Anspruch auf Erziehungsgeld.

In einigen Bundesländern gibt es zusätzliche finanzielle Hilfe z.B. in Form eines Landeserziehungsgeldes oder eines einmaligen Familiengeldes.

Sozialversicherung

Waren Sie vor der Geburt Ihres Kindes in einer gesetzlichen Krankenkasse pflichtversichert, bleiben Sie auch während des Bezugs von Erziehungsgeld beitragsfrei weiterversichert. Die Möglichkeit, die Erziehungszeit im Rahmen der Arbeitslosenversicherung als beitragspflichtige Beschäftigung zu werten, ist seit 1.4.1997 leider weggefallen.

Ein Berechnungsbeispiel für Erziehungsgeld ab dem 7. Monat finden Sie nachfolgend.

Die für dieses Stichwort relevanten gesetzlichen Regelungen finden sie unter: Bundeserziehungsgeldgesetz, S. 179; Allgemeine Vorschriften (SGB I), S. 177

Vereinfachte Berechnung Erziehungsgeldes ab dem 7. Monat[1]
(Blankoberechnungsformular Seite 233)

Beispielsrechnung: Alleinerziehende, 1 weiteres Kind, Nettoeinkommen 29.250 DM/Jahr.

	Berechnungsmodus (Sätze 1999)	Beispiel	
Nettoeinkommen	Alle Einkünfte einschließlich Weihnachtsgeld, Urlaubsgeld, Zulagen, Steuerrückerstattungen, abzüglich Steuern und SV-Beiträge umgerechnet auf einen Monat oder vereinfacht: monatliches Nettoeinkommen x 13	29.250 DM	
– Grundbetrag	Nicht getrennt lebende Ehegatten (29.400 DM); sonstige Berechtigte (23.700 DM)	– 23.700 DM	
– Erhöhungsbetrag	pro unterhaltsberechtigtem Kind (4.200 DM)	– 4.200 DM	
= Differenz		1.350 DM	
: 30 = Anrechnungsbetrag		45 DM	
Erziehungsgeld =	volles Erziehungsgeld (600 DM) – Anrechnungsbetrag	555 DM	

Ergebnis: Erziehungsgeld in Höhe von 555 DM/Monat

[1] Diese Berechnungen sind eine (ungefähre) Orientierungshilfe. Eine genaue Berechnung muss durch die zuständigen Stellen bzw. Anwältinnen erfolgen.

Erziehungsurlaub

Erziehungsurlaub ist eine Arbeitsbefreiung (ohne Lohnfortzahlung) mit Kündigungsschutz, die nach Ablauf der Mutterschutzfrist (☞ Schwangerschaften und Geburten) einsetzt und spätestens mit dem dritten Geburtstag Ihres Kindes endet.

Für das letzte Jahr gibt es dann kein Erziehungsgeld mehr.

Antragstellung

Wenn Sie Erziehungsurlaub in Anspruch nehmen wollen, müssen Sie dies mindestens vier Wochen vor dem geplanten Beginn Ihrem Arbeitgeber mitteilen. Damit der Arbeitgeber planen kann, müssen Sie zu diesem Zeitpunkt auch verbindlich erklären, wie lange Sie in Erziehungsurlaub bleiben wollen.

Nur wenn der Arbeitgeber einverstanden ist, können Sie Ihren Erziehungsurlaub aber auch verlängern oder vorzeitig beenden.

Mehrere Personen, die mit dem Kind in einem Haushalt leben und überwiegend für dessen Erziehung sorgen, können sich den Erziehungsurlaub zwar teilen, aber nicht gleichzeitig im Erziehungsurlaub sein.

Während des Erziehungsurlaubs geniessen Sie Kündigungsschutz. Trotz des Erziehungs»urlaubs« können Sie – bei Ihrem Arbeitgeber und mit seiner Zustimmung auch bei einem anderen Arbeitgeber – bis zu 19 Stunden Teilzeitarbeit leisten.

Beim Bundesministerium für Familie, Senioren, Frauen und Jugend – Broschürenstelle, Rochusstraße 8 – 10, 53123 Bonn erhalten Sie eine ausführliche Broschüre »Erziehungsgeld – Erziehungsurlaub«.

FRAUENHÄUSER

Jede Frau, die seelisch oder körperlich misshandelt wird, kann im Frauenhaus aufgenommen werden

Gewalt gegen Frauen ist keine Einzel- oder Randgruppenerscheinung in unserer Gesellschaft und nicht auf bestimmte Gesellschaftsschichten beschränkt. Wenn Männer gewalttätig werden, ist dies nicht die Schuld der Frauen. Eine misshandelte Frau muss keine Verantwortung für die Gewalttätigkeit übernehmen. Sie ist nicht die einzige Frau, die misshandelt wird, Frauenmisshandlung betrifft weltweit eine große Zahl Frauen.

Frauenhäuser sind in den 70er Jahren aus Initiativgruppen der autonomen Frauenbewegung hervorgegangen, deren Ziel es war und ist, ein öffentliches Bewusstsein von der Gewalt gegen Frauen zu schaffen und gleichzeitig misshandelten Frauen und ihren Kindern Schutz und Unterkunft zu bieten. Jedes Jahr suchen nach Angaben der Bundesregierung etwa 40.000 Frauen und ihre Kinder in den mittlerweile fast 400 Frauenhäusern Zuflucht vor ihren gewalttätigen Männern.

Sie können in einem Frauenhaus aufgenommen werden, wenn Sie unter der Gewalt in einer persönlichen Beziehung leiden. Zu Ihrem Schutz ist die Adresse geheim. Im Frauenhaus leben Sie gemeinsam mit anderen Frauen und deren Kindern. Männer haben keinen Zutritt.

Die Mitarbeiterinnen des Frauenhauses helfen Ihnen zunächst zu klären, wie Sie für sich und ihre Kinder den Lebensunterhalt bestreiten können, denn Sie führen im Frauenhaus einen eigenen Haushalt. Wenn Sie kein eigenes Einkommen haben, können Sie Sozialhilfe ☞ beantragen. Sie müssen nicht aus finanziellen Gründen bei Ihrem misshandelnden Mann bleiben!

In Fragen des Unterhaltsanspruches (☞ Unterhalt), des Sorgerechtes ☞, der Anzeigenerstattung (☞ Polizei), Scheidung ☞ oder der Ausländergesetzgebung (☞ Migrantinnen/binationale Partnerschaften) arbeiten die Frauenhäuser mit spezialisierten Rechtsanwältinnen zusammen. Die Mitarbeiterinnen des Frauenhauses beraten Sie und begleiten Sie eventuell bei allen Schritten, die notwendig sind, eine neue Lebensperspektive zu entwickeln.

Die Bewohnerinnen des Frauenhauses helfen sich gegenseitig. Ansonsten führen alle Frauen ihr Leben so »normal« wie möglich selbständig weiter. Neben der persönlichen Beratung und

---

Die für dieses Stichwort relevanten gesetzlichen Regelungen finden sie unter: Bundessozialhilfegesetz (§§ 11 ff, 72), S. 184

Begleitung bieten die Mitarbeiterinnen Unterstützung für ein positives Zusammenleben der Frauen und Kinder im Frauenhaus.
Sie können sich direkt an ein Frauenhaus wenden.

Vergessen Sie nicht, vor Ihrem Schritt ins Frauenhaus alle wichtigen Unterlagen mitzunehmen (☞ Trennung).

➲ Eine Liste der Frauenhäuser mit Telefonnummern finden Sie im Anhang (☞ Autonome Frauenhäuser – verbandliche Frauenhausträger).

GERICHTE

Zivilgerichte

Zivilgericht ist der Oberbegriff für alle Gerichte, die Streitigkeiten unter Privaten (also ohne staatliche Beteiligung) entscheiden. Sie sind z. B. für Unterlassungsverfügungen gegen gewalttätige Männer (☞ Schutzanordnungen), Schadenersatzansprüche (☞ Wiedergutmachungen) u.ä. zuständig. Im Zivilverfahren müssen Sie Beweis für die von Ihnen behaupteten Umstände antreten. Die Gerichte »ermitteln« im Zivilverfahren nicht von sich aus; sie geben allenfalls Hinweise. Wenn Sie einen erforderlichen Beweis nicht erbringen können, »verlieren« Sie den Prozess. In Eilverfahren (einstweilige Anordnungen/Verfügungen) reicht in der Regel die sogenannte »Glaubhaftmachung« aus, d.h., was Sie (an Eides statt) versichern, muss nicht bewiesen werden, sondern nur wahrscheinlich sein.

Familiengerichte

Familiengericht nennt man bestimmte Abteilungen der Amtsgerichte/Zivilgerichte. Sie sind für Ehesachen, das heißt vor allem für Trennungen bzw. Scheidungen und alle damit zusammenhängenden Fragen zuständig (☞ Scheidung). Seit 1998 sind die Familiengerichte für alle Unterhaltsklagen ☞ und Sorgerechtsentscheidungen ☞ sowohl bei ehelichen als auch – und das ist neu – bei nichtehelichen Kindern zuständig.

Vormundschaftsgerichte

Wenn Maßnahmen zum Schutz von Kindern getroffen werden müssen, ist das Familiengericht zuständig. Das Vormundschaftsgericht – ebenfalls eine Abteilung der Amtsgerichte/Zivilgerichte – ist in seiner Zuständigkeit für Kindschaftssachen im Zuge der Reform des Kindschaftsrechts stark eingeschränkt worden.

In Kindschafts- und vielen Ehesachen gilt der sogenannte »Amtsermittlungsgrundsatz«, das heißt: das Gericht »ermittelt«, z. B. durch Anhörungen, Gutachten o.ä., ob ein Kind gefährdet ist. Es reicht aus, dass das Gericht auf eine solche Gefährdung aufmerksam gemacht wird; eines Antrages im strengen Sinn bedarf es nicht. Die Anregung geht oft vom Jugendamt aus, sie kann aber auch von Ihnen selbst kommen.

Strafgerichte

Strafgerichte sind dann zuständig, wenn Sie eine Strafanzeige ☞ erstattet haben und die Staatsanwaltschaft der Meinung ist, dass die Beweise ausreichen, um eine Anklage zu erheben. Das Strafverfahren folgt sehr strengen formalen Prinzipien, weil

---

Die für dieses Stichwort relevanten gesetzlichen Regelungen finden sie unter: Gesetz über die freiwillige Gerichtsbarkeit, S. 169; Zivilprozessordnung, S. 161; Strafprozessordnung, S. 204

nicht »um jeden Preis« die Wahrheit erforscht werden soll. Einer der wichtigsten Grundsätze ist die sogenannte Unschuldsvermutung, die den Staat zwingt, den Nachweis der Schuld mit letzter Gewissheit (und ohne die formalen Regeln zu verletzen) zu erbringen. Während die Rechtsstellung der Angeklagten sehr ausgeprägt ist, ist die prozessuale Rolle der Zeuginnen, oft genug Opfer der Straftat, derzeit sehr im Fluss. Die Hilfe einer Anwältin kann hier sehr viele Spielräume eröffnen (☞ Strafanzeige, anwaltliche Hilfe).

G

Verwaltungsgerichte

Verwaltungsgerichte sind zuständig, wenn der Staat verklagt werden soll und nicht die Sozialgerichte ☝ (oder in Steuersachen die Finanzgerichte) zuständig sind, also z. B. wenn Sie das Sozial- oder Jugendamt verklagen wollen. Das Besondere am verwaltungsgerichtlichen Verfahren ist, dass vor der eigentlichen Klage ein sogenanntes Widerspruchsverfahren durchgeführt werden muss, bei dem die Behörde Gelegenheit erhält, ihre Entscheidung zu überprüfen.

Sozialgerichte

Sozialgerichte sind besondere Verwaltungsgerichte. Sie sind zuständig, wenn ein Träger einer Sozialversicherung, also Arbeitslosen-, Kranken- und Rentenversicherung verklagt wird; nicht aber bei Klagen gegen den Sozialhilfeträger! Dafür sind die allgemeinen Verwaltungsgerichte ☝ zuständig.

Arbeitsgerichte

Arbeitsgerichte sind besondere Zivilgerichte, denen alle Klagen zwischen Arbeitnehmerinnen und Arbeitgebern – z. B. Kündigungsschutzklagen, Klagen bezüglich der Lohnfortzahlung oder der Höhe des Lohnes – zugewiesen sind. Nicht zuständig sind sie bei Problemen mit dem Arbeitsamt (☝ Sozialgerichte).

Wichtig ist, dass für die Kündigungsschutzklage eine sehr kurze Frist (3 Wochen ab der Kündigung) läuft.

➲ Suchen Sie deshalb unbedingt gleich den Rat einer Anwältin (☞ Anwaltliche Hilfe) oder Ihrer Gewerkschaft.

Gerichtskosten

In manchen Gerichtszweigen, wie z. B. der Sozialgerichtsbarkeit, entstehen keine Gerichtsgebühren; aber auch in den anderen Gerichtszweigen liegen die Gerichtskosten deutlich unter den anwaltlichen Kosten (☞ Anwaltliche Hilfe).

Bei einem Streitwert von 5.000,– DM z. B. liegt die volle Gerichtsgebühr bei 160,– DM. (Zum Vergleich: die volle Anwaltsgebühr liegt bei 320,– DM.)

HAUSRAT

Was ist Hausrat?

Im Rahmen einer Scheidung kann – auf Antrag – auch der Hausrat endgültig aufgeteilt werden. Als Hausrat bezeichnet man die Gegenstände, die für den gemeinsamen Haushalt benötigt wurden, also Möbel, Geschirr, Bett- und Tischwäsche usw. Hausrat sind nur die noch vorhandenen Gegenstände – allerdings auch dann, wenn sie inzwischen unbrauchbar sind. Persönliche Dinge, insbesondere Geschenke (auch geschenkte Haushaltsgegenstände!), Schmuck, Hobbygegenstände etc. gehören nicht zum Hausrat und dürfen auf jeden Fall von dem Ehepartner mitgenommen werden, dem sie gehören. Das gleiche gilt für diejenigen Gegenstände, die zur Berufsausübung benötigt werden.

Was dürfen Sie mitnehmen?

Wenn Sie sich entschlossen haben, die Trennung so zu vollziehen, dass Sie die Ehewohnung verlassen oder aufgeben, dürfen Sie sich das Notwendigste zur Gründung eines eigenen Haushaltes mitnehmen. Dabei kommt es nicht darauf an, wem die Gegenstände zur Zeit der Eheschließung gehörten. Obwohl Sie sie vorläufig für ihre alleinige Nutzung mitnehmen können, bleiben diese Gegenstände bis zu der endgültigen Klärung bei der Scheidung, nämlich Eigentum desjenigen, der sie mit in die Ehe gebracht hat.

Darüber hinaus dürfen Sie all das mitnehmen, was Sie in die Ehe eingebracht haben und was daher Ihr Eigentum ist; es sei denn, der Ehemann benötigt gerade diese Haushaltsgegenstände dringend zur Führung seines Haushaltes, und Sie sind nicht darauf angewiesen.

Wenn Sie die Ehewohnung mit Ihren Kindern verlassen, dürfen Sie selbstverständlich die Kinderzimmereinrichtung und den Teil des Hausrates mitnehmen, den die Kinder benötigen. In diesem Fall können Sie sogar die Waschmaschine oder den Herd beanspruchen, weil Sie und die Kinder diese Dinge eher benötigen als ein alleinstehender Erwachsener.

Haben Sie im Gegensatz zu Ihrem Ehemann kein eigenes Einkommen und ist es Ihnen deshalb nicht möglich, in nächster Zeit Neuanschaffungen zu tätigen, haben Sie das Recht einen größeren Teil des Hausrates mitzunehmen.

Allerdings kann der Ehemann die monatliche Belastung (z. B.

Die für dieses Stichwort relevanten gesetzlichen Regelungen finden sie unter: Bürgerliches Gesetzbuch (§ 1361 a), S. 136; Hausratsverordnung, S. 168

Kredite), die für ihn durch die Neuanschaffung von Hausratsgegenständen entsteht, als notwendige Ausgaben von seinem Einkommen absetzen – und damit indirekt Ihren Unterhalt verringern. Kann keine Einigung über die Verteilung des Hausrates erzielt werden, entscheidet auf Antrag das Familiengericht nach Billigkeits- und Zweckmäßigkeitsgesichtspunkten. Erst im Rahmen der Scheidung wird geklärt, wer welche Teile des Hausrates endgültig behält und auch die Eigentumsrechte an den Gegenständen erwirbt. Ein Ausgleich in Geld wird allerdings vom Gericht nicht zugesprochen.

Einstweilige Verfügung

Verlassen Sie die Ehewohnung ohne Hausratsgegenstände mitzunehmen, und weigert sich der Ehemann, diese herauszugeben, können Sie mit einem Eilantrag, der einstweiligen Anordnung, die Herausgabe von Gegenständen verlangen (☞ Gerichte).

Es ist zu empfehlen, diesen Antrag möglichst schnell zu stellen, vor allem wenn die Gefahr besteht, dass der Ehemann den gemeinsamen Hausrat verkauft oder anders beiseite schafft.

Liste anfertigen!

Es empfiehlt sich – am besten vor dem Auszug – eine Liste aller Hausratsgegenstände – Zimmer für Zimmer – zu erstellen und zu jedem Gegenstand zu vermerken, ob er von einem Ehegatten in die Ehe eingebracht wurde und wenn ja, von welchem, – oder ob der Gegenstand während der Ehe erworben wurde. Wenn jedoch z. B. die von Ihnen vor der Ehe gekaufte Waschmaschine während der Ehe durch eine neue ersetzt wurde, ist diese neue Waschmaschine als von Ihnen in die Ehe eingebracht zu vermerken (Ersatz). Der während der Ehe gekaufte Hausrat ist nach Billigkeits- und Gerechtigkeitsgrundsätzen zu verteilen. Sie sollten also in der Inventarliste auch hinsichtlich dieser Gegenstände jeweils vermerken, wer sie behalten soll. Sofern Sie befürchten, dass Ihr Ehemann nach Ihrem Auszug behaupten wird, bestimmte Gegenstände habe es nicht (mehr) gegeben, empfiehlt es sich, die Inventarliste von Bekannten unterschreiben zu lassen, die sich genau vergewissert haben, dass die aufgelisteten Gegenstände bei Ihrem Auszug noch vorhanden waren bzw. bestätigen zu lassen, was Sie mitgenommen haben.

JUGENDAMT

Beratungs- und Unterstützungsleistungen für Kinder und Eltern

Das Jugendamt ist zu einer ganzen Reihe von Beratungs- und Unterstützungsleistungen verpflichtet. Wichtig sind z.B.:

- die Beratung für Kinder, die sich in allen Fragen an das Jugendamt wenden und sich – auch ohne Kenntnis ihrer Eltern – beraten lassen können;
- die Erziehungsberatung, bei der allgemeine Fragen der Erziehung besprochen werden;
- die Beratung bei familiären Konflikten und Krisen;
- die Trennungs- und Scheidungsberatung – und auch die Beratung nach der Trennung
- die Beratung für Sorge- und Umgangsberechtigte, also Mütter und Väter.

Neben der Beratung hat das Jugendamt aber auch sehr konkrete Hilfestellung zu leisten, vor allem,

- wenn der Vater des Kindes nicht feststeht bzw. (was häufiger vorkommt) seine Vaterschaft bestreitet und
- wenn Ansprüche, vor allem Unterhaltsleistungen, geltend gemacht werden sollen.

Zahlt der Vater nicht, kann das Jugendamt mit einem Unterhaltsvorschuss ☞ in Vorlage treten und sich das Geld vom Vater zurückholen. Ist der Vater bereit zu zahlen, kann das Jugendamt zum Beispiel die Urkunde aufnehmen, durch die die Vaterschaft anerkannt wird und zusätzlich eine Urkunde ausstellen, die ausreicht, dem Vater – wenn nötig – den Gerichtsvollzieher ins Haus zu schicken, wenn er trotzdem nicht zahlt.

Wenn es in Ihrer Familie, z.B. infolge von Gewalttätigkeiten, auch Schwierigkeiten mit der Erziehung Ihrer Kinder gibt, haben Sie einen Anspruch auf bestimmte Hilfestellungen des Jugendamtes. Diese Hilfen können Ihnen nicht aufgezwungen werden (es sei denn, es besteht eine ernste Gefahr für ein Kind) – sie müssen die Hilfe wollen und Sie haben auch ein Mitspracherecht bei der Auswahl der Hilfe.

Hilfearten

Hilfe zur Erziehung

Das Kinder- und Jugendhilfegesetz nennt als Hilfearten ausdrücklich:

– Erziehungsberatung

Die für dieses Stichwort relevanten gesetzlichen Regelungen finden sie unter: Kinder- und Jugendhilfegesetz, S. 170; Allgemeine Vorschriften (SGB I), S. 177; Bürgerliches Gesetzbuch (§ 1909), S. 161

- Erziehungsbeistandschaft
- sozialpädagogische Familienhilfe
- intensive sozialpädagogische Einzelbetreuung
- und gegebenenfalls die Unterbringung in einer Tagesgruppe, bei einer Pflegefamilie oder in einem Heim.

Die Hilfe zur Erziehung umfasst auch pädagogische und therapeutische Leistungen.

Erziehungsberatung

Die Erziehungsberatung richtet sich an Eltern und Kinder und soll bei der Klärung familiärer Probleme helfen. Sie wird oft von freien Trägern der Wohlfahrtspflege – wie dem Diakonischen Werk, der Arbeiterwohlfahrt oder der Caritas angeboten.

J

Erziehungsbeistandschaft

Die Erziehungsbeistandschaft richtet sich vorrangig an die Kinder und Jugendlichen selbst und soll ihnen bei der Bewältigung ihrer typischen Entwicklungsprobleme helfen. In der Regel beschäftigen die Jugendämter eine Reihe solcher Helfer und Helferinnen.

Die sozialpädagogische Familienhilfe

Die sozialpädagogische Familienhilfe soll vor allem helfen, familiäre Alltagsprobleme zu lösen, z.B. dauernden Streit zwischen den Eltern. Sie soll aber auch Unterstützung beim Umgang mit Behörden geben. Sie wird meist – auf Initiative des Jugendamtes – durch gut ausgebildete Fachkräfte durchgeführt und richtet sich eher an Familien, denen längere Zeit Unterstützung angeboten werden soll.

Die sozialpädagogische Einzelbetreuung

Die sozialpädagogische Einzelbetreuung ist eine Einzelhilfe, die sich an Jugendliche mit Schwierigkeiten richtet, z.B. solche auf dem Weg in die Drogenabhängigkeit.

Die Unterbringung in einer Tagesgruppe, bei einer Pflegefamilie oder in einem Heim kann dann zum Tragen kommen, wenn Sie – nach einer Trennung – z.B. mit Beruf und Erziehung überfordert sind und sich Entlastung von einer Unterbringung in einer Tagesgruppe erhoffen oder wenn Sie – bis Sie beruflich und persönlich wieder Fuß gefasst haben – ganz ohne Kind leben möchten. Auch bei einer Unterbringung außerhalb der Familie soll der Kontakt zur Familie erhalten bleiben.

Maßnahmen zum Schutz des Kindes: Inobhutnahme

Wenn eine Gefährdungslage für das Kind vorliegt, hat das Jugendamt das Recht (und die Pflicht), dem Kind zu helfen, ohne vorher die Eltern um Erlaubnis zu bitten. Dies kann durch eine »Inobhutnahme«, also die vorübergehende Unterbringung außerhalb der Familie geschehen. Die Erlaubnis der Eltern für diese Maßnahme muss aber in der Regel nachträglich eingeholt werden. Ist dies ausnahmsweise nicht sinnvoll, z.B. weil die Gefahr für das Kind von einem oder beiden Elternteilen ausgeht, dann muss das Jugendamt statt dessen einen Beschluss des Familiengerichts (☞ Gerichte) erwirken, der die Trennung des

Kindes von der Familie erlaubt. Das Jugendamt selbst ist also nur zu einer kurzfristigen Maßnahme berechtigt. Zwei wichtige Fälle nennt das Gesetz, bei denen eine vorübergehende Unterbringung außerhalb der Familie – auch ohne Zustimmung der Eltern – erlaubt sein soll, nämlich

– wenn das Kind oder der Jugendliche darum bittet und
– wenn eine dringende Gefahr für das Kindeswohl besteht.

Sonstige Maßnahmen

Im übrigen hat das Jugendamt immer, wenn eine Gefährdungslage für ein Kind sichtbar wird, der die Eltern nicht selbst abhelfen können (oder wollen), die Möglichkeit, die zum Schutz des Kindes erforderlichen Maßnahmen beim Familiengericht zu beantragen (☞ Schutzanordnungen).

§ Eine Möglichkeit, die im übrigen nicht nur dem Jugendamt sondern uns allen offensteht: das Gericht muss nämlich »von Amts wegen«, also auch ohne besonderen Antrag, ermitteln, wenn es von einer Kindeswohlgefährdung erfährt (☞ Gerichte).

Schulpflichtige Kinder

Schulpflichtige Kinder, die durch einen Wohnungswechsel nicht mehr in die bisherige Schule gehen können, sollten sofort in der alten Schule abgemeldet und in der neuen Schule angemeldet werden. Für die Zeit des Übergangs, in der die Kinder eventuell nicht die Schule besuchen, ist die alte Schule zu benachrichtigen.

Kinderbetreuungsmöglichkeiten

Für Kinder im Kleinkindalter gibt es ganztägig geöffnete Einrichtungen der Stadt und der Kirchen, wie Kinderkrippen, sowie privat organisierte Krabbelstuben mit unterschiedlichen Öffnungszeiten. Für Kinder, die das dritte Lebensjahr vollendet haben, gibt es seit 1. Januar 1996 einen Rechtsanspruch auf einen Kindergartenplatz. Für schulpflichtige Kinder gibt es Einrichtungen wie Kinderhorte, Schularbeitszirkel, Schülerläden etc.

➲ Adressen können Sie bei Ihrem Jugendamt erfahren. Die Anmeldung der Kinder erfolgt in der jeweiligen Einrichtung. Da es oft lange Anmeldelisten gibt, besteht die Möglichkeit, einen Dringlichkeitsantrag beim Jugendamt zu stellen.

Pflegekinderstellen

Eine andere Form der Unterbringung von Kindern sind Pflegekinderstellen. Dies sind meist Familien (auch mit eigenen Kindern), die Kinder tagsüber, während der Woche oder auf Dauer in Pflege nehmen. Pflegestellen vermittelt das Jugendamt. Es besteht aber auch die Möglichkeit, selbst eine geeignete Person oder Familie zu suchen, die dann beim Jugendamt eine Pflegeerlaubnis beantragen muss.

(Teilweise) Kostenübernahme durch das Jugendamt

Für alle Kinderbetreuungsformen besteht die Möglichkeit einer Kostenübernahme durch das Jugendamt. Eine Kostenbeteiligung des Jugendamts ist abhängig von der Höhe des Einkommens sowie den monatlichen Belastungen. Für einen Teilbetrag (je nach Stadt verschieden) müssen Sie aber auf jeden Fall selbst aufkommen. Zu beachten ist dabei, dass das Jugendamt die Kosten der verschiedenen Einrichtungen nur dann übernimmt, wenn diese anerkannt sind.

Kinderkur/ –erholung

Zu Ihrer Entlastung können Sie eine Kur für die Kinder beantragen. Dazu benötigen Sie die Bescheinigung eines Arztes, der die Kur bewilligt, wobei sowohl körperliche als auch seelische

---

Die für dieses Stichwort relevanten gesetzlichen Regelungen finden sie unter: Kinder- und Jugendhilfegesetz, S. 170; Allgemeine Vorschriften (SGB I), S. 177

Krankheiten der Kinder als Gründe für eine Kur in Frage kommen.

- Bei Zustimmung der Krankenkasse, kann die Kur bei den verschiedenen Trägern, wie z. B. Müttergenesungswerk, AWO, Caritas, Diakonisches Werk usw. in die Wege geleitet werden. Beim zuständigen Sozialamt können Sie einen Antrag auf Kostenübernahme bzw. einen Zuschuss zur Kur stellen. Es besteht außerdem die Möglichkeit, für sich und die Kinder eine sogenannte Mutter-Kind-Kur zu beantragen.
- Eine andere Möglichkeit der Kindererholung sind sogenannte Ferienfreizeiten. Diese werden von freien Trägern und vom Jugendamt angeboten. Das Angebot ist beim jeweiligen Jugendamt zu erfragen.

Kindergeld

Das Kindergeld beträgt 270,– DM für jedes der ersten beiden Kinder, 300,– DM für das dritte und 350,– DM für jedes weitere Kind. Dieser Betrag steht beiden Elternteilen je zur Hälfte zu. Kindergeld gibt es in der Regel für Kinder bis zum 18. Lebensjahr; ausnahmsweise auch länger, wenn ein Kind in Ausbildung oder arbeitslos ist, längstens bis zum 27. Lebensjahr.

Auch Migrantinnen haben Anspruch auf Kindergeld, aber nur dann, wenn sie im Besitz einer Aufenthaltsberechtigung oder -erlaubnis sind.

Kinderfreibetrag oder Kindergeld?

Wenn Sie steuerpflichtig sind, können Sie statt des Kindergeldes auch einen steuerlichen Kinderfreibetrag wählen. Dieser ist nur dann günstiger als das Kindergeld, wenn Sie als Alleinstehende mehr als 75.000,– DM (als Ehepaar mehr als 150.000,– DM) Jahreseinkommen haben. Mit der Wahl des Kindergeldes können Sie jedenfalls keine Fehler machen: im Zweifel bekommen Sie beim Lohnsteuerjahresausgleich noch etwas zurück.

➲ Wenn Sie sich für das Kindergeld entscheiden, müssen Sie einen Antrag bei der Familienkasse des Arbeitsamtes stellen.

... nach der Trennung

Nach einer Trennung wird auch der Kinderfreibetrag auf beide Elternteile aufgeteilt. Nur in seltenen Ausnahmen können Sie den Kinderfreibetrag nach einer Trennung ganz für sich in Anspruch nehmen, vor allem dann, wenn die Kinder bei Ihnen leben und der andere Elternteil keinen Unterhalt bezahlt. Der Streit lohnt sich aber nur für Frauen, die relativ gut verdienen. Das Kindergeld bekommt dagegen immer der Elternteil, bei dem die Kinder leben. Das Kindergeld ist deshalb in der Regel für Frauen nach der Trennung die bessere Wahl. Zukünftig könnte es vermehrt zu der Konstellation kommen, dass das Kind auch nach der Trennung im Haushalt beider Elternteile lebt (☞ Sorgerecht). Dann müssen sich die Eltern einigen, wer das Kindergeld bekommen soll; können Sie das nicht, entscheidet das Vormundschaftsgericht (☞ Gerichte).

Einen steuerlichen Betreuungsfreibetrag in Höhe von 3.456 DM erhält ein Elternpaar zusätzlich für jedes Kind unter 16. Jahren. Bei behinderten Kindern gibt es einen Betreuungsfreibetrag von 1.512 DM und ein Kindergeld von 30 DM/Monat auch nach Erreichen der Volljährigkeit.

➲ Weitere Informationen bei der Familienkasse des Arbeitsamtes und in Broschüre »Kindergeld«, Bundesministerium für Familie, Senioren, Frauen und Jugend, Postfach 20 15 51, 53145 Bonn.

Die für dieses Stichwort relevanten gesetzlichen Regelungen finden sie unter: Bundeskindergeldgesetz, S. 182; Einkommenssteuergesetz, S. 183

Wenn Sie erwerbstätig sind, dann sind Sie in aller Regel in der gesetzlichen Krankenversicherung pflichtversichert. Sie sehen das daran, dass Ihre Krankenkassenbeiträge jeden Monat von Ihrem Lohn abgezogen werden.

Familienversicherung

Wenn Sie verheiratet sind und nicht oder nur unterhalb der 630-DM-Grenze erwerbstätig, dann sind Sie und Ihre Kinder in der (gesetzlichen) Krankenversicherung Ihres Mannes – ohne Beiträge – mitversichert. In der privaten Krankenversicherung (eine solche haben in der Regel Selbständige, Beamte und »Besserverdienende«) müssen für alle Familienmitglieder Beiträge gezahlt werden. Auch als »Mitversicherte« können Sie die Leistungen der gesetzlichen Krankenkasse in Anspruch nehmen, wie eine Selbstversicherte. Während der Trennungszeit besteht die Familienversicherung in der Regel fort; erst mit der Rechtskraft der Scheidung endet die Familienversicherung.

Wollen Sie in der bisherigen Krankenkasse bleiben, müssen Sie innerhalb von drei Monaten einen Antrag auf (freiwillige) Weiterversicherung stellen.

Versicherungsbeiträge

Nach einer Scheidung sind Sie selbst »beitragspflichtig«, können allerdings, wenn Sie Unterhalt von Ihrem Mann bekommen, die Krankenversicherungsbeiträge im Rahmen des Unterhalts ☞ geltend machen. Wenn Sie keinen Unterhalt, sondern Sozialhilfe ☞ beziehen, werden die Beiträge vom Sozialamt übernommen.

Krankenhilfe

Wenn alle Stricke reißen, bleibt Ihnen noch die Sicherheit, dass das Sozialamt – auch Nichtversicherten und Nicht-Sozialhilfeempfängerinnen – helfen muss, wenn Sie krank sind und sich eine medizinische Behandlung nicht leisten können (sogenannte Krankenhilfe).

Mitversicherung der Kinder

Auch Ihre Kinder sind, sofern sie nicht selbst pflichtversichert sind, bis zum 18. Lebensjahr, bei Arbeitslosigkeit sogar bis zum 23. Lebensjahr und, wenn sie sich in einer Schul- und Berufsausbildung befinden, bis zum 25. Lebensjahr in der Familienversicherung mitversichert. Kinder mit schweren Behinderungen können sogar ein Leben lang »mitversichert« sein. Eine Ausnahme gilt, wenn nur Sie Mitglied der Krankenkasse sind und Ihr Mann relativ viel verdient. Sind beide Elternteile Mitglied der gesetzlichen Krankenkasse, können sie wählen, bei welcher ihrer Krankenkassen das Kind mitversichert sein soll.

Die für dieses Stichwort relevanten gesetzlichen Regelungen finden sie unter: Gesetzliche Krankenversicherung (SGB V), S. 194; Sozialversicherung (SGB IV), S. 193; Allgemeine Vorschriften (SGB I), S. 177

Ehesachen mit Auslandsbezug

Bei Scheidungssachen, die einen Auslandsbezug haben, weil einer oder beide Partner keine deutsche Staatsangehörigkeit haben, können verschiedene Fragen auftreten:
- Welches Gericht entscheidet über den Rechtsstreit?
- Welches Recht kommt zur Anwendung: deutsches oder Heimatrecht?
- Werden die Entscheidungen der deutschen Gerichte im Heimatland bzw. die der Heimatgerichte in Deutschland anerkannt?

Zuständigkeit der deutschen Gerichte

Grundsätzlich gilt, dass deutsche Gerichte immer dann entscheiden können, wenn:
- ein Ehegatte Deutscher ist (oder bei der Heirat war) *oder*
- beide Ehepartner in Deutschland leben;
- wenn nur ein Partner in Deutschland lebt, sind in der Regel auch die deutschen Gerichte zuständig, es sei denn, es ist von vornherein klar, dass die Entscheidung von keinem der Heimatstaaten anerkannt wird.

Sie können wählen, ob Sie das Scheidungsverfahren in Deutschland oder in Ihrem Heimatland durchführen wollen. Wenn Sie es hier durchführen, muss in Ihrem Heimatland noch eine Anerkennung des Urteils stattfinden.

Deutsches oder Heimatrecht

Ob deutsches Recht oder das Recht des Heimatlandes bei einer Entscheidung anzuwenden ist, ist unterschiedlich – und hat oft sehr unterschiedliche Folgen für die Frau!

Migrantinnen sollten sich schon deshalb frühzeitig mit einer Anwältin in Verbindung setzten (☞ Anwaltliche Hilfe). Als eine grobe Regel können Sie sich merken, dass für die Regelungen während der Trennungszeit meist deutsches Recht zugrunde gelegt wird; danach kommt es darauf an. Für Regelungen, die die Kinder betreffen, gilt – zumindest, wenn die Kinder bei ihnen in Deutschland leben – deutsches Recht.

Keine Zweifel gibt es, wenn ein Ehepartner Deutscher ist: dann gilt deutsches Recht. Wenn beide Ehepartner die gleiche, andere Nationalität haben, wird bei den Ehesachen in der Regel von den deutschen Gerichten das Recht des Heimatstaates angewandt.

Die für dieses Stichwort relevanten gesetzlichen Regelungen finden sie unter: Zivilprozessordnung (§ 606 a), S. 161; Einführungsgesetz zum Bürgerlichen Gesetzbuch, S. 136; Haager Übereinkommen zum Unterhalt, S. 166; Haager Übereinkommen zum Sorgerecht, S. 167; Strafgesetzbuch (§ 235), S. 203

§ Die Grundsätze sind im »Internationalen Privatrecht« und in verschiedenen internationalen Abkommen zu finden. Vom Grundsatz der Anwendung des Heimatrechtes gibt es Ausnahmen. Die wichtigsten sind:

- Internationale Abkommen schreiben ausdrücklich die Anwendung deutschen Rechts vor, so z.B. für den Unterhaltsanspruch türkischer Frauen während bestehender Ehe (für den Unterhalt nach der Scheidung gilt aber türkisches Recht).
- Die Eheleute haben eine Vereinbarung getroffen, wonach die Ehe auf jeden Fall nach dem für die Frauen oft günstigeren deutschen Recht geschieden wird. Dies kann bereits bei der Heirat aber auch noch später vereinbart werden.
- Das Heimatrecht enthält Regelungen, die mit wesentlichen Grundsätzen des deutschen Rechts nicht vereinbar sind, insbesondere gegen Grundrechte verstoßen würden. Das wird ganz selten angenommen und von den Gerichten auch oft nicht einheitlich beurteilt: positive Entscheidungen gibt es z.B. für eine Scheidung durch »Verstoßung« nach iranischem Recht.

In diesen Fällen wird deutsches Recht angewandt. Haben die Eheleute verschiedene Staatsangehörigkeiten, lebten aber während der (gesamten oder überwiegenden) Ehezeit in Deutschland, so ist die Scheidung ebenfalls in der Regel nach deutschem Recht durchzuführen.

Anerkennung der Urteile

Grundsätzlich werden ausländische Urteile in Deutschland anerkannt, es sei denn, bei der Entscheidung wurden wichtige Grundsätze nicht beachtet, z.B. weil das Verfahren ohne Beteiligung der beklagten Partei stattgefunden hat oder weil das Urteil gegen Grundrechte verstößt. Schwieriger ist oft die Anerkennung deutscher Urteile im jeweiligen Heimatland.

Unterhalt

Der Unterhaltsanspruch für die Kinder richtet sich nach deutschem Recht. Voraussetzung dafür ist, dass der Mann weiterhin in der BRD lebt. Wenn die Kinder nicht mehr in der BRD leben, kann für diese trotzdem Unterhalt geltend gemacht werden.

Der Unterhalt für sie selbst nach der Scheidung richtet sich meist nach ausländischem Recht. Danach können Sie auch Unterhalt für sich geltend machen, wenn die Ehe in der BRD geschieden wurde, Ihr Mann weiterhin hier lebt, Sie aber nach der Scheidung ins Ausland gehen. Bleiben Sie in Deutschland kann allerdings bei der »Bedarfsbemessung«, also bei der Frage nach der Höhe des Unterhalts ☞, deutsches Recht Anwendung finden.

Rentenansprüche

Hat einer der Ehepartner in der BRD gearbeitet und dadurch Rentenansprüche erworben, kann bei einer Scheidung in

Deutschland ein Antrag auf Versorgungsausgleich gestellt werden, auch wenn es dies nach den Bestimmungen des jeweiligen Heimatrechts nicht gibt (☞ Versorgungsausgleich).

Kindesentführung

Befürchten Sie, dass Ihr Mann während der Zeit des Getrenntlebens die Kinder ins Ausland entführt, und wollen Sie dies verhindern, können Sie – mit einem Eilantrag – beim Familiengericht eine Übertragung des Aufenthaltsbestimmungsrechts oder des Sorgerechts für die Dauer des Getrenntlebens beantragen (☞ Sorgerecht). Haben Sie das Sorgerecht und bringt Ihr Mann die Kinder ohne Ihre Zustimmung ins Ausland, können Sie ihn wegen Kindesentführung anzeigen (☞ Strafanzeige) und die Rückführung der Kinder beantragen (Haager Übereinkommen, S. 166 f.).

Eigenständiges Aufenthaltsrecht

Schwierigkeiten kann es nach einer Scheidung mit Ihrem Aufenthaltsrecht (und dem Ihrer Kinder) geben, wenn Sie im Zuge des Familiennachzugs (d.h. später als Ihr ausländischer Ehemann) nach Deutschland gekommen sind. Ist Ihnen eine Aufenthaltserlaubnis nach § 17 Ausländergesetz (AuslG) erteilt worden, so wird sie nach einer Trennung nur dann als eigenständiges Aufenthaltsrecht verlängert, wenn:

- die Ehe seit mindestens vier Jahren rechtmäßig (heißt: nicht nur auf der Grundlage einer »Duldung«) in Deutschland bestanden hat *oder*
- die Ehepartner zwar kürzere Zeit rechtmäßig in Deutschland zusammengelebt haben, es aber zur Vermeidung einer sogenannten »außergewöhnlichen Härte« ☞ erforderlich erscheint, der Frau den weiteren Aufenthalt zu ermöglichen.

Die Aufenthaltserlaubnis wird in der Regel zunächst für ein Jahr verlängert – und zwar selbst dann, wenn die Frau (wie in der Regel bei einem Aufenthalt im Frauenhaus) vorübergehend Sozialhilfe bezieht. Danach kann die Aufenthaltserlaubnis befristet und, wenn die Voraussetzungen vorliegen, auch unbefristet verlängert werden.

Sollte es wegen des Bezugs von Sozialhilfe Schwierigkeiten mit Ihrem Aufenthalt geben, sollten Sie sich sofort an Ihre Anwältin wenden.

Außergewöhnliche Härte

Eine »außergewöhnliche Härte« liegt immer dann vor, wenn der Frau bei der Rückkehr in ihr Heimatland wegen der Trennung von ihrem Mann erhebliche Schwierigkeiten drohen; gemeint sind z.B. gesellschaftliche Nachteile für alleinstehende Frauen in islamischen Ländern.

Die Begründung des Gesetzes nennt Fälle außergewöhnlicher Härte:

- physische und psychische Misshandlungen durch den Ehemann,

- sexueller Missbrauch durch den Vater,
- besondere Betreuungsbedingungen für behinderte Kinder in Deutschland,
- die Gefahr einer Trennung von Mutter und Kindern bei einer Rückkehr,
- drohende Zwangsabtreibung im Heimatland.

Bei der Härtefallbeurteilung spielen Bindungen und Integration in Deutschland einerseits und die Situation bei der Rückkehr ins Heimatland andererseits eine ganz entscheidende Rolle; insofern kann auch weiterhin die Dauer des Aufenthaltes berücksichtigt werden, d.h. heißt, je näher Sie den vier Jahren Ehedauer in Deutschland kommen, desto »härter« würde Sie die Rückkehrverpflichtung treffen.

Gesetzesänderung

Zur Zeit wird überlegt, die Ehebestandszeit von vier auf zwei Jahre zu senken und eine »besondere« Härte ausreichen zu lassen, die nicht nur gegeben sein soll, wenn die Verpflichtung zur Rückkehr eine besondere Härte wäre, sondern auch schon dann, wenn durch das weitere Zusammenleben »schutzwürdige Belange« der Frau oder der Kinder beeinträchtigt wären.

Bevor Sie die Scheidung einreichen, sollten Sie auf jeden Fall klären, ob Sie auch nach der Scheidung ein Aufenthaltsrecht haben.

➲ Wir raten allen betroffenen Frauen, sich mit der »iaf« (Verband binationaler Familien und Partnerschaften), Bundesgeschäftsstelle: Ludolfusstr. 2 – 4, 60487 Frankfurt am Main, Tel.: 069/7075087 in Verbindung zu setzen oder anwaltliche Hilfe ☞ einzuholen.

Arbeitsgenehmigung

Nicht alle Menschen ohne deutschen Paß brauchen eine Genehmigung des Arbeitsamtes, wenn sie arbeiten wollen. Keine Genehmigung brauchen:

- Frauen aus einem Mitgliedsstaat der EU,
- Frauen, die hier geboren sind und über eine (unbefristete) Aufenthaltserlaubnis oder eine Aufenthaltsberechtigung verfügen,
- Frauen aus Staaten, für die eine Ausnahmeregelung besteht.

Voraussetzung

Für die Erteilung einer Arbeitserlaubnis ist Voraussetzung, dass

- die Beschäftigung keine nachteiligen Folgen für den deutschen Arbeitsmarkt hat;
- Sie eine Aufenthaltsgenehmigung haben,
- keine deutschen (oder bevorrechtigte ausländische) Arbeitnehmerinnen/Arbeitnehmer für die Beschäftigung zur Verfügung stehen und
- Sie nicht zu ungünstigeren Bedingungen arbeiten als vergleichbare deutsche Arbeitskräfte.

Wenn es um eine erstmalige Beschäftigung geht, dann kann zusätzliche Bedingung sein, dass Sie vorher (bis zu fünf Jahren) erlaubt oder geduldet in Deutschland gelebt haben.
Bislang konnten Frauen, die im Zuge des Familiennachzugs nach Deutschland gekommen sind und seit mindestens einem Jahr – rechtmäßig oder geduldet – hier gelebt haben, in der Regel eine Arbeitserlaubnis erhalten, wenn sie nachweisen, dass ein bestimmter Betrieb sie für eine bestimmte Tätigkeit haben will. Die Arbeitserlaubnis wird in der Regel befristet erteilt und auf bestimmte Betriebe, Berufe oder Bezirke beschränkt.
Die (unbeschränkte) Arbeitsberechtigung wird es zukünftig wohl nur noch für diejenigen geben, die eine Aufenthaltserlaubnis oder -befugnis haben und entweder seit mehr als fünf Jahren hier arbeiten oder sich seit mehr als sechs Jahren ununterbrochen hier aufhalten.

➲ Genaueres können Sie auch bei den Ausländerberatungsstellen und bei den jeweiligen Ausländerbehörden bzw. – wo es um die Erteilung einer Arbeitserlaubnis geht – beim Arbeitsamt nachfragen.

Sozialleistungen an Migrantinnen

Viele Sozialleistungen gibt es für Migrantinnen nur dann, wenn Sie im Besitz einer Aufenthaltsberechtigung oder Aufenthaltserlaubnis sind. Dazu gehören z. B. das Kindergeld ☞, das Erziehungsgeld ☞ und der Unterhaltsvorschuss (☞ Unterhalt). Bei der Sozialhilfe ☞ kommt es dagegen auf den tatsächlichen Aufenthalt, nicht den rechtlichen Aufenthaltsstatus, an; Ausnahme: Asylbewerberinnen, für die eine besondere gesetzliche Regelung, das Asylbewerberleistungsgesetz, gilt. Migrantinnen können nicht alle Leistungen der Sozialhilfe in Anspruch nehmen, sondern nur: Hilfe zum Lebensunterhalt (☞ Sozialhilfe), Krankenhilfe ☞, Hilfe für werdende Mütter und Hilfe zur Pflege.

➲ Im Einzelfall gibt es aber die Möglichkeit, dass das Sozialamt zusätzliche Leistungen zubilligt. Erkundigen Sie sich also ruhig bei Ihrem Sozialamt – dessen Mitarbeiter und Mitarbeiterinnen müssen Sie beraten.

Einbürgerung

Ab sofort kann eine Einbürgerung schon dann beantragt werden, wenn sich eine Person seit 8 Jahren (ununterbrochen und rechtmäßig) in Deutschland aufhält. Zeiten der Duldung zählen nicht mit. Ehefrauen können schon nach vier Jahren, Kinder unter 16 Jahren schon nach 3 Jahren eingebürgert werden. In diesen Fällen sind auch Abstriche bei den Sprachkenntnissen möglich, wenn »die übrigen Familienangehörigen der deutschen Sprache hinreichend mächtig sind und die Einbürgerung der gesamten Familie wünschenswert erscheint« (VwV-AuslG)
Die Einbürgerung kostet pro Person 500 DM, ein Rabatt »aus Billigkeitsgründen« ist möglich.

NICHTEHELICHE LEBENSGEMEINSCHAFT

Viele Informationen, die in diesem Leitfaden stehen, betreffen Frauen, die verheiratet sind und sich von ihrem Ehemann trennen wollen. Die Regelungen des Ehe- und Familienrechts gelten nicht, wenn Sie nicht miteinander verheiratet sind. Weder gibt es nach einer Trennung Unterhalt wie bei Verheirateten noch findet ein Zugewinnausgleich ☞, also ein Ausgleich des während des Zusammenlebens erworbenen Vermögens statt, noch haben Sie Anspruch auf die Rentenanwartschaften des Partners (☞ Versorgungsausgleich).

notarielle Partnerschaftsverträge

Manchmal lassen sich aber – auf einem anderen rechtlichen Weg – durchaus vergleichbare Ergebnisse erzielen. Ein solcher Weg sind notarielle Verträge, die vieles von dem regeln können, was für Ehepaare im Familienrecht gesetzlich geregelt ist.

An den Abschluss eines notariellen Vertrages sollten Sie vor allem dann denken, wenn Sie in einer nichtehelichen Partnerschaft Kinder haben wollen und dafür – zeitweise – auf eine eigene Erwerbstätigkeit verzichten oder diese reduzieren wollen.

Auskünfte über die möglichen Inhalte solcher notariellen Verträge erteilen sowohl (Familienrechts-) Anwältinnen als auch Notarinnen, die auch die Formulierung und Beurkundung der Verträge übernehmen. Eine Liste von Notarinnen enthält das Rechtsanwältinnenverzeichnis der Zeitschrift STREIT (☞ Anwaltliche Hilfe).

Unterhalt

Als nichteheliche Partner haben Sie in der Regel keinerlei Unterhaltsansprüche gegeneinander, auch dann nicht, wenn die Lebensgemeinschaft aufgelöst wird – es sei denn, sie haben solche Ansprüche in einem Partnerschaftsvertrag vereinbart ☝. Eine Ausnahme bilden gesetzlich festgelegte Unterhaltsansprüche der Mutter eines nichtehelichen Kindes im Zusammenhang mit der Geburt des Kindes (☞ Unterhalt). Der Vater eines nichtehelichen Kindes muss auch für das Kind Unterhalt zahlen (☞ Unterhalt).

Aufteilung einer gemeinsamen Wohnung

Für die nichteheliche Lebensgemeinschaft besteht nach einer Trennung nicht die Möglichkeit, sich auf die für die Ehe geltenden Regelungen über die Aufteilung des Hausrates und die Zu-

---

Die für dieses Stichwort relevanten gesetzlichen Regelungen finden sie unter: Bürgerliches Gesetzbuch (§§ 1615 l, 1615 o, 1626 a – e, 1684 – 1687), S. 148 ff.

weisung der Ehewohnung zu berufen (es sei denn, sie hätten dies ausdrücklich vereinbart ☝).

Mietwohnung

Bei einer nichtehelichen Lebensgemeinschaft können sich nach einer Trennung verschiedene Fragen stellen:

- Wie komme ich, im Falle eines gemeinsamen Mietvertrages, aus dem Vertrag heraus? – bzw.
- Wie kann ich in der Wohnung bleiben, obwohl ich keinen Mietvertrag habe?

Im ersten Fall ergibt sich für Sie dann ein Problem, wenn Ihr Partner und der Vermieter einer Kündigung nicht zustimmen wollen, weil Sie dann u.U. weiter Miete zahlen müssten, ohne die Wohnung zu nutzen. Wenn sich eine einverständliche Lösung mit Ihrem Partner (und dem Vermieter) nicht erreichen lässt, können Sie Ihren Partner nur noch gerichtlich verpflichten lassen, einer Kündigung zuzustimmen (☞ Anwaltliche Hilfe).

Schwierigkeiten kann es auch dann geben, wenn Ihr Partner alleiniger Mieter der Wohnung ist, sie aber – im Einvernehmen mit Ihrem Partner – in der Wohnung bleiben wollen. Dem muss der Vermieter, anders als bei Eheleuten (☞ Wohnung), zustimmen; praktisch wird dann ein geänderter Mietvertrag mit Ihnen als Mieterin abgeschlossen. Sollten Sie von einem nichtehelichen Partner misshandelt oder bedroht werden und ihn deshalb aus der Wohnung haben wollen, dann bleibt ihnen nur die Möglichkeit, eine Unterlassungsverfügung gegen ihn zu beantragen (☞ Schutzanordnungen).

N

Gemeinsame Anschaffungen, gemeinsame Schulden

Oft sind beim Einzug in eine gemeinsame Wohnung auch gemeinsame Anschaffungen (z.B. Möbel), nicht selten Schulden gemacht worden. Das führt bei der Trennung oft zu Problemen – auch in rechtlicher Hinsicht, weil es keine ausdrücklichen gesetzlichen Regelungen gibt.

§ Die Gerichte wenden bei einer Trennung die für die Auflösung einer Gesellschaft geltenden Regeln an und nicht die Regelungen, die bei einer Trennung von Ehepaaren gelten. Für die Schulden gilt im Prinzip das, was auch für eheliche Schulden ☞ gilt: Sie haften nur, wenn Sie als Schuldnerin oder Bürgin unterschrieben haben.

Für Anschaffungen gilt: Es kommt darauf an, ob die Sache gemeinsam angeschafft und auch gemeinsam genutzt werden sollte oder ob sie einem Partner allein gehören und auch von ihm allein genutzt werden sollte. Bei gemeinsamen Anschaffungen können sich im Fall einer Trennung Ausgleichsansprüche ergeben.

➲ Wenn Sie sich mit Ihrem Partner nicht einigen können, sollten Sie unbedingt eine Anwältin aufsuchen, um prüfen zu lassen, ob Ihnen vielleicht ein Ausgleichsanspruch zusteht (☞ Anwaltliche Hilfe).

Nichteheliche Kinder:

Die elterliche Sorge für ein nichteheliches Kind steht bislang allein der Mutter zu.

§ Inzwischen ist es für unverheiratete Eltern aber möglich, in Form einer sogenannten »Sorgerechtserklärung« klarzustellen, dass sie die elterliche Sorge gemeinsam übernehmen wollen. Dieses gemeinsame Sorgerecht soll auch bei einer Trennung fortbestehen, es sei denn ein Elternteil beantragt, die elterliche Sorge auf ihn allein zu übertragen (☞ Sorgerecht).

Das gemeinsame Sorgerecht setzt also:

- eine ausdrückliche Erklärung und
- die Zustimmung der Mutter ebenso wie die des Vaters voraus.

Wird allerdings keine gemeinsame Sorgerechtserklärung abgegeben, bleibt es dabei, dass die Mutter weiterhin das alleinige Sorgerecht hat.

Beistandschaft

Die Regel, dass unverheirateten Müttern bei der Geburt automatisch eine Amtspflegschaft zur Seite gestellt wird, ist entfallen: Beistandschaften gibt es nur auf Wunsch der Mutter.

Ziel der Beistandschaft:

- die Feststellung der Vaterschaft und
- die Geltendmachung der Unterhaltsansprüche.

Beratung durch das Jugendamt

Das Kinder- und Jugendhilfegesetz (KJHG) stellt Müttern, die allein für ein Kind sorgen, eine Reihe von Beratungs- und Unterstützungsangeboten zur Seite, u.a. auch bei der Feststellung der Vaterschaft und der Geltendmachung von Unterhaltsansprüchen.

Vaterschaftsanerkennung bzw. -feststellung

Im Fall einer nichtehelichen Geburt muss sich ein Vater zu dem Kind »bekennen«; dies geschieht heute in der Regel freiwillig durch ein sogenanntes Vaterschaftsanerkenntnis, das vom Jugendamt, vom Standesamt oder einem Notar beurkundet wird. Wird das Vaterschaftsanerkenntnis beim Jugendamt protokolliert, so sorgt dieses in der Regel dafür, dass sich der Vater – in einer vollstreckbaren Urkunde – zur Übernahme des sogenannten Regelunterhaltes ☞ verpflichtet.

Findet sich freiwillig kein Vater, dann besteht noch die Möglichkeit, die Vaterschaft gerichtlich feststellen zu lassen, indem durch eine Abstammungsuntersuchung geklärt wird, wer (höchstwahrscheinlich) der Vater des Kindes ist. Bei dieser – für alle Beteiligten – unangenehmen Prozedur hilft ihnen das Jugendamt (☞ Beistandschaft).

Unterhalt

Auch für ein nichteheliches Kind besteht ein Unterhaltsanspruch (☞ Unterhalt).

➲ Das Jugendamt kann über die Anerkennung der Vaterschaft und die Höhe des zu zahlenden Unterhalts eine Urkunde anfertigen, die – bei Nichtzahlung – auch eine Zwangsvollstreckung ermöglicht.
Erkennt der Vater seine Vaterschaft nicht freiwillig an, wird sie – gerichtlich – festgestellt und dabei gleichzeitig festgelegt, dass und in welcher Höhe Unterhalt ☞ zu zahlen ist.

➲ Zahlt der Vater Ihres Kindes keinen oder nur unregelmäßig Unterhalt, besteht, falls Ihr Kind noch nicht älter als 12 Jahre ist, auch die Möglichkeit, einen Unterhaltsvorschuss beim Jugendamt zu beantragen (☞ Unterhalt).

POLIZEI

Die Polizei ist in akuten Misshandlungssituationen eine wichtige, weil immer erreichbare und zur Hilfe verpflichtete Institution. Trotzdem erleben misshandelte Frauen oft, dass Ihnen auch von der Polizei kein ausreichender Schutz angeboten wird. Im Hinblick auf die Aufgaben der Polizei ist wichtig zu wissen, dass die Polizei im wesentlichen zwei Aufgaben hat:

- Sie ist einerseits zur Abwehr von Gefahren verpflichtet ☞ Gefahrenabwehr).
- Sie ist andererseits – als verlängerter Arm der Staatsanwaltschaft – Strafverfolgungsbehörde (☞ Strafverfolgung).

Gefahrenabwehr

Die Polizeigesetze ermächtigen die Polizei z.B., eine Person festzuhalten, wenn dies zum Schutz einer anderen Person erforderlich ist oder eine Fortsetzung der Misshandlungen droht. Spätestens nach 48 Stunden ist die festgehaltene Person aber wieder freizulassen, wenn nicht vorher eine richterliche Entscheidung herbeigeführt wurde.

Strafverfolgung

Daneben hat die Polizei auch die Aufgabe, Straftaten zu verfolgen. In gewalttätigen Beziehungen werden häufig eine ganze Reihe von »Straftaten« begangen: Körperverletzungen, Nötigungen, Beleidigungen, Vergewaltigungen u.a.m. Die Polizei ist gehalten, alle Straftaten, von denen sie erfährt, auch zu verfolgen. Eine Ausnahme bilden die sogenannten »Antragsdelikte«, die nur verfolgt werden, wenn von der verletzten Person ein Strafantrag gestellt wurde oder von den Strafverfolgungsbehörden ein besonderes öffentliches Interesse an der Strafverfolgung bejaht wird (☞ Strafanzeige). Zu diesen Antragsdelikten gehört auch die einfache, das heißt ohne gefährliche Gegenstände oder mit schweren körperlichen Folgen verbundene Körperverletzung. Nur bei der einfachen Körperverletzung ist es rechtlich also überhaupt erlaubt, auf eine Strafverfolgung (mangels öffentlichen Interesses) zu verzichten.

Die für dieses Stichwort relevanten gesetzlichen Regelungen finden sie unter: Strafprozessordnung (§ 163), S. 207; Richtlinien für Straf- und Bußgeldverfahren, S. 213; Polizeigesetze (HSOG), S. 215

RENTE

Um im Alter oder im Fall der Erwerbsunfähigkeit aus einer eigenen Rentenversicherung Rente beziehen zu können, müssen Sie in der gesetzlichen Rentenversicherung versichert sein, also entweder bei der Bundesversicherungsanstalt für Angestellte (BfA) oder einer der Landesversicherungsanstalten (LVA). Es gibt verschiedene Arten der Rente, die jeweils an verschiedene Voraussetzungen gekoppelt sind. Die wichtigsten Rentenarten sind:

- Altersrente
- Berufs- und Erwerbsunfähigkeitsrente
- Hinterbliebenenrente.

Rentenarten:
Altersrente

Die wichtigste Rente aus eigener Versicherung ist die Regelaltersrente. Voraussetzungen für diese Rente sind, dass Sie

- das 65. Lebensjahr vollendet haben und
- die allgemeine Wartezeit (Mindestbeitragszeit) von 5 Jahren erfüllt haben.
- Wenn Sie eine Wartezeit von 35 Jahren erfüllt haben, können Sie sogar schon mit 63 Jahren in Rente gehen.

Noch können auch Frauen mit Erreichen des 60. Lebensjahres eine Altersrente beanspruchen, wenn Sie

- nach Vollendung des 40. Lebensjahres mehr als 10 Jahre Pflichtbeiträge für eine versicherte Beschäftigung oder Tätigkeit entrichtet haben und
- eine Wartezeit von 15 Jahren erfüllt haben.

Diese Altersgrenze wird für Versicherte die nach dem 30. Dezember 1936 geboren sind, stufenweise angehoben. Es gibt eine Tabelle, die diese stufenweise Anhebung regelt.

Die Voraussetzungen ändern sich in diesem Bereich ständig. Deshalb sollten Sie sich unbedingt über die jeweils geltende Rechtslage bei den Rentenversicherungsträgern kostenlos informieren.

Schwerbehinderte, Berufs- oder Erwerbsunfähige, Arbeitslose bzw. Altersteilzeitarbeitende können unter bestimmten Voraussetzungen sogar schon mit Vollendung des 60. Lebensjahres in Rente gehen; ihnen drohen dann allerdings Rentenabschläge.

➲ Informationen erhalten Sie von Ihrer Rentenversicherung.

Die für dieses Stichwort relevanten gesetzlichen Regelungen finden sie unter: Gesetzliche Rentenversicherung (SGB VI), S. 195; Sozialversicherung (SGB IV), S. 193; Allgemeine Vorschriften (SGB I), S. 177

Berufs-/Erwerbsunfähigkeitsrente

Auch wenn Sie berufs- oder erwerbsunfähig werden, sind Sie als Versicherte abgesichert – und zwar schon vor Vollendung der oben genannten Altersgrenzen: Einen Anspruch auf Berufs- bzw. Erwerbsunfähigkeitsrente haben Sie, wenn Sie

- (nachgewiesenermaßen) berufs- oder erwerbsunfähig sind,
- in den letzten 5 Jahren vor Eintritt der Berufsunfähigkeit 3 Jahre Pflichtbeiträge für eine versicherte Beschäftigung oder Tätigkeit entrichtet haben und
- vor Eintritt der Berufs- bzw. Erwerbsunfähigkeit die allgemeine Wartezeit von 5 Jahren erfüllt haben.

Berufsunfähigkeit liegt vor, wenn Ihre Erwerbsfähigkeit wegen Krankheit oder Behinderung auf weniger als die Hälfte eines körperlich geistig und seelisch gesunden Versicherten mit ähnlicher Ausbildung und gleichwertigen Kenntnissen und Fähigkeiten gesunken ist.

Erwerbsunfähig sind Sie, wenn Sie wegen einer Krankheit oder Behinderung auf nicht absehbare Zeit außerstande sind, eine Erwerbstätigkeit in gewisser Regelmäßigkeit auszuüben oder ein Einkommen zu erzielen, das über der Geringverdienergrenze von z. Zt. 630,– DM liegt.

Hinterbliebenenrente

Hinterbliebenenrente gibt es als Witwenrente für die Frauen,

- die nach dem Tod eines – mindestens 5 Jahre rentenversicherten – Mannes nicht wieder geheiratet haben (kleine Witwenrente); erzieht die Frau ein gemeinsames Kind oder ist sie schon über 45 oder berufs- oder erwerbsunfähig, hat sie Anspruch auf die »große Witwenrente«;
- Halb- und Vollwaisenrente für Kinder, die einen bzw. beide unterhaltspflichtigen Elternteile verloren haben, nach dem Tod eines Elternteils, der die allgemeine Wartezeit erfüllt hat oder als
- Erziehungsrente für Frauen, die nach dem 30.6.1977 geschieden wurden und selbst die Mindestbeitragszeit erfüllen, ein Kind aus der Ehe erziehen, nicht wieder geheiratet haben und deren geschiedener Mann gestorben ist.

Voraussetzungen für Rentenanspruch:
Antragstellung

Wichtigste Voraussetzung für jede Rentengewährung ist, dass der entsprechende Antrag bei dem jeweils zuständigen Rentenversicherungsträger gestellt wird.

Bei den Gemeinden sind Versicherungsämter eingerichtet. Bei diesen Versicherungsämtern können Sie ebenfalls die Rentenanträge stellen, dort wird Ihnen bei der Antragstellung des jeweiligen Rentenantrags auch geholfen.

➲ Zur Antragstellung sollten Sie die vorhandenen Unterlagen so vollständig wie möglich mitbringen:
- Personalausweis/Pass
- Versicherungsnachweise (Versicherungs-Nummer)
- Geburtsurkunden der Kinder
- Nachweise über Krankheitszeiten oder Zeiten der Arbeitslosigkeit
- Nachweise über freiwillig gezahlte Beiträge.

Beitrags-zahlung

Voraussetzung für einen Anspruch aus der Rentenversicherung ist, dass in die gesetzliche Rentenversicherung Beiträge entrichtet und somit entsprechend Beitragszeiten vorliegen. Beiträge können im Rahmen einer Pflicht- oder freiwilligen (Weiter-) Versicherung fällig werden.

Pflichtbeiträge

Pflichtbeitragszeiten erfüllt man durch Pflichtversicherung. D.h., wenn Sie zum Beispiel erwerbstätig und nicht nur geringfügig beschäftigt sind, sind Sie in der gesetzlichen Rentenversicherung durch Ihren Arbeitgeber zu versichern. Der zu entrichtende Beitrag wird zur Hälfte von Ihrem Bruttoeinkommen abgezogen und zur anderen Hälfte vom Arbeitgeber eingezahlt. Auch während der Zeit, in der Sie Arbeitslosengeld oder Arbeitslosenhilfe beziehen, zahlt das Arbeitsamt Rentenbeiträge (☞ Arbeitslosigkeit). Pflichtbeiträge werden auch von der Pflegekasse gezahlt, wenn Sie z.B. einen Familienangehörigen zuhause pflegen.

Grundsätzlich können Sie, sofern Sie nicht versicherungspflichtig sind und das 16. Lebensjahr vollendet haben, freiwillige Beiträge in die Rentenversicherung einzahlen. Das gilt insbesondere auch für geringfügig Beschäftigte, die den Arbeitgeberanteil von 12% auf die volle Höhe von z.Zt. 19,5% aufstocken können. Dadurch erwerben Sie – mit Vollendung des 65. Lebensjahrs – einen Anspruch auf die Regelaltersrente und Ihre Angehörigen bekommen – im Fall Ihres Todes – eine Hinterbliebenenrente. Diese freiwilligen Beiträge können Sie, sofern Sie Unterhalt von Ihrem geschiedenen Ehemann erhalten, im Rahmen des Unterhalts ☞ als sogenannten Vorsorgeunterhalt geltend machen.

Die Altersrenten für Frauen, wegen Arbeitslosigkeit und wegen Berufs- bzw. Erwerbsunfähigkeit ☝, setzen dagegen Pflichtbeitragszeiten zwingend voraus.

Kindererzie-hungszeit

Kindererziehungszeiten gelten als Pflichtbeitragszeiten: Pro Kind, das nach dem 1.1.92 geboren wurde, gelten 3 Jahre als gezahlt; bei allen anderen Kindern wird 1 Jahr angerechnet. Voraussetzung für die Anrechnung der Kindererziehungszeiten ist, dass Sie das Kind tatsächlich überwiegend erzogen haben und Sie die Anrechnung der Kindererziehungszeit für sich be-

R

antragt haben. Deshalb wird auch das gemeinsame Sorgerecht (☞) nichts daran ändern, dass vor allem Frauen von der Kindererziehungspflicht profitieren werden.

In der Regel wird auch verlangt, dass Sie das Kind in Deutschland erzogen haben.

Wartezeit

Die Wartezeit (Mindestversicherungszeit) wird durch die entsprechenden Beitragszahlungen erfüllt. Die allgemeine fünfjährige Wartezeit ist erfüllt, wenn z.B. fünf Jahre Pflichtbeiträge oder freiwillig Beiträge entrichtet wurden oder entsprechend Kindererziehungszeiten vorhanden sind. Als Wartezeiten gelten auch die Zeiten, die im Rahmen eines Versorgungsausgleichs ☞ auf das Rentenkonto der Ausgleichsberechtigten übertragen werden. Die allgemeine Wartezeit von 5 Jahren gilt als vorzeitig erfüllt, wenn die Versicherte wegen eines Arbeitsunfalls oder einer Berufskrankheit vermindert erwerbsfähig geworden oder gestorben ist.

Berücksichtigungs- und Anrechnungszeiten

Neben den Beitragszeiten gibt es auch noch sogenannte Berücksichtigungs- und Anrechnungszeiten. Diese wirken sich zwar nicht direkt aber indirekt rentensteigernd aus. Berücksichtigungszeiten sind Zeiten der Erziehung eines Kindes bis zu dessen vollendetem zehnten Lebensjahr. Als Anrechnungszeiten gelten z.B. die Schutzfristen nach dem Mutterschutzgesetz, u.U. Zeiten der Arbeitslosigkeit oder auch Ausbildungszeiten.

Versicherungsverlauf

Sobald Sie einen Rentenantrag stellen, erstellt der Rentenversicherungsträger einen Versicherungsverlauf, der alle rentenrechtlich relevanten Zeiten wie Beitragszeiten, Kindererziehungszeiten, Zeiten der Ausbildung enthält. Wenn Sie bereits vor Rentenantragstellung Klarheit über Ihr Versicherungskonto haben wollen, so können Sie auch vorab einen entsprechenden Kontenklärungsantrag stellen. Auch bei der Durchführung des Versorgungsausgleichs ☞ wird ein Versicherungsverlauf erstellt.

SCHEIDUNG

Scheidungsvoraussetzungen

Die Voraussetzungen, unter denen eine Ehe geschieden werden kann, sind mit der im Sommer 1977 in Kraft getretenen Neuregelung des Scheidungsrechts grundlegend geändert worden. Früher ging es darum, bei wem die Schuld für das Scheitern der Ehe lag; heute verlangt das Gesetz nur noch den Ablauf bestimmter Trennungszeiten.

Besonderheiten gelten, wenn Migrantinnen mit einem Deutschen und Deutsche mit einem Migranten verheiratet sind und hier leben bzw. wenn beide Partner Migranten sind (☞ Migrantinnen/binationale Partnerschaften).

Einverständliche Scheidung

Die einverständliche Scheidung setzt voraus, dass beide Eheleute

- seit mindestens einem Jahr getrennt leben,
- geschieden werden wollen und
- sich über die wichtigsten Scheidungsfolgen wie das Sorge- und Umgangsrecht für die Kinder, die Höhe des Unterhaltes, die Nutzung der Ehewohnung und die Verteilung des Hausrates einig sind.

Aufgrund der einjährigen Trennung und des übereinstimmenden Scheidungsantrages wird vermutet, dass die Ehe gescheitert ist. Beim Scheidungstermin werden die Eheleute deshalb auch nur zum Trennungszeitpunkt befragt, nicht jedoch über den Grund, warum sie geschieden werden wollen.

Streitige Scheidung: nach einem Trennungsjahr

Zu einer »streitigen Scheidung« kommt es, wenn die Ehegatten zwar schon ein Jahr getrennt leben, aber nur einer geschieden werden will. Auch in diesem Fall kann die Ehe grundsätzlich geschieden werden; ihr Scheitern wird jedoch nicht unterstellt. Im Scheidungsantrag muss vielmehr dargelegt werden, aus welchen Gründen die Ehe gescheitert ist (z. B. weil Ihr Ehemann Sie in der Vergangenheit häufig misshandelt hat). Beide Ehegatten werden zum Scheitern der Ehe dann vom Gericht befragt. Kommt das Gericht aufgrund der Befragung zu dem Schluss, dass die Ehe gescheitert ist, wird sie geschieden.

nach drei Trennungsjahren

Leben die Ehegatten bereits seit 3 Jahren getrennt und will nur ein Ehegatte geschieden werden, wird ohne weiteres unter-

---

Die für dieses Stichwort relevanten gesetzlichen Regelungen finden sie unter: Bürgerliches Gesetzbuch (§§ 1564 – 1615, 1626 – 1687), S. 148 ff.; Zivilprozessordnung, S. 161; Einführungsgesetz zum Bürgerlichen Gesetzbuch, S. 165; Hausratsverordnung, S. 168

stellt, dass die Ehe gescheitert ist. Das Gericht befragt Sie zum Trennungszeitpunkt, aber nicht über Ihre Gründe sich scheiden zu lassen.

Trennungszeit

Ein erneutes Zusammenleben der Ehegatten als Versöhnungsversuch unterbricht die Trennungszeiten nicht, wenn dieses nur von kurzer Dauer ist. Was von kurzer Dauer ist, ist nicht verbindlich geregelt. Im Normalfall darf das erneute Zusammenleben nicht mehr als drei Monate gedauert haben.

vor Ablauf des Trennungsjahres

Auch eine Scheidung vor Ablauf des Trennungsjahres (Härtefallscheidung) ist ausnahmsweise möglich. In diesem Fall müssen Sie aber Gründe haben (und im Zweifel beweisen können), die in der Person des Ehemannes liegen(!) und die es für Sie unzumutbar erscheinen lassen – auch nur auf dem Papier – noch länger mit ihm verheiratet zu sein. Dies kann – nach den Maßstäben der Gerichte – z. B. dann der Fall sein, wenn Sie von Ihrem Mann fortgesetzt belästigt, bedroht oder misshandelt werden, aber auch dann, wenn Ihr Mann seit langem Alkoholiker ist.

Haben Sie sich allerdings bereits dem Einflussbereich Ihres Ehemannes entzogen, z. B. indem Sie in ein Frauenhaus gezogen sind, so meinen viele Gerichte, dass Ihnen auch zugemutet werden könne, den Ablauf des Trennungsjahres abzuwarten. Zurecht haben insbesondere misshandelte Frauen und Mitarbeiterinnen von Frauenhäusern diese Anforderungen als zu weitgehend kritisiert; trotzdem ist diese Rechtsprechung bis heute noch nicht aufgegeben worden.

Scheidungsfolgen

Mit der Scheidung müssen bestimmte Scheidungsfolgesachen entschieden werden, andere können entschieden werden. Zu den Scheidungsfolgen gehören:

Entscheidung von Amts wegen

Entscheidungen auf Antrag

- Wie werden die Rentenanwartschaften geteilt? (☞ Versorgungsausgleich)
- Wer bekommt das Sorgerecht für die Kinder (☞ Sorgerecht)
- Wer behält die Ehewohnung? (☞ Wohnung)
- Wie wird der Hausrat aufgeteilt? (☞ Hausrat)
- Wie wird das Vermögen aufgeteilt? (☞ Zugewinn)
- Wie werden die Unterhaltsansprüche geregelt? (☞ Unterhalt)
- Wie wird das Umgangsrecht geregelt (☞ Umgangsrecht)

Einleiten der Scheidung

Das Scheidungsverfahren kommt nur durch den Antrag eines Ehepartners in Gang und ist durch eine Rechtsanwältin (☞ Anwaltliche Hilfe) bei Gericht einzureichen. Zuständig für das Scheidungsverfahren und die anderen Familiensachen (z. B. Zuweisung der Ehewohnung usw.) ist das Amtsgericht und zwar die Abteilung für Familiensachen (☞ Gerichte). An welchem

Gerichtsort der Antrag einzureichen ist, richtet sich danach, in welchem Gerichtsbezirk die Eheleute leben. Wenn sie nicht im gleichen Gerichtsbezirk leben, danach, wo der Ehepartner lebt, der die gemeinsamen Kinder versorgt.

Anwaltliche Vertretung

Grundsätzlich gilt in Ehesachen Anwaltszwang, d.h., sie müssen im Scheidungsverfahren durch eine Anwältin/einen Anwalt vor Gericht vertreten sein, um irgendwelche Prozesserklärungen (Anträge, Vereinbarungen) abgeben zu können. Allerdings ist dann, wenn beide Ehegatten geschieden werden wollen und weder Vereinbarungen (z.B. über Unterhalt oder Zugewinn) getroffen noch Anträge (z.B. zum Versorgungsausgleich oder zur elterlichen Sorge) gestellt werden sollen, in der Praxis häufig nur eine Partei (die Antragstellende) anwaltlich vertreten.
Besser ist es in jedem Fall, wenn die Anwältin Ihr Vertrauen hat (☞ Anwaltliche Hilfe). Wenn es keine Probleme gibt, kann ja Ihr Mann auf einen eigenen Anwalt verzichten.

Sollten Sie auf eine eigene anwaltliche Vertretung verzichten wollen, so informieren Sie sich vorher unbedingt über Ihre Rechte und Ansprüche bei einer Anwältin Ihres Vertrauens. Manche Frauen neigen dazu, das Geschäftliche ihrem Mann zu überlassen oder, um des lieben Friedens Willen, seine Vorschläge zu akzeptieren. Seien Sie vorsichtig, womöglich verzichten Sie auf Dinge, die Ihnen zustehen (☞ Anwaltliche Hilfe).

Scheidungskosten

Die Kosten einer Scheidung setzen sich aus Gerichtskosten und Anwaltsgebühren zusammen, die in Gebührenordnungen festgelegt sind.

Streitwerte

Die Höhe richtet sich nach den sogenannten Streitwerten, wobei die Scheidung und jede Scheidungsfolge, über die das Gericht entscheiden muss, einen eigenen Streitwert haben.
Die Streitwerte berechnen sich wie folgt.

- Scheidung: dreifaches gemeinsames monatliches Nettoeinkommen, mindestens 4.000,– DM
- Versorgungsausgleich: ein Jahresbetrag der erworbenen Ansprüche, mindestens 1.000,– DM
- Elterliche Sorge: ca. 1500,– DM
- Unterhalt für Sie und Ihre Kinder: jeweils der Jahresunterhaltsbetrag
- Hausrat: nach Wert
- Ehewohnung: eine Jahreskaltmiete
- Zugewinnausgleich: nach Wert.

Der Streitwert der Scheidung und die einzelnen Streitwerte der Folgesachen werden zu einem Gesamtstreitwert addiert, das heißt, die Kosten sind umso höher, je mehr Folgesachen das Gericht zu entscheiden hat. In einem Scheidungsverfahren hat jeder Ehegatte die Hälfte der Gerichtskosten zu tragen sowie die eigenen Anwaltskosten (☞ Anwaltliche Hilfe). Wenn Sie kein eigenes oder nur ein geringes Einkommen haben, zahlt der Staat die Kosten über die Prozesskostenhilfe (☞ Anwaltliche Hilfe) bzw. er geht in Vorlage und Sie können die Kosten in Raten abbezahlen. Wenn Sie nicht in den Genuss der staatlichen Prozesskostenhilfe kommen, besteht auch die Möglichkeit, Ihren Ehemann wegen eines Prozesskostenvorschusses (☞ Anwaltliche Hilfe) in Anspruch zu nehmen. Die billigste Scheidung ist die einvernehmliche Scheidung, bei der Sie sich vorher mit ihrem Ehemann über sämtliche Scheidungsfolgen ☝ geeinigt haben.

Aber Achtung: Lassen Sie sich vorher anwaltlich beraten (☞ Anwaltliche Hilfe), damit Sie eine Vorstellung davon haben, was Ihnen zustehen würde.

Die »billigste« Scheidung, bei der wenig geregelt werden muss und nur ein niedriges Familieneinkommen vorhanden ist; sie kostet etwa drei Anwaltsgebühren à 320,– DM (neue Bundesländer: 288,– DM) zuzüglich Mehrwertsteuer und Auslagen (plus geringer Gerichtskosten ☞ Gerichte).

Eine Ehescheidung dagegen, bei der auch das Sorgerecht für ein Kind und Unterhaltsansprüche entschieden werden und zu deren Zeitpunkt die Eheleute zusammen so um die 5.000,– DM netto verdienen, kostet ungefähr den Monatslohn dieser Familie. Die Vereinbarung über die Scheidungsfolgen kann – wenn beide Parteien anwaltlich vertreten sind – im Gerichtstermin protokolliert werden. Die andere Möglichkeit ist, sie bereits vorher von einer Notarin beurkunden zu lassen.

Ein guter Ratgeber (allerdings nicht auf neuestem rechtlichen Stand) zum Scheidungsrecht ist der »Scheidungsratgeber von Frauen für Frauen« (rororo-Sachbuch 9666, 12,90 DM).

SCHULDEN

In einer Ehe haftet jeder und jede selbst für seine bzw. ihre Schulden, das heißt: wer den Kreditvertrag unterschrieben hat, haftet und muss die Schulden abbezahlen. Dafür gehören die erworbenen Gegenstände auch jedem persönlich (☞ Zugewinnausgleich).

Gemeinsame Schulden

»Gemeinsame Schulden« können z. B. entstehen, weil während des Zusammenlebens das Konto eines Ehegatten oder das gemeinsame Konto wegen gemeinsamer Anschaffungen oder eines Familienurlaubs ins Minus gerät. Oder auch, weil Sie gemeinsam einen Kreditvertrag, z. B. für ein Auto oder ein Haus unterschrieben haben. Beim überzogenen Konto kann der eine Ehegatte verlangen, dass der andere die Hälfte übernimmt. Solche Schulden werden aber auch oft durch eine Minderung des Unterhalts ☞ ausgeglichen. Haben Sie dagegen gemeinsam einen Kreditvertrag unterschrieben, dann haften Sie beide gegenüber der Bank – im Zweifel möglicherweise auch Sie allein für die ganze Summe (und müssen selbst dafür sorgen, dass Sie das Geld von ihrem Mann zurückbekommen). Noch etwas anderes gilt, wenn Sie für einen Kredit Ihres Mannes (z. B. für sein Geschäft) gebürgt haben. Dann können Sie in Anspruch genommen werden, wenn Ihr Mann nicht (oder nicht mehr) zahlt.

Deshalb Vorsicht mit solchen Unterschriften.

... nach der Trennung

Sie sollten deshalb in jedem Fall bei einer Trennung versuchen, Klarheit zu schaffen, wer welche (gemeinsamen) Schulden abbezahlt bzw. zu welchen Teilen gemeinsame Schulden abbezahlt werden. Übernehmen Sie aber keine Schulden für Sachen, von denen Sie nichts haben, weil sie ausschließlich Ihrem Mann zugute kommen: z. B. für ein teures Auto, das er behält, oder sein teures Hobby.

Vereinbarungen über die Abzahlung gemeinsamer Schulden sollten Sie unbedingt schriftlich festhalten; am besten, Sie lassen sich auch hier vorher durch eine Anwältin beraten (☞ Anwaltliche Hilfe).

Solche Vereinbarungen gelten nur im »Innenverhältnis«, das heißt, wenn Ihr Mann sich gegenüber der Bank nicht an ihre Absprache hält, kann und wird die Bank den Kredit trotzdem bei Ihnen einfordern – und Sie müssen dann versuchen, das Geld von Ihrem Mann zurückzubekommen.

Umschuldung

Dagegen hilft eine »Umschuldung«, das ist eine Trennung des Kredites, indem von Ihnen und Ihrem Mann jeweils ein getrennter, neuer Kredit aufgenommen wird, durch die der alte, gemeinsame Kredit abgelöst wird. In diesem Fall haften Sie dann nur noch für Ihren Teil.

Eine Umschuldung empfiehlt sich nur, wenn Sie fürchten müssen, dass Ihr Mann Sie auf den Schulden sitzen lässt, weil bei der Umschuldung neue Gebühren entstehen und die Konditionen in der Regel schlechter sind. Überdies machen die Banken bei einer Umschuldung natürlich nur mit, wenn Sie selbst Einkommen haben.

Rat erteilen Ihnen hierzu die Schuldnerberatungsstellen und die Verbraucherzentralen.

§ Entschuldung

Seit dem 1. Januar 1999 gibt es die Möglichkeit, dass Sie, wenn Sie zahlungsunfähig sind, wie eine Firma »Konkurs anmelden« können. In einem sogenannten Insolvenzverfahren wird dann geprüft, wie Ihre Schulden getilgt werden könnten. Wichtig ist, dass Sie zukünftig einen Antrag auf »Restschuldbefreiung« stellen können, wenn Sie gleichzeitig sieben Jahre lang Ihr – pfändbares – Einkommen an Ihre Schuldner abtreten.

➲ Wenn Sie völlig verschuldet sind, sollten Sie sich rechtzeitig bei einer Schuldnerberatungsstelle nach den Möglichkeiten des neuen Gesetzes erkundigen.

🕮 Weitere Informationen können Sie der Broschüre »Was mache ich mit meinen Schulden« entnehmen, kostenlos erhältlich beim Bundesministerium für Familie, Senioren, Frauen und Jugend, Postfach 201551, 53145 Bonn.

Unterlassungsanspruch

Jede Frau, die von einem Mann misshandelt, bedroht, belästigt oder verfolgt wird, kann bei den Zivilgerichten (☞ Gerichte) beantragen, dass er dies künftig zu unterlassen hat, und dass im Wiederholungsfall ein Zwangsgeld oder Zwangshaft gegen ihn verhängt wird. Eine solche Anordnung ist nicht ganz einfach zu bekommen.

Antrag

Der Antrag ist in der Regel bei den Amtsgerichten zu stellen; nur bei besonders gravierenden Fällen sind ausnahmsweise die Landgerichte zuständig. Er kann von Ihnen selbst oder über eine Anwältin eingereicht werden. Da Schutzanordnungen in der Praxis bisher nur selten beantragt werden, so dass auch die Gerichte nur wenige Erfahrungen mit diesem Instrument haben, empfiehlt sich der Weg über eine auf Familien- oder Nebenklagerecht spezialisierte Anwältin (☞ Anwaltliche Hilfe). Der Antrag muss konkret bezeichnen, welche Forderungen Sie haben, z.B.

- die Misshandlungen, Bedrohungen künftig zu unterlassen,
- die (gemeinsame) Wohnung nicht mehr zu betreten, hierbei muss die genaue Adresse angegeben werden,
- sich Ihnen nicht mehr zu nähern, Sie nicht anzusprechen, anzurufen usw.

Der Antrag muss den Mann, gegen den vorgegangen werden soll, mit Namen und Anschrift nennen. Voraussetzung ist, dass die Angaben, die den Erlass der Eilentscheidung rechtfertigen, glaubhaft gemacht werden. Die Angaben müssen nicht endgültig bewiesen werden, der Nachweis einer Wahrscheinlichkeit reicht aus. Dieser Nachweis erfolgt in der Regel durch eidesstattliche Versicherung der betroffenen Frau selbst und, wenn vorhanden, anderer Zeuginnen und Zeugen, durch ärztliche Atteste, Fotos u.ä. Die eidesstattlichen Versicherungen müssen

- Ort, sowie
- Zeitpunkt genau bezeichnen und
- eine genaue Beschreibung der einzelnen Vorfälle enthalten.

Im günstigsten Fall, wenn alle erforderlichen Erklärungen und Nachweise vorliegen und die besondere Eilbedürftigkeit glaubhaft gemacht wird, kann das Gericht innerhalb eines Tages entscheiden – ohne Sie oder den Mann vorher noch einmal anzuhören. Dabei muss es sich aber um gravierende Vorgänge handeln, die ein Zuwarten ausschließen.

Die Anordnung muss dem Mann, gegen den sie sich richtet,

Die für dieses Stichwort relevanten gesetzlichen Regelungen finden sie unter: Schadenersatz- und Unterlassungsanspruch (§§ 823, 847, 1004 BGB), S. 216

durch einen Gerichtsvollzieher zugestellt werden, um wirksam zu werden.

Verstoß gegen Anordnungen

Wenn der »verwarnte« Mann gleichwohl gegen die gerichtlichen Anordnungen verstößt, kann gegen ihn das – im Gerichtsbeschluss bereits angedrohte – Zwangsgeld festgesetzt bzw. Zwangshaft ausgesprochen werden. Voraussetzung ist wiederum ein entsprechender Antrag, in dem die Zuwiderhandlungen nach Ort, Zeit und Art der Handlung genau bezeichnet und glaubhaft ☝ gemacht sind. Für jeden Fall der Zuwiderhandlung kann das Gericht Zwangsgeld bis zu 500.000,– DM festsetzen – und hilft auch das nicht, Zwangshaft von bis zu sechs Monaten verhängen.

Wenn Sie von einem Mann belästigt werden, den Sie nicht kennen, können Sie einen solchen (Unterlassungs-)Antrag nicht stellen. Dann sollten Sie statt dessen Strafanzeige ☞ gegen Unbekannt erstatten.

Schadensersatz und Schmerzensgeld

Sind Sie von Ihrem (oder einem anderen) Mann verletzt worden, haben Sie die Möglichkeit, den Ersatz des konkreten Schadens (z.B. den Wert von beschädigten Kleidungsstücken oder Gegenständen, Kosten einer Behandlung oder Therapie, Verdienstausfall) und Schmerzensgeld zu verlangen.

Trennung vom Ehemann und Zuweisung der Ehewohnung

Wenn Ihr Ehemann gewalttätig ist und Sie sich mit ihm in einer gemeinsamen Wohnung nicht mehr sicher fühlen, können Sie auch die Zuweisung der Ehewohnung zur alleinigen Nutzung beantragen (☞ Wohnung).

Bitte wägen Sie für sich das Risiko ab, was es bedeuten kann, in der gemeinsamen Wohnung zu bleiben: Müssen Sie Angst haben, dass sich Ihr Mann evtl. gewaltsam Zutritt verschafft? – Dann gehen Sie lieber vorübergehend in ein Frauenhaus ☞.

Auch für die Zuweisung der Ehewohnung steht Ihnen ein Eilverfahren zur Verfügung: die einstweilige Anordnung (☞ Gerichte); der Antrag ist in diesem Fall beim Familiengericht zu stellen.

schwere Härte

Da die Zuweisung der Ehewohnung die juristisch schwierige Feststellung voraussetzt, dass die Maßnahme notwendig ist, um eine sogenannte »schwere Härte« zu vermeiden, ist es sinnvoll, sich von einer Anwältin beraten zu lassen (☞ Anwaltliche Hilfe).

Als schwere Härte gelten:

- (Schwere/wiederholte) körperliche Übergriffe oder Bedrohungen,
- (nicht nur einmalige) Beleidigungen und Belästigungen oder
- die Beeinträchtigung des Familienlebens durch Alkoholmissbrauch des Mannes.

Auch Kindeswohlinteressen finden bei der Beurteilung einer schweren Härte Berücksichtigung. Die Notwendigkeit der Wohnungszuweisung und die Gründe, die für eine schwere Härte sprechen, müssen von Ihnen glaubhaft gemacht werden, um eine schnelle Entscheidung des Gerichts zu ermöglichen. Die Zuweisung ist auch bei Dienst-, Werks- und Genossenschaftswohnungen und sogar dann möglich, wenn nur ihr Ehemann den Mietvertrag abgeschlossen hat oder die Wohnung ihm allein gehört (☞ Wohnung). Nur bei unverheirateten Paaren versagt diese Möglichkeit (☞ nichteheliche Lebensgemeinschaft; Unterlassungsanspruch).

Schutz von Kindern

Das Gesetz gibt dem Familiengericht (☞ Gerichte) die Möglichkeit, alle Maßnahmen zu ergreifen, die zum Schutz von Kindern nötig sind und die die Eltern nicht selbst ergreifen können (oder wollen). Theoretisch können wir alle das Vormundschaftsgericht informieren, wenn ein Kind Schutz braucht; meist führt der Weg aber über das Jugendamt ☞, das auch selbst über Möglichkeiten verfügt, den Kindern zu helfen.

Das Gericht kann Anordnungen gegen alle Personen erlassen, die dem Kind Schaden zufügen, z. B. gegen einen oder beide Elternteile, aber auch gegen Nachbarn, Lehrkräfte, Pfarrer usw. Es gibt die Möglichkeit, ein Umgangs- und Kontaktverbot (sogenannte »go-order«) auszusprechen. Wird gegen das Verbot verstoßen, wird ein Zwangsgeld fällig. Geht die Gefährdung von den Eltern aus, kann ihnen das Aufenthaltsbestimmungs- oder das Sorgerecht ☞ entzogen werden und das Kind anderweitig sicher untergebracht werden.

Inobhutnahme durch das Jugendamt

Das Jugendamt ☞ kann, vor allem wenn schnell gehandelt werden muss, auch eine vorläufige Unterbringung bei einer geeigneten Pflegeperson anordnen – und zwar dann, wenn das Kind selbst darum bittet oder wenn »Gefahr im Verzug« ist.

Entzug des Sorgerechts

Wenn Ihr Ehemann (und zukünftig auch der sorgeberechtigte Vater eines nichtehelichen Kindes ☞ Sorgerecht) Ihrem Kind einen körperlichen oder seelischen Schaden zufügt, z. B. durch Schläge oder sexuelle Übergriffe, haben Sie die Möglichkeit, ihn vom Sorgerecht ☞ an dem gemeinsamen Kind ausschließen zu lassen. Gleichzeitig kann auch sein Umgangsrecht ☞ eingeschränkt oder sogar ganz ausgeschlossen werden. Bei einem Verdacht des sexuellen Missbrauchs kommt z. B. in Betracht, dass der Vater das Kind nur noch unter Aufsicht sehen kann (sogenanntes supervidiertes Umgangsrecht). Meist erfolgt eine solche Entscheidung im Zusammenhang mit einer Trennung/Scheidung der Eltern; sie ist aber auch unabhängig davon – z. B. auf Antrag des Jugendamtes – möglich. Maßstab der Entscheidung ist das Kindeswohl: Dieses ist jedenfalls dann in Gefahr, wenn die Gesundheit Ihres Kindes gefährdet ist, unter Umständen aber auch schon dann, wenn seine kindliche Entwicklung beeinträchtigt ist. Die Gefahr muss so konkret sein, dass sich eine Beeinträchtigung des Kindeswohls mit ziemlicher Sicherheit voraussehen lässt. Ob das der Fall ist, ermittelt das Gericht ☞ von Amts wegen, heißt: in diesem Fall muss sich das Gericht selbst ein Bild machen, z.B. indem es Sie und das Kind anhört, das Jugendamt einschaltet oder ein Gutachten in Auftrag gibt.

Die Schutzanordnungen sind beschrieben in einer Broschüre des Berliner Interventionsprojektes BIG e.V. (Susanne Baer/Birgit Schweikert: »Jetzt erst Recht!«, Band 2), zu bestellen bei: BIG e.V., Paul-Lincke-Ufer 7, 10999 Berlin.
Musteranträge an das Gericht sind zu finden im Heft 2/1999 der Zeitschrift »Familie, Partnerschaft, Recht« bzw. anzufordern ebenfalls beim BIG e.V.

Schwangerschafts- und Schwangerschaftskonfliktberatung

Für Frauen (und auch für Männer) gibt es die Möglichkeit, sich in Fragen, die mit Verhütung und Schwangerschaften zusammenhängen, an eine anerkannte Schwangerschaftsberatungsstelle zu wenden.
Die Beratung umfasst Informationen über:
- Verhütung,
- Leistungen und Hilfen für Familien und Schwangere,
- besondere Hilfeleistungen für Behinderte,
- Vorsorgeuntersuchungen,
- Methoden und mögliche Folgen eines Schwangerschaftsabbruches,
- Adoptionen.

Schwangere sollen nicht nur beraten, sondern aktiv bei der Geltendmachung ihrer Ansprüche unterstützt werden. Wer einen Schwangerschaftsabbruch erwägt, hat nicht nur Anspruch auf diese allgemeine Beratung, sondern muss sich einer besonderen Schwangerschaftskonfliktberatung unterziehen.

➲ Informationen über und Unterstützung bei der Geltendmachung staatlicher Hilfen bekommen Sie bei den anerkannten Schwangerschaftsberatungsstellen.

Staatliche und andere Hilfen

Einen guten Überblick über die staatlichen Hilfen für Familien gibt die gleichnamige Broschüre des Bundesministeriums für Familie, Senioren, Frauen und Jugend, Postfach 20 15 51, 53145 Bonn.
Schwangere Frauen können Beihilfen von der Mutter-Kind-Stiftung beantragen; ein Rechtsanspruch besteht nicht.

➲ Informationen, wo dieses Geld beantragt werden kann, gibt es u.a. bei den Pro-Familia-Beratungsstellen. Informationen zum Mutterschutz erhalten Sie bei den Krankenkassen, bei allen Pro- Familia- und Schwangerschaftskonfliktberatungsstellen.

Straffreier Schwangerschaftsabbruch

Ein Schwangerschaftsabbruch kann für die Frau sowie die Ärztin/den Arzt straffrei durchgeführt werden,
- wenn sich die Frau mindestens drei Tage vor dem Eingriff einer Konfliktberatung unterzogen hat und hierüber eine Bescheinigung vorlegen kann,
- der Eingriff von einer Ärztin/einem Arzt durchgeführt wird,
- die Frau dem Eingriff zustimmt und

Die für dieses Stichwort relevanten gesetzlichen Regelungen finden sie unter: Mutterschutzgesetz, S. 141; Schwangerschaftsabruch, S. 218 ff.

– zwischen Abbruch und Empfängnis nicht mehr als 12 Wochen vergangen sind.

Wenn der Abbruch aus medizinischen oder schwerwiegenden psychosozialen Gründen ärztlich angezeigt ist, ist er auch jenseits der 12-Wochen-Frist und ohne Beratung straffrei. Sie brauchen in diesen Fällen aber eine Indikation Ihrer Ärztin/Ihres Arztes.

§ Neu ist, dass sich Angehörige der Frau und der Vater des Kindes strafbar machen können, wenn sie die Frau zum Abbruch drängen oder ihr die nötige (finanzielle) Unterstützung verweigern (vgl. §§ 240 Abs. 1 Satz 2 und 170b Abs. 2 StGB).

Finanzierung

Für die Übernahme der Kosten eines Schwangerschaftsabbruches gilt:

– bei ärztlich angezeigten Schwangerschaftsabbrüchen ☝ wird der Abbruch vollständig von der Krankenkasse übernommen;
– in allen anderen Fällen straffreier Abbrüche ☝ nur dann, wenn die Frau mit ihrem Einkommen unterhalb bestimmter Grenzen liegt oder Sozialleistungen bezieht.

Erhält die Frau

– laufende Sozialhilfe ☞ oder Leistungen nach dem Asylbewerberleistungsgesetz,
– Arbeitslosenhilfe (☞ Arbeitsamt) oder
– Ausbildungsförderung

dann muss sie *nicht* für die Kosten eines Schwangerschaftsabbruchs aufkommen. In allen anderen Fällen kommt es auf ihr Einkommen an.

Ein Berechnungsbeispiel zur Finanzierung eines Schwangerschaftsabbruchs finden Sie auf der nächsten Seite.

➲ Weitere Auskünfte erteilen die Krankenkassen sowie Schwangerschaftsberatungsstellen.

Verhütungsmethoden

Über Verhütungsmethoden können sich Männer und Frauen (jeden Alters) in jeder anerkannten Schwangerschaftsberatungsstelle ☝, aber auch bei jedem Arzt informieren (die Beratung ist Pflichtleistung der gesetzlichen ☞ Krankenversicherung und des Sozialhilfeträgers ☞).

Kostenlose Verhütungsmittel

Einen kostenlosen Anspruch auf (ärztlich verordnete) Verhütungsmittel haben

– Krankenversicherte bis zum vollendeten 20. Lebensjahr und
– Sozialhilfeempfängerinnen.

Vereinfachte Berechnung der Finanzierung eines Schwangerschaftsabbruchs[1]
(Blankoberechnungsformular Seite 233)

Beispielsrechnung: Alleinerziehende, 1 Kind,
Nettolohn 2.250 DM/Monat. Miete incl. Nebenkosten
und Heizung 600 DM

	Berechnungsmodus (Sätze 1999)	Beispiel	
Verfügbares (persönliches) Einkommen		2.250 DM	
– Einkommensgrenze	(1.775/1.631 DM)	– 1.775 DM	
– Erhöhungsbetrag	pro unterhaltsberechtigtem Kind (419/402 DM)	– 419 DM	
– Kosten der Wohnung	soweit sie 500/435 DM übersteigen (max. 500/522 DM)	– 100 DM	
= Differenz		– 44 DM	

Ergebnis: Finanzierung des Schwangerschaftsabbruchs über Ihre Krankenkasse

1 Diese Berechnungen sind eine (ungefähre) Orientierungshilfe. Eine genaue Berechnung muss durch die zuständigen Stellen bzw. Anwältinnen erfolgen.

Ärztlich verordnet werden können derzeit nur Verhütungsmittel für Frauen, typischerweise die Pille. Für Sozialhilfeempfänger können aber alle Verhütungsmittel, also auch Kondome, übernommen werden (dies ist rechtlich umstritten).

S

Mutterschutz

Das Mutterschutzgesetz gilt für alle Frauen, die in einem Arbeitsverhältnis stehen und für Heimarbeiterinnen. Sind Sie schwanger, stehen Ihnen nach dem Mutterschutzgesetz einige Rechte zu (konkret: Sie brauchen keine Akkordarbeit, keine Überstunden, keine Arbeit mit gefährlichen Stoffen leisten). Das setzt voraus, dass Sie Ihren Arbeitgeber von Ihrer Schwangerschaft unterrichten. Ausschlaggebend für die Fristen des Gesetzes ist der voraussichtliche Geburtstermin.

Kündigungsschutz

Für den gesamten Zeitraum der Schwangerschaft kann Ihnen nicht gekündigt werden.

Haben Sie Ihren Arbeitgeber zum Zeitpunkt der Kündigung (noch) nicht über Ihre Schwangerschaft informiert, können Sie die Mitteilung nachholen (Frist: 2 Wochen).

Der Kündigungsschutz gilt bis 4 Monate nach der Geburt des Kindes. Nehmen Sie Erziehungsurlaub, erweitert sich der Kündigungsschutz um diesen Zeitraum (☞ Erziehungsgeld/-urlaub).

Schutzfristen

Die sechs Wochen vor dem voraussichtlichen Geburtstermin brauchen Sie nicht zu arbeiten, es sei denn, Sie möchten es auf eigenen Wunsch. Nach der Geburt stehen Ihnen 8 Wochen (bei Früh- oder Mehrlingsgeburt 12 Wochen) Schutzfrist zu, d.h., während dieser Zeit dürfen Sie nicht arbeiten.

Mutterschaftsgeld

Während des Mutterschutzes erhalten Sie anstelle Ihres Lohnes von der Krankenkasse ein Mutterschaftsgeld. Die Krankenkasse zahlt höchstens 25.– DM pro Kalendertag. Die Differenz zu dem bisherigen durchschnittlichen Nettoeinkommen muss der Arbeitgeber übernehmen.

Das Mutterschaftsgeld steht Ihnen auch zu, wenn Sie zu Beginn der Schutzfrist Arbeitslosengeld oder Arbeitslosenhilfe beziehen. Die Höhe des Mutterschaftsgeldes ist gleich dem Betrag des bisherigen Arbeitsloseneinkommens. Stehen Sie zu Beginn der Schutzfrist in keinem Arbeitsverhältnis, sind jedoch bei einer gesetzlichen Krankenkasse mit Anspruch auf Krankengeld versichert, entspricht die Höhe des Mutterschaftsgeldes der des Krankengeldes.

Haben Sie keinen Anspruch auf Krankengeld oder sind im Rahmen der Familienversicherung versichert, erhalten Sie von der Krankenkasse ein einmaliges Entbindungsgeld in Höhe von 150,– DM.

Sind Sie nicht in der gesetzlichen Krankenversicherung versichert, erhalten Sie unter Umständen – und nur auf Antrag – ein einmaliges Mutterschaftsgeld vom Bundesversicherungsamt (maximal 400,– DM).

SORGERECHT

Die elterliche Sorge umfasst die Personensorge – also das Recht und die Pflicht, das Kind zu pflegen, zu erziehen, zu beaufsichtigen und seinen Aufenthalt zu bestimmen – und die Vermögenssorge. Grundsätzlich haben beide Elternteile ein gemeinsames Sorgerecht; unverheiratete Eltern nur, wenn sie eine Sorgerechtserklärung abgegeben haben (☞ Nichteheliche Lebensgemeinschaft). Das heißt, dass sie das Sorgerecht in gegenseitigem Einvernehmen zum Wohl des Kindes auszuüben haben; aber auch im Einvernehmen mit dem Kind (!), das altersgemäß in die Entscheidungen einzubeziehen ist. Es besteht aber die Möglichkeit, die elterliche Sorge eines oder beider Elternteile zu beschränken oder ganz zu entziehen, wenn das Kindeswohl dies erfordert.

§

Sorgerecht nach Trennung/Scheidung: Regelfall: gemeinsames Sorgerecht

Das gemeinsame Sorgerecht besteht auch nach einer Trennung oder Scheidung fort, es sei denn, ein Elternteil beantragt, die elterliche Sorge auf ihn allein zu übertragen.

Gemeinsames Sorgerecht nach einer Trennung bedeutet:

- Entscheidungen von grundsätzlicher Bedeutung sind gemeinsam zu treffen (»gegenseitiges Einvernehmen«) ☞;
- Angelegenheiten des täglichen Lebens darf der Elternteil allein entscheiden, bei dem sich das Kind gewöhnlich aufhält ☞;
- der andere Elternteil darf über Fragen der Kinderbetreuung allein entscheiden, solange das Kind bei ihm ist ☞.

Machen Sie sich keine Illusionen über die Betreuungssituation: trotz des gemeinsamen Sorgerechts könnte es sein, dass die Pflichten reichlich ungleich verteilt bleiben. Selbst die Verfechter des gemeinsamen Sorgerechts als Regelfall gehen davon aus, daß die meisten Kinder weiterhin bei ihren Müttern leben und bei ihrem Vater zu »Besuch« sein werden. Auch ein fortbestehendes gemeinsames Sorgerecht macht es nicht überflüssig, sich zu überlegen, wo das Kind zukünftig leben wird (bei Ihnen oder Ihrem Mann oder beiden), wie man sich bei wichtigen Entscheidungen bespricht, wie die Ausgaben für die Kinder verteilt werden (durch pauschale Unterhaltszahlungen des besserverdienenden/weniger betreuenden Elternteils oder Ausgleich in jedem Einzelfall) usw.

Über alles, was sie rechtzeitig und grundsätzlich geklärt haben, brauchen sie sich später nicht zu streiten.

Die für dieses Stichwort relevanten gesetzlichen Regelungen finden sie unter: Bürgerliches Gesetzbuch (§§ 1626 – 1680, 1686, 1687), S. 148 ff.

✍ Deshalb empfiehlt sich eine konkrete Absprache, sogar eine schriftliche Fixierung, bei der Ihnen Ihre Scheidungsanwältin (☞ Anwaltliche Hilfe) oder auch Beratungsstellen und eine Mediation (= Vermittlung im Scheidungskonflikt) helfen können. Ist schon auf dieser Ebene eine Einigung nicht möglich, so ist vom gemeinsamen Sorgerecht dringend abzuraten. Das Jugendamt ist verpflichtet, Sie über alle Fragen der elterlichen Sorge zu beraten und bei der Erarbeitung eines Sorge- und Umgangsplanes zu unterstützen.
Vielleicht erwägen Sie aber auch, das Kind vorübergehend oder grundsätzlich nicht bei sich zu haben, weil Sie sich Ihre Zukunft eher ohne Kind vorstellen. Möglich, dass Sie es beim Vater lassen oder eine Pflegefamilie suchen.

➲ Im letzteren Fall helfen Ihnen das Jugendamt, aber auch Erziehungsberatungsstellen, wie es sie in allen größeren Städten gibt.
Trotz gemeinsamer Sorge darf der Elternteil, bei dem sich das Kind gewöhnlich aufhält, aber über die Angelegenheiten des täglichen Lebens allein entscheiden. Mit anderen Worten: über alltagspraktische Sachen muss keine Verständigung zwischen den Eltern herbeigeführt werden. Angelegenheiten des täglichen Lebens können z. B. die Betreuung des Kindes, schulische oder medizinische Fragen betreffen. Der andere Elternteil hat eine Alleinentscheidungsbefugnis nur für die Zeit, wo er das Kind tatsächlich betreut (z. B. am Wochenende und in den Ferien) und nur über die mit der Betreuung zusammenhängenden Angelegenheiten. Bei grundsätzlichen Entscheidungen dagegen müssen die gemeinsam sorgeberechtigten Elternteile »Einvernehmen« herstellen, mit anderen Worten: sie müssen sich einigen; die Entscheidungen werden gemeinsam getroffen – auch wenn das Kind überwiegend nur bei einem Elternteil lebt.

Einer der Kritikpunkte an der Reform von 1998 war deshalb auch, dass der Vater die Familie »regieren« und die Mutter die Kinder betreuen könnte – und dass letztlich doch wieder die Frauen alle Einschränkungen treffen, die sich aus der tatsächlichen Betreuung von Kindern für das eigene Leben, den Beruf und die soziale Sicherheit ergeben können. Das gemeinsame Sorgerecht ist dann nur der schöne Schein, hinter dem sich die alte Arbeitsteilung zwischen Männern und Frauen verbergen würde.

Übertragung auf einen Elternteil

Es kann deshalb gute Gründe geben, warum Sie das alleinige Sorgerecht für Ihr Kind haben wollen. Einer könnte sein, dass sie »klare Verhältnisse« (auch im Interesse des Kindes) vorziehen und dass es keinen Vater haben soll, der zwar bestimmt, aber nicht sorgt. Ein anderer könnte sein, dass Sie mit dem Vater Ihres Kindes – aus welchen Gründen auch immer – nicht mehr konstruktiv reden können. In einem solchen Fall wäre es schwer bzw. unwahrscheinlich, über die Erziehung der Kinder »Einvernehmen« herstellen zu können.

Im Falle einer – nicht nur vorübergehenden – Trennung kann jeder Elternteil beantragen, dass ihm das Familiengericht die elterliche Sorge oder einen Teil derselben (z.B. die Vermögenssorge oder das Aufenthaltsbestimmungsrecht) allein überträgt. Sie müssen einen solchen Antrag nicht gleich nach der Trennung oder im Zusammenhang mit der Scheidung stellen, sondern können ihn auch zu einem späteren Zeitpunkt einreichen, wenn Sie absehen, dass ein gemeinsames Sorgerecht unpraktikabel ist oder Ihrem Kind nicht guttut.

Einem solchen Antrag muss stattgegeben werden, wenn:

- der andere Elternteil zustimmt *und*
- das Kind – sofern es über 14 ist – nicht widerspricht *oder*
- die Aufhebung der gemeinsamen elterlichen Sorge und die Übertragung auf den Antragsteller dem Wohl des Kindes am besten entspricht.

Die Frage, ob die Übertragung der elterlichen Sorge auf einen Elternteil die für das Kind beste Lösung darstellt, wird von den Gerichten sehr unterschiedlich beurteilt. Viele FamilienrichterInnen sind der Meinung, dass Sie als Mutter dazu verpflichtet werden können, mit dem Vater die Erziehungsverantwortung zu teilen, auch wenn dieser sich praktisch kaum um das Kind kümmert oder sogar dann, wenn er Sie misshandelt hat.

Beantragen beide Elternteile für sich das alleinige Sorgerecht, werden die Erwägungen, die früher bei der Sorgerechtsentscheidung herangezogen wurden, weiterhin eine Rolle spielen:

- Zu welchem Elternteil hat das Kind eine engere Beziehung?
- Bei wem möchte das Kind leben?
- Wer hat das Kind bislang tatsächlich betreut? Heißt: Wer sorgte für die Erziehung, überwachte die Hausaufgaben, brachte das Kind zur Kinderärztin oder Flötenstunde, organisierte die Kindergeburtstage usw.?
- Wer von den Eltern hat die meiste Zeit und Bereitschaft zur Betreuung des Kindes?
- Kann das Kind weiterhin in der gewohnten Umgebung bleiben, damit es nicht aus allen persönlichen Bindungen – wie Kindergarten, Schule, Vereine und Freundschaften – herausgerissen wird?
- In letzter Zeit wird häufig auch danach gefragt, welcher Elternteil eher dazu bereit und in der Lage ist, dem Kind einen guten Kontakt zum getrennt lebenden Elternteil zu erhalten.

Bei Streit um das Sorgerecht brauchen Sie in jedem Fall den Rat einer erfahrenen Anwältin und ggf. die Unterstützung einer Erziehungsberatungsstelle.

Der nichtsorgeberechtigte Elternteil hat – von wenigen Ausnahmen abgesehen – ein Recht zum Umgang mit dem Kind (☞ Umgangsrecht).

Einstweilige Anordnung

Trotz aller propagierter Gemeinsamkeit kann es nötig sein, schnell – und im Alleingang – zu handeln. Das ist vor allem dann der Fall, wenn eine akute Gefährdung des Kindeswohls besteht, z.B. wenn Gefahr besteht, dass das Kind ins Ausland gebracht werden könnte, oder wenn es konkrete Anhaltspunkte für körperliche oder sexuelle Übergriffe gibt oder auch nur dann, wenn der Vater nicht einverstanden ist, dass das Kind nach der Trennung bei der Mutter lebt und die Gefahr besteht, dass der Vater das Kind z.B. vom Kindergarten abholt – und nicht zurückbringt. In diesen Fällen kann eine Eilentscheidung (einstweilige Anordnung) beantragt werden.

Der Antrag kann sich (und sollte sich, wenn Sie es wirklich eilig haben) auch nur auf einen Teil des Sorgerechts, z.B. das Aufenthaltsbestimmungsrecht (das Recht, den Aufenthaltsort des Kindes zu bestimmen) beziehen. In diesem Fall ist es notwendig, dringende Gründe für die Eilbedürftigkeit anzugeben und diese glaubhaft zu machen (eidesstattliche Versicherungen, Zeugen).

Zuständiges Gericht

Zuständig für die Sorgerechtsentscheidung ist das Familiengericht (☞ Gerichte), in dessen Bezirk Sie sich gewöhnlich mit dem Kind aufhalten. Den Antrag können Sie auch formlos stellen oder beim Familiengericht mündlich zu Protokoll geben.

Seit das gemeinsame Sorgerecht zur Regel geworden ist, sollten Sie unbedingt vorher mit einer Anwältin (☞ Anwaltliche Hilfe) sprechen, damit Sie Ihren Antrag richtig begründen, um Erfolg zu haben.

(EIN NICHT GANZ ERNST GEMEINTER) SORGERECHTS-SELBST-TEST FÜR VÄTER*

Wir haben für Sie, lieber Leser, einen Test entwickelt, mit dem Sie feststellen können, wieweit Ihre potentielle Sorge Ihrem Kind dienen könnte (SSTV, Version 1997). Dabei sind wir von den täglichen Gegebenheiten im Leben eines Kindes ausgegangen, deren Bewältigung durch die Eltern sicher auch in Ihren Augen einen ganz wertvollen Teil der elterlichen Sorge darstellt.

Bitte beantworten Sie folgende Fragen aus dem Kopf und ohne Hinzuziehung von InformantInnen:

1. Wann hat Ihr Kind Geburtstag?
2. Welche Augenfarbe hat Ihr Kind?
3. Haben Sie Ihr Kind in der Säuglingszeit mehr als zehn mal gewickelt?
4. Sind Sie in den letzten zwei Jahren mit Ihrem Kind bei der Ärztin (Vorsorgeuntersuchungen) oder beim Zahnarzt gewesen?
5. Welche Kinderkrankheiten hat Ihr Kind durchgemacht?
6. Welche Schulklasse/Kindergartengruppe besucht Ihr Kind und wie heißt die Klassenlehrerin/Erzieherin?
7. Waren Sie im letzten Jahr auf einem Elternabend oder Elternsprechtag?
8. Wissen Sie, ob Ihr Kind regelmäßig Hilfe bei den Schularbeiten benötigt?
9. Nennen Sie drei Spiele, die auf einem Kindergeburtstag gemeinsam gespielt werden können.
10. Können Sie die drei folgenden Gerichte kochen?
    - Fischstäbchen mit Pommes
    - Spaghetti mit Sauce bolognese
    - Eierpfannkuchen.
11. Wann kommt Ihr Kind aus der Schule bzw. wird vom Kindergarten abgeholt?
12. Wissen Sie, an welchen Nachmittagen Ihr Kind feste Termine hat und wie es den Weg dorthin zurücklegt?
13. Kennen Sie die Lieblingsbeschäftigung Ihres Kindes?
14. Welche Fernsehsendungen sieht Ihr Kind regelmäßig?
15. Wieviel Taschengeld bekommt Ihr Kind im Monat, und was muss es davon selbst bezahlen?

---

* Leicht abgewandelt übernommen aus: Susanne Pötz-Neuburger: Sorgerechts-Selbst-Test für Väter (SSTV), STREIT 1/1997, S. 8 f.

16. Wissen Sie, was ein Seepferdchen ist, und ob Ihr Kind es hat?
17. Welche Schuhgröße und welche Kleidergröße hat Ihr Kind?
18. Wer ist die liebste Freundin oder der liebste Freund Ihres Kindes?
19. Sind Sie im letzten Vierteljahr – außerhalb der Familienferien – mit Ihrem Kind im Schwimmbad, auf dem Fußhallplatz, zum Radfahren oder einer vergleichbaren Unternehmung gewesen?
20. Ist Ihr Kind in den letzten vier Wochen einmal zu Ihnen gekommen, wenn es getröstet werden wollte? Haben Sie sich Zeit dafür genommen?
21. Was ist zur Zeit ein großer Wunsch Ihres Kindes?

Stellen Sie nun – nach Rücksprache mit Ihrer Ex-Gattin bzw. Ihrem Kind – fest, welche Fragen Sie richtig beantwortet haben. Bei der Schuh- bzw. Kleidergröße gilt die Abweichung um eine Größe noch als richtig. Für richtige Antworten und für ja-Antworten erhalten Sie je 1 Punkt, für falsche und nein-Antworten 0 Punkte.

Bitte addieren Sie die von Ihnen erzielte Punktzahl.

Ergebnis

bis 7 Punkte: Angesichts dieses Ergebnisses sollten Sie sich fragen, ob sich die Mühe lohnt, einen Kontakt zu Ihrem Kind herzustellen, nachdem dieser in Jahren des Zusammenlebens offenbar nicht zustandegekommen ist.
8 bis 14 Punkte: Es gibt ausbaufähige Aspekte in Ihrem Verhältnis zu Ihrem Kind. Sie sollten deshalb vor einer Entscheidung prüfen, ob Sie, zumindest für eine Übergangszeit, Personal beschäftigen können, das Sie auch anleiten kann.
15 bis 21 Punkte: Sie scheinen ein idealer Vater zu sein: anwesend, fürsorglich, kompetent. Fragen Sie Ihre Ex-Gattin, warum sie sich eigentlich von Ihnen getrennt hat.

Falls Sie durch eine Trennung in finanzielle Schwierigkeiten geraten, können Sie sich an das Sozialamt wenden und dort finanzielle Hilfe beantragen. Anspruch haben Sie, wenn Sie Ihren notwendigen Lebensunterhalt nicht oder nicht ausreichend aus Ihrem Einkommen oder Vermögen decken können.

Aber Achtung: Sozialhilfe wird nicht rückwirkend gewährt, sondern erst ab dem Tag der Antragstellung. Wenn Sie einen Antrag beim Sozialamt gestellt haben, wird zunächst für die Übergangszeit (bis der Antrag bearbeitet ist) Sozialhilfe gezahlt. Das gilt auch, wenn Sie eigenes Einkommen und/oder Vermögen haben, aber im Moment nicht über das Geld verfügen können. In diesem Fall wird die Sozialhilfe in der Regel nur als Darlehen gewährt. Das Sozialamt prüft bei der Antragsbearbeitung, ob Sie von anderen Stellen Geld bekommen können, z.B. vom Arbeitsamt (☞ Arbeitsamt), oder ob Sie Unterhaltsansprüche geltend machen können (☞ Unterhalt). Solche Ansprüche gehen der Sozialhilfe nämlich vor. Das Sozialamt ist aber vorleistungspflichtig. Wenn Sie z.B. einen Unterhaltsanspruch gegen ihren Mann haben, dann leistet das Sozialamt zwar vor, kann sich das Geld aber von Ihrem Mann zurückholen.

Folgende Unterlagen sollten Sie nach Möglichkeit zur Antragstellung mitbringen:

- Personalausweis/Pass,
- evtl. Geburtsurkunde des Kindes/der Kinder,
- Ihre Einkommensnachweise,
- (wenn Sie haben) die letzte Einkommensbescheinigung Ihres Mannes oder gemeinsame Kontoauszüge,
- Mietvertrag, Mietquittungen, Nebenkostenbelege (Heizung, Strom, Gas, Umlagen etc.),
- am besten eine Bestätigung Ihrer Anwältin, dass sie getrennt leben und keinen bzw. zu wenig Unterhalt bekommen.

Auch wenn Sie Ihre Unterlagen (noch) nicht beisammenhaben, sollten Sie baldmöglichst zum Sozialamt gehen, damit Sie Geld zum Leben haben – wie gesagt: rückwirkend gibt's nichts.

S

Die für dieses Stichwort relevanten gesetzlichen Regelungen finden sie unter: Bundessozialhilfegesetz, S. 184; Allgemeine Vorschriften (SGB I), S. 177

Sozialhilfebedarf

Der laufende Sozialhilfebedarf setzt sich zusammen aus:
- festen Regelsätzen, sozusagen das »Haushaltsgeld«;
- eventuell einem prozentualen Mehrbedarfszuschlag;
- den tatsächlichen Mietkosten, einschließlich der Nebenkosten;
- den Kosten einer Kranken- und Pflegeversicherung.

Zusätzlich können Sie für bestimmte Ausgaben noch einmalige Beihilfen in Anspruch nehmen.

Mehrbedarf

Mehrbedarfszuschläge gibt es z. B. für
- schwangere Frauen (plus 20% des Regelsatzes)
- Alleinerziehende mit einem Kind unter 7 Jahren oder mehreren Kindern (plus 40% des Regelsatzes, bzw. 60% bei 4 und mehr Kindern) und
- behinderte und ältere Menschen (4y0 bzw. 20% des Regelsatzes).

Miete

Das Sozialamt übernimmt zusätzlich zum Regelbedarf auch die tatsächlichen Kosten für Ihre Wohnung. Dazu gehören alle lau-

Regelsätze nach § 22 Bundessozialhilfegesetz (ab 1. Juli 1999)

Bundesland	Haushaltsvorstände und Alleinstehende	Haushaltsangehörige				
		bis zur Vollendung des 7. Lebensjahres	bis zur Vollendung des 7. Lebensj. b. Alleinerziehenden	vom Beginn d. 8. bis zur Vollendung d. 14. Lebensjahres	vom Beginn d. 15. b. zur Vollendung d. 18. Lebensjahres	vom Beginn des 19. Lebensjahres an
Baden-Württemberg	548	274	301	356	493	438
Bayern (Landesregelsatz)	530	265	292	345	477	424
Berlin	547	274	301	356	492	438
Brandenburg	524	262	288	341	472	419
Bremen	547	274	301	356	492	438
Hamburg	547	274	301	356	492	438
Hessen	548	274	301	356	403	438
Mecklenburg-Vorpommern	522	261	287	339	470	418
Niedersachsen	547	274	301	356	492	438
Nordrhein-Westfalen	547	274	301	356	492	438
Rheinland-Pfalz	547	274	301	356	492	438
Saarland	547	274	301	356	492	438
Sachsen	522	261	287	339	470	418
Sachsen-Anhalt	527	264	290	343	474	422
Schleswig-Holstein	547	274	301	356	492	438
Thüringen	522	261	287	339	470	418

fenden Nebenkosten wie Strom, Gas, Wasser. Heizungskosten gehören dann dazu, wenn sie monatlich und nicht nur einmal im Jahr anfallen. Ausnahmsweise kann das Sozialamt Sie bitten, in eine andere Wohnung zu ziehen, wenn die Wohnung (z.B. nach einer Trennung) zu groß oder zu teuer geworden ist und Sie auch wirklich eine andere, billigere Wohnung finden können.

Kranken- und Pflegeversicherung

Die Kosten einer Kranken- und Pflegeversicherung werden ebenfalls vom Sozialamt gezahlt, es sei denn, Sie sind bereits aufgrund Ihrer Berufstätigkeit pflichtversichert (☞ Einkommensberechnung) oder – zumindest bis zur Scheidung – als Familienmitglied mitversichert (☞ Krankenversicherung).

Einkommensberechnung: Bereinigtes Nettoeinkommen

Als Einkommen gilt z.B. Lohn, Arbeitslosengeld bzw. Arbeitslosenhilfe, Rente, Unterhalt, Wohngeld, Kindergeld etc. Unregelmäßige Einkünfte wie 13. Monatsgehalt, Urlaubs- und Weihnachtsgeld, Lohnsteuererstattung werden als Jahreseinkommen auf 12 Monate umgelegt. Nicht angerechnet werden Geld aus der Mutter-Kind-Stiftung, Erziehungsgeld ☞, Rentenerhöhung aufgrund von Kindererziehungszeiten oder Entschädigungsrenten. Kleinere Ersparnisse (zur Zeit bis 2500,– DM plus 500.– für jedes Kind) bleiben ebenfalls anrechnungsfrei.

Vom Einkommen können neben Steuern und Sozialversicherungsbeiträgen (Renten-, Kranken- und Arbeitslosenversicherung) auch noch folgende Ausgaben abgesetzt werden:

- weitere Versicherungsbeiträge, z.B. Hausrat- und Haftpflichtversicherung, Autoversicherung, wenn Sie auf das Auto angewiesen sind, nicht aber Rechtsschutz- oder Lebensversicherungen;
- Ausgaben, die zur Erzielung des Einkommens nötig sind (sog. Werbungskosten):
  - eine Pauschale für Arbeitsmittel (z. Zt. 10,– DM),
  - Gewerkschaftsbeitrag
  - notwendige Fahrtkosten zwischen Arbeitsstelle und Wohnung und
  - für alleinerziehende Mütter auch die Kosten der Kinderbetreuung.

Als Erwerbstätige können Sie darüber hinaus noch einen zusätzlichen Betrag absetzen. Dieser Betrag ist von Fall zu Fall und regional verschieden; als Obergrenze können Sie vom halben Regelsatz ausgehen: also max. 274,– DM.

Laufende Hilfe zum Lebensunterhalt

Am Ende steht das sogenannte »bereinigte Nettoeinkommen«. Aus der Differenz zwischen ihrem Sozialhilfebedarf und diesem bereinigten Nettoeinkommen errechnet sich die Höhe der laufenden Hilfe zum Lebensunterhalt.

Nachfolgend ein Berechnungsbeispiel zum Sozialhilfeanspruch.

S

Vereinfachte Berechnung der Sozialhilfe[1] (Blankoberechnungsformular Seite 234)

Beispielsrechnung: Alleinerziehende, 1 sechsjähriges Kind, 630 DM/ Monat plus Kindergeld, Miete inkl. Nebenkosten und Heizung 50 DM; Haftpflichtversicherung 80 DM/Jahr, keine Fahrtkosten

	Berechnungsmodus (durchschnittliche Sätze 1999 West/Ost)	Beispiel (Hessen)	
Bedarf = Eckregelsatz	Festlegung durch Rechtsverordnungen der Länder (546/527DM)	548 DM	
+ Mehrbedarfszuschlag	40% des Regelsatzes bei einem Kind unter 7 oder 2 Kindern unter 16 Jahren	+ 219 DM	
+ Regelsatz anderer Haushaltsangehöriger	altersabhängig (273/264 DM bis 491/474 DM)	+ 301 DM	
+ Kosten der Wohnung	Miete plus Nebenkosten plus Heizung	+ 550 DM	
= Sozialhilfebedarf		1.618 DM	
Einkommen = Nettoeinkommen	Alle Einkünfte einschließlich Weihnachtsgeld, Urlaubsgeld, Zulagen, Steuerrückerstattungen, abzüglich Steuern und SV-Beiträge umgerechnet auf einen Monat oder vereinfacht: monatliches Nettoeinkommen x 13 : 12 jeweils plus Kindergeld	880 DM	
– Versicherungen	soweit gesetzlich vorgeschrieben oder angemessen (z.B. Haftpflicht, Hausrat)	– 7 DM	
– Werbungskosten	• Arbeitsmittel: pauschal 10 DM • Fahrten zur Arbeit: billigste Zeitkarte, sonst 10 DM/Entfernungskilometer • Gewerkschaftsbeiträge	– 10 DM	
– Abzugsbetrag für Erwerbstätige	bei Einkommen über 1.050 DM: 50% des Eckregelsatzes (273 DM)	– 247 DM	
– Abzugsbetrag für Kinder	20 DM bei einem 40 DM bei zwei und mehr Kindern	– 20 DM	
= Anrechenbares Einkommen		596 DM	
Sozialhilfe	= Bedarf – anrechenbares Einkommen	1.022 DM	

Ergebnis: Anspruch auf Sozialhilfe

[1] Diese Berechnungen sind eine (ungefähre) Orientierungshilfe. Eine genaue Berechnung muss durch die zuständigen Stellen bzw. Anwältinnen erfolgen.

Einmalige Beihilfen

Neben dieser sogenannten »laufenden Hilfe zum Lebensunterhalt« können Sie u. U. auch noch einzelne Beihilfen in Anspruch nehmen, wenn Sie z. B.

- einen größeren Betrag für Kleider ausgeben müssen,
- Öl oder Kohle in größeren Mengen bestellen müssen,

- Ihre Wohnung renovieren oder teuren Hausrat oder andere relativ teure, aber notwendige Geräte anschaffen müssen,
- ihr Kind besonders teure Lernmittel braucht (z. B. einen teuren Atlas oder einen Computer), nicht aber normale Schulbücher, oder
- ein größeres Fest (Kindergeburtstag, Konfirmation) ausrichten müssen oder Ihr Kind an einem Schullandaufenthalt teilnehmen soll.

All diese Dinge werden aber nur übernommen, wenn Sie sie nicht vom Haushaltsgeld (Regelsatz) »abzwacken« können, dies ist dann der Fall, sagen manche Gerichte, wenn die Sachen mehr als 100,– DM, andere, wenn Sie mehr als 200,– DM kosten würden. Unser Rat: Versuchen Sie es einfach, mehr als abgelehnt werden kann Ihr Antrag nicht.

Mehr über Sozialhilfe erfahren Sie im »Sozialhilfeleitfaden« der AG TuWas – zu bestellen über den Fachbereich Sozialarbeit der Fachhochschule Frankfurt am Main, Prof. Rainer Roth, Nibelungenplatz 1, 60318 Frankfurt am Main.

⊃ Weitere Informationen bekommen Sie auch bei der Bundesarbeitsgemeinschaft der Sozialhilfeinitiativen e.V., Moselstr. 25, 60329 Frankfurt am Main.

STEUERN

Lohn- und Einkommenssteuer: Gemeinsame Veranlagung

Ehepaare haben, solange sie nicht dauerhaft getrennt leben, die Wahl zwischen den Steuerklassenkombinationen IV/IV oder III/V. Die Kombination IV/IV ist sinnvoll, wenn beide Ehepartner in etwa gleichviel verdienen. Bei erheblichen Einkommensunterschieden ist es in der Regel jedoch günstiger, die Steuerklassenkombination III (für den Mehrverdienenden, meistens den Ehemann) und V (für die Geringerverdienende, meistens die Ehefrau) zu wählen. Hierdurch wird das höhere Einkommen geringer besteuert und das niedrigere Einkommen höher besteuert; in der Summe der Steuerlast beider Ehegatten führt dies zu einer geringeren Steuerschuld als bei den Steuerklassen IV/IV.

Eine solche steuerliche Gestaltung ist unproblematisch, solange Ehepaare gemeinsam wirtschaften und die Steuerersparnis beiden bzw. dem gemeinsamen Familieneinkommen zugute kommt. Es führt aber auch dazu, dass die Frau sich – vergleichsweise – schlechter und der Ehemann – vergleichsweise – besser stellt. Psychologisch ist das nicht unproblematisch, weil es beiden Eheleuten das Gefühl gibt, dass die Frau vom Geld des Mannes lebt. Diejenige, die Steuern nach Steuerklasse V zahlt, zahlt faktisch einen Teil der Steuern für denjenigen mit, der nach Steuerklasse III besteuert wird. Daher hat sie in der Regel den höheren Anteil an der Steuererstattung zu bekommen.

Verheiratete Frauen können sich nicht einfach die Steuerklasse aussuchen, die für sie persönlich günstiger ist. Die eheliche Lebensgemeinschaft verpflichtet Sie, Ihrem Mann alle steuerlichen Vorteile zu ermöglichen. Andererseits muss Ihr Mann Ihnen aber die Nachteile ausgleichen, die Ihnen entstehen.

Veranlagung nach der Trennung

Die bisherigen (günstigeren) Steuerklassen können Sie nur noch für das Kalenderjahr beibehalten, in dem Sie sich endgültig getrennt haben.

Achten Sie darauf, dass Sie – über den Unterhalt oder durch Ausgleichszahlungen – tatsächlich von der Steuerersparnis profitieren. Sie haben Anspruch auf Erstattung, wenn Sie selbst auch Lohnsteuer gezahlt haben.

Um sicher zu gehen, dass Sie Ihren Anteil tatsächlich bekommen, können Sie beim Finanzamt die Aufteilung der Steuererstattung und die Auszahlung des auf Sie entfallenden Betrages direkt auf Ihr Konto beantragen. Beachten Sie aber, dass Ihren

---

Die für dieses Stichwort relevanten gesetzlichen Regelungen finden sie unter: Einkommenssteuergesetz, S. 183

Mann dann eine erhebliche Steuernachzahlung treffen kann.

Wenn Sie oder Ihre Kinder Unterhalt bekommen, ist diese Vorgehensweise nicht immer günstig, weil dadurch das maßgebliche Einkommen geschmälert wird (☞ Unterhalt).

Falls eine Einigung nicht möglich ist, muss Ihnen das Finanzamt auf Antrag ein Exemplar des Steuerbescheids zusenden. Der Anspruch auf einen Teil der Steuerrückzahlung kann dann ggfs. gerichtlich gegenüber dem Ehemann geltend gemacht werden. Die Steuerrückzahlung allein an den Ehemann kann allerdings auch bei der Unterhaltsberechnung insofern berücksichtigt werden, als sie das Einkommen des Ehemannes erhöht und so gegebenenfalls zu einem höheren Unterhaltsanspruch führt (☞ Unterhalt).

Spätestens nach Ablauf des Kalenderjahres der Trennung müssen Sie dem Finanzamt Mitteilung machen, dass Sie (dauerhaft) getrennt leben.

Tun Sie dies nicht und kommt das Finanzamt Ihnen auf die Schliche, dann müssen Sie mit einer Nachforderung von Steuern rechnen. Nach der Trennungsmitteilung erhalten beide Ehegatten jeweils die Steuerklasse I bzw. der Ehegatte, der Kinder betreut, die Steuerklasse II.

Sie können aber auch schon vor Ablauf des Kalenderjahres einen Wechsel der Steuerklasse beantragen – allerdings in der Regel nur von III/V zu IV/IV.

Der Antrag ist beim Einwohnermeldeamt Ihrer Wohnortgemeinde zu stellen.

Er muss von beiden Ehepartnern unterschrieben sein.

Vorsicht, wenn Sie Unterhalt bekommen. Stimmt ein Ehepartner dem Wechsel nicht zu, kann eine Änderung erst mit Wirkung vom 1.Januar des darauf folgenden Jahres erfolgen.

Steuerschulden

Problematisch an einer gemeinsamen Veranlagung kann sein, dass Sie für Steuerschulden auch allein haften können. Juristisch nennt man das eine »gesamtschuldnerische Haftung: das Finanzamt kann als Gläubiger einen von mehreren Schuldnern für die gesamte Schuld in Anspruch nehmen (wie die Schuldner dann den Ausgleich untereinander herbeiführen, ist nicht Sache des Finanzamtes). Bei Steuerschulden, die der Ehemann nicht zahlt und die das Finanzamt bei Ihnen einzutreiben versucht, ist es deshalb wichtig zu wissen, dass Sie auch noch nachträglich – und ohne die Zustimmung Ihres Ehemannns – die Aufteilung rückständiger Steuer wie bei getrennter Veranlagung verlangen können. So verhindern Sie, dass Sie Steuerschulden, die aus dem Einkommen Ihres Ehemannes resultieren, zahlen müssen. Sie haben dann nur die Steuernachzahlung zu leisten, die sich auf Ihr Einkommen bezieht.

Kinder auf der Lohnsteuerkarte

Ob Sie nach dem Steuerklassenwechsel in Steuerklasse I oder in die günstigere Steuerklasse II eingestuft werden, hängt davon ab, ob gemeinsame Kinder da sind und bei welchem Elternteil sie wohnen. Lebt ein Kind bei Ihnen, erhalten Sie Steuerklasse II, während Ihr Mann, wenn er kein Kind betreut, in Steuerklasse I eingestuft wird. Der Ehemann hat dann höhere Abzüge und dadurch bedingt ein geringeres Nettoeinkommen. Es verringert sich also möglicherweise auch Ihr Unterhaltsanspruch, was aber durch geringere Abzüge von Ihrem Bruttoeinkommen ausgeglichen wird. Da sich der Unterhalt ☞ für Kinder in der Düsseldorfer Tabelle nach Einkommensstufen richtet, muss sich der Unterhaltsanspruch des Kindes nicht unbedingt vermindern.

Seit dem 1.1.1996 erhalten Sie entweder Kindergeld oder einen Kinderfreibetrag, der auf Ihrer Lohnsteuerkarte eingetragen wird (☞ Kinderfreibeträge/Kindergeld). Bei beiden Elternteilen wird je ein halber Freibetrag eingetragen. Auch bei einer Trennung kommt eine Übertragung des ganzen Kinderfreibetrages auf einen Elternteil in der Regel nicht in Betracht. Nur bei sehr hohem Einkommen dürfte sich deshalb die Wahl des Kinderfreibetrages gegenüber der monatlichen Kindergeldzahlung lohnen.

Weitere Information hierzu und zu weiteren möglichen Freibeträgen können Sie dem Lohnsteuerratgeber, den das Finanzamt kostenlos abgibt, entnehmen

➲ und dort oder bei Ihrer Steuerberaterin erfragen.

Anlage U zur Steuererklärung

Ihr Ehemann kann nach einer Trennung oder Scheidung den an Sie gezahlten Unterhalt (bis zu maximal 27.000,– DM jährlich) als Sonderausgaben steuerlich absetzen (begrenztes Realsplitting). Umgekehrt müssen Sie selbst den Unterhalt als Einkommen versteuern – allerdings nur, wenn er hoch genug ist. Ihr Ehemann kann u.U. mehr Steuern sparen als Sie zahlen müssen; das wiederum erhöht sein Einkommen und damit die Unterhaltszahlung an Sie und Ihre Kinder.

Sie sollten einer solchen Lösung nur dann zustimmen, wenn Ihr Ehemann sich (schriftlich) verpflichtet, die Nachteile, die diese Lösung für Sie hat, auszugleichen. Neben den von Ihnen zu zahlenden Steuern kann dies nämlich zu Minderung von Sozialleistungen führen, die von Ihrem Einkommen abhängen (z.B. geringere Wohngeldzahlungen). Sie könnten auch verpflichtet sein, sich – schon während der Trennung – selbst gegen Krankheit zu versichern (☞ Krankenversicherung).

Es kann sinnvoll sein, Unterhaltszahlungen nicht als Sonderausgaben, sondern als außergewöhnliche Belastungen (Höchstbetrag: 13.500,– DM) geltend zu machen. In diesem Fall werden Sie nicht selbst steuerpflichtig.

➲ Die Auswirkungen der unterschiedlichen steuerlichen Gestaltung sollten Sie rechtzeitig mit Ihrem Finanzamt, Ihrer Steuerberaterin oder Ihrer Scheidungsanwältin besprechen (☞ Anwaltliche Hilfe).

Was für Ihren Mann gut ist, muss nicht für Sie gut sein. »Optimale Steuergestaltung« erfordert oft ein hohes Maß an Übereinstimmung und ständigen Kontakt. Wenn Sie das Erste nicht mehr haben und das Zweite nicht wollen, müssen Sie auf steuerliche Möglichkeiten eventuell verzichten.
Verpflichtet sich Ihr Mann dazu, Sie von allen Nachteilen freizustellen, sind Sie Ihrerseits verpflichtet, dem begrenzten Realsplitting zuzustimmen und die Anlage U zur Einkommensteuererklärung zu unterschreiben.

STRAFANZEIGE

Misshandlungen, Bedrohungen und Vergewaltigungen (innerhalb und außerhalb einer Ehe!) sind Straftaten. In Deutschland gilt das Prinzip, dass die Strafverfolgungsbehörden (☞ Polizei, Staatsanwaltschaft) verpflichtet sind einzuschreiten, wenn sie Anhaltspunkte für eine Straftat haben. Oft werden in »familiären Streitigkeiten« eine ganze Reihe von Strafvorschriften verletzt.

Was ist strafbar?

Nötigung

Eine Nötigung setzt nur voraus, dass Sie mit Gewalt oder durch eine Drohung zu etwas gezwungen wurden (oder werden sollten), was Sie nicht wollten. Als Strafe sieht das Gesetz Geldstrafe oder Freiheitsstrafe bis zu drei Jahren vor.

Bedrohung

Bei einer Bedrohung reicht es aus, dass mit einem Verbrechen gedroht wurde (z.B. die ernsthafte Drohung: »ich bringe Dich um« oder die Androhung einer Vergewaltigung), ohne dass damit eine bestimmte Verhaltensaufforderung verbunden ist.

Freiheitsberaubung

Wenn die »Nötigung« darin besteht, dass Sie von Ihrem Mann in der Wohnung eingesperrt oder für einige Zeit im Auto festgehalten werden, dann kommt auch eine Bestrafung wegen Freiheitsberaubung in Betracht (Strafe: Freiheitsstrafe bis fünf Jahre oder Geldstrafe).

Kindesentführung

Erweitert wurden die Strafvorschriften bei Kindesentführung. Strafbar machen sich nicht nur all diejenigen, die Minderjährige mit Gewalt, Drohung oder List entführen, sondern auch diejenigen, die Kinder gegen den Willen der Sorgeberechtigten ins Ausland bringen oder dort festhalten. Wichtig ist, dass sich auch der nicht-sorgeberechtigte Elternteil strafbar machen kann. Die Strafverfolgung setzt aber einen Strafantrag ☞ oder ein besonderes öffentliches Interesse ☞ voraus. Die Strafe ist Geldstrafe oder Freiheitsstrafe bis fünf Jahre.

Körperverletzungen

(versuchte) Tötungen

Wenn Sie oder Ihr Kind körperlich angegriffen und nicht unerheblich verletzt werden, kommt als Straftat eine Körperverletzung, manchmal sogar eine versuchte Tötung in Betracht. Angriffe mit Messern z.B., bei denen die Gefahr, jemanden zu töten, in Kauf genommen wird, können als versuchte Tötungen gewertet werden. Nur die sogenannte »einfache Körperverletzung«, ist ein Antragsdelikt, also eine Straftat, die einen Straf-

---

Die für dieses Stichwort relevanten gesetzlichen Regelungen finden sie unter: Strafgesetzbuch, S. 195; Strafprozessordnung, S. 204; Gerichtsverfassungsgesetz, S. 213; Richtlinien zum Straf- und Bußgeldverfahren, S. 213; Opferentschädigungsgesetz, S. 216

antrag der verletzten Frau (bei Kindern der Sorgeberechtigten) voraussetzt (oder ein besonderes öffentliches Interesse an der Strafverfolgung). Wurde bei der Misshandlung z. B. eine Waffe benutzt (wobei Waffe jeder Gegenstand sein kann, der in der konkreten Anwendung Verletzungen hervorrufen kann), muss die Straftat auch ohne Strafantrag der verletzten Frau verfolgt werden!

Vergewaltigung und sexuelle Nötigung

Die Vorschriften über Vergewaltigung und sexuelle Nötigung sind erst vor kurzem neu formuliert worden. Die wichtigsten Änderungen sind:

- Das Gesetz macht jetzt keinen Unterschied mehr, ob die sexuelle Gewalt innerhalb oder außerhalb einer Ehe passiert ist;
- strafbar sind zukünftig nicht nur sexuelle Nötigungen, die durch (körperliche) Gewalt oder Drohungen mit einer Lebens- oder Gesundheitsgefahr erzwungen werden, sondern auch solche, bei denen sich das Opfer in einer schutzlosen Lage befindet;
- alle Formen der erzwungenen Penetration werden gleichbehandelt – und zwar als Vergewaltigung: während früher nur die vaginale Penetration eine Vergewaltigung darstellte, können jetzt auch orale und anale Penetrationen als Vergewaltigung bestraft werden;
- als besonders schwerer Fall (mit der Folge höherer Strafe) gilt jetzt auch eine sexuelle Nötigung, die von mehreren gemeinschaftlich begangen wird.

Der Regelstrafrahmen der sexuellen Nötigung beträgt ein bis 15 Jahre. Bei den besonders schweren Fällen, zu denen auch die Vergewaltigung gehört, darf die Mindeststrafe nicht unter zwei Jahren liegen; hatte der Täter eine Waffe bei sich, erhöht sich die Mindeststrafe auf drei Jahre, wurde sie bei der Tat auch gebraucht, ist die Mindeststrafe fünf Jahre.

Sexuelle Handlungen an oder vor Kindern

Sexuelle Handlungen mit Kindern sind unter verschiedenen Tatbeständen mit Strafe belegt.

Verboten sind:

- Geschlechtsverkehr zwischen leiblichen Verwandten, vor allem mit Kindern; Strafe: Geldstrafe oder Freiheitsstrafe bis zu drei Jahren.
- Sexuelle Handlungen mit minderjährigen Schutzbefohlenen, das sind leibliche oder angenommene Kinder, aber auch Schülerinnen, Auszubildende, Mündel usw.; Strafe: Geldstrafe oder Freiheitsstrafe bis zu fünf Jahren.
- Sexuelle Handlungen mit Kindern unter 14 Jahren; Strafe: Freiheitsstrafe bis zu zehn, in besonders schweren Fällen bis zu 15 Jahren.

- Sexuelle Handlungen mit Jugendlichen unter 16 Jahren, wenn eine Zwangslage der Jugendlichen ausgenutzt oder Geld gezahlt wurde. Strafe: Geldstrafe oder Freiheitsstrafe bis zu fünf Jahren.

Werden die sexuellen Handlungen nicht an, sondern vor den Kindern vorgenommen, sind die Strafen geringer: in der Regel ist die Höchststrafe dann drei statt fünf Jahre. Neben den speziell zum Schutz von Kindern und Jugendlichen formulierten Straftatbeständen können immer auch die für alle geltenden Tatbestände wie Vergewaltigung, sexuelle Nötigung Anwendung finden, wenn deren (zusätzliche) Voraussetzungen: Anwendung von Gewalt oder Drohung, Ausnutzung der Schutzlosigkeit des Opfers gegeben sind. Das ist wichtig, weil dann längere Verjährungsfristen ☞ gelten und oft höhere Strafen drohen.

Sexueller Missbrauch in Beratungs- und Behandlungsbeziehungen

Neu ist auch eine Strafvorschrift, die sexuelle Handlungen mit einer Person unter Strafe stellt, die sich wegen einer geistigen oder seelischen Krankheit, z. B. einer Suchtkrankheit, oder im Rahmen einer Psychotherapie in Beratung oder Behandlung befindet. Die Strafe ist Geldstrafe oder Freiheitsstrafe bis zu fünf Jahren.

Frauenhandel

Strafbar ist auch, wenn – aus finanziellen Gründen – Frauen, die sich in einer Zwangslage befinden, zur Prostitution angehalten werden. Als eine solche Zwangslage gilt ausdrücklich die Hilflosigkeit, die mit dem Aufenthalt in einem fremden Land verbunden ist. Auf Frauenhandel steht Geldstrafe oder Freiheitsstrafe bis fünf Jahre. Werden Gewalt, Drohung oder List angewandt oder erfolgt die Anwerbung gewerbsmäßig, dann erhöht sich die Höchststrafe auf zehn Jahre.

Auch der bloße »Versuch«, bei dem es gar nicht zu sexuellen Handlungen gekommen sein muss, ist bei den meisten Delikten strafbar; die Strafe kann dann allerdings gemindert werden.

Die folgende Tabelle zeigt die Straftatbestände bei sexueller Gewalt auf einen Blick.

Die Straftatbestände bei sexueller Gewalt auf einen Blick

§§	Schutzalters-grenze	Opfereigen-schaften	Tatbegehung	Erschwerungsgründe	Höchststrafe (erschwerend)	Verjährung (ab 18. Lebensj.)
173 Inzest	—	leiblich verwandt	Beischlaf	—	bis 3 Jahre	5 Jahre
174 Mißbrauch von Schutzbefohlenen	16 Jahre 18 Jahre 18 Jahre	schutzbefohlen schutzbefohlen Kind	— Ausnutzung der Abhängigkeit	—	bis 5 Jahre	5 Jahre
174 c Mißbrauch in der Therapie	—	(sucht-)krank in therap. Behandlung	Ausnutzung der Beziehung	—	bis 5 Jahre	5 Jahre
176, 176 a Mißbrauch von Kindern	14 Jahre	—	—	Beischlaf gemeinschaftlich Gesundheitsgefahr Wiederholungstat	bis 10 (15) Jahre	10 Jahre
177 sexuelle Nötigung, Vergewaltigung	—	schutzlos	Gewalt Drohung	Penetration gemeinschaftlich Waffe Gesundheitsgefahr	bis 15 Jahre	20 Jahre
179 Mißbrauch Widerstandsunfähiger	—	widerstandsunfähig	—	Beischlaf	bis 5 (10) Jahre	5 Jahre
180 b, 181 Frauenhandel	—	Ausländerinnen	Zwangslage	Kenntnis der Hilflosigkeit unter 21 Jahren Gewalt, Drohung, List Gewerbsmäßigkeit	bis 5 (10) Jahre	5 Jahre
182 Mißbrauch von Jugendl.	16 Jahre	Jugendliche Unreife	Zwangslage gegen Geld	—	bis 3 Jahre	5 Jahre

S

Beleidigung

Handlungen mit sexuellem Gehalt können, wenn sie nicht nach den speziellen Vorschriften (sexuelle Gewaltdelikte) strafbar sind, z.B. weil das Opfer erwachsen ist und der Täter keine Gewalt einsetzt, sondern einfach einen Überraschungseffekt ausnutzt, ausnahmsweise als Beleidigungen strafbar sein.
Beleidigend sind nicht nur verbale Äußerungen, beleidigend kann auch ein herabsetzendes Verhalten sein. Beleidigungen werden nur auf Antrag verfolgt; im übrigen sind sie die typischen Privatklagedelikte. Wenn sie geahndet werden, dann sieht das Gesetz Geldstrafe oder Freiheitsstrafe bis zu zwei Jahren vor.

Hausfriedensbruch

Denkbar ist auch eine Strafbarkeit wegen Hausfriedensbruch, wenn Ihr Mann in die ehemals gemeinsame, jetzt aber Ihnen zur alleinigen Nutzung zugewiesene Wohnung () gegen Ihren Willen eindringt. Dieses Verhalten wird aber nur auf Ihren Antrag hin verfolgt. Auf Hausfriedensbruch steht Freiheitsstrafe bis zu einem Jahr oder Geldstrafe.

Sachbeschädigung

Schließlich werden von gewalttätigen Männern bei einem Streit nicht selten Wohnungseinrichtungsgegenstände zertrümmert – wenn diese Ihnen gehören, ist das Sachbeschädigung (Strafe: Freiheitsstrafe bis zu zwei Jahren oder Geldstrafe). Auch dieses Delikt wird im Prinzip nur auf Antrag verfolgt, es sei denn, die Staatsanwaltschaft nimmt ein öffentliches Interesse an der Strafverfolgung an.

Wann sich unter Umständen gar nichts tut:

Verjährung

Nicht verfolgt werden Straftaten, die verjährt sind. Bis zum Ablauf der Verjährungsfrist haben Sie also Zeit, eine Straftat anzuzeigen – auch wenn das Warten die Beweisbarkeit naturgemäß erschwert.
Die Verjährung ist abhängig von den Strafen, die für das Delikt vorgesehen sind, so verjährt eine Vergewaltigung z.B. erst nach 20 Jahren, der sexuelle Missbrauch an einem Kind nach zehn und der Missbrauch in einer Therapie nach fünf Jahren.

§ Ganz wichtig ist, dass die Verjährungsfrist von Straftaten, die gegen das sexuelle Selbstbestimmungsrecht von Kindern und Jugendliche verstoßen, erst zu laufen beginnt, wenn die Betroffenen volljährig sind.

Strafantrag und Strafanzeige

Manche Straftaten werden nur verfolgt, wenn Sie einen Strafantrag stellen (oder wenn ein – besonderes – öffentliches Interesse angenommen wird). Ihre Strafanzeige reicht aus. Es kann passieren, dass Sie in Gegenwart Ihres Mannes gefragt werden, ob Sie Strafanzeige erstatten wollen. Angesichts der Bedrohung durch die Gegenwart des Mannes können sich Frauen aus Angst oft nicht dazu entschließen. Dann unternehmen die Polizeibeamten oft nichts weiter und berufen sich darauf, dass kein Strafantrag gestellt worden sei – und wegen einer bloßen »Familienstreitigkeit« das öffentliche Interesse fehle.

§ Inzwischen gibt es klare Richtlinien für Polizei und Staatsanwaltschaft, die besagen, dass gerade in Fällen häuslicher Misshandlungen ein öffentliches Interesse an der Strafverfolgung in der Regel zu bejahen sei, weil der verletzten Frau – gerade wegen der persönlichen Beziehung zum Täter – ein privates Vorgehen nicht zuzumuten sei (so die RiStBV, Richtlinien für das Straf- und Bußgeldverfahren und ein Beschluss der Justizminister und -ministerinnen vom November 1994). So wird z. B. die Bereitschaftspolizei in Nordrhein-Westfalen in einem Merkblatt des Innenministeriums angewiesen, auch dann eine Strafanzeige aufzunehmen, wenn die Frau keinen Strafantrag stellt. Obwohl die Polizei dazu die Möglichkeit hätte, nimmt sie den gewalttätigen Mann oft nur dann mit, wenn er seine Frau oder seine Kinder in Gegenwart der Polizei angreift oder bedroht. In jedem Fall kann die Polizei Ihren Mann ohne Gerichtsbeschluss nur maximal 48 Stunden festhalten.

Wenn Sie sich nicht gleich zu einer Strafanzeige durchringen können, besteht auch die Möglichkeit, die Strafanzeige erst später bzw. schriftlich über eine Anwältin zu erstatten.

Für diesen Fall sollten Sie so viele Beweise wie möglich sammeln (z. B. ärztliches Attest, Zeugenaussagen von Nachbarn, der Polizei, Fotos von Verletzungen etc.), damit das Zuwarten nicht den Tatnachweis beeinträchtigt. Wenn Sie unsicher sind, holen Sie sich Unterstützung und fachlichen Rat durch Freundinnen, Anwältinnen, in Frauenberatungsstellen oder bei einem Frauenhaus. Zu jeder Aussage bei der Polizei können Sie sich durch eine Vertrauensperson und eine Anwältin begleiten lassen.

S

(Fehlendes) öffentliches Interesse an der Strafverfolgung

Die Staatsanwaltschaft hat bei einigen Delikten die Möglichkeit, auf eine Anklage zu verzichten. Dies gilt vor allem dann, wenn es sich um ein sogenanntes Privatklagedelikt (z. B. einfache Körperverletzung, Bedrohung, Hausfriedensbruch) handelt und die Staatsanwaltschaft ein öffentliches Interesse an der Strafverfolgung verneint, aber auch dann, wenn das Verfahren – z. B. gegen Auflagen – eingestellt wird (☞). Bei vielen häuslichen Misshandlungen (oft einfachen Körperverletzungen ☝), kommt es deshalb zur Einstellung der Verfahren, manchmal auch dazu, dass die Polizei erst gar keine Ermittlungen aufnimmt. Eine Pflicht zu ermitteln, besteht auch bei häuslicher Gewalt gegen Frauen und Kinder eigentlich Immer; eine Pflicht zur Anklageerhebung oft nur, wenn ein (besonderes) öffentliches Interesse an der Anklageerhebung besteht.

§ Was wir uns unter einem solchen öffentlichen Interesse vorzustellen haben, wird in den (bundeseinheitlichen) Richtlinien für das Straf- und Bußgeldverfahren (RiStBV) definiert. Bei der Körperverletzung heißt es:

> »Das öffentliche Interesse an der Verfolgung von Körperverletzungen ist vor allem dann zu bejahen, wenn (...) eine erhebliche Misshandlung oder eine erhebliche Verletzung vorliegen. Dies gilt auch, wenn die Körperverletzung in einer engen Lebensgemeinschaft begangen wurde. (...) Bei Kindesmisshandlung ist das besondere öffentliche Interesse immer zu bejahen.«

Über die Einstellung der Strafverfolgung und eine Verweisung auf den Privatklageweg entscheidet die Staatsanwaltschaft; die Polizei muss eine Anzeige der Staatsanwaltschaft vorlegen. Die Polizei darf deshalb nicht – wie oft zu erleben – an der Haustüre entscheiden, wegen einer bloßen »Familienstreitigkeit« auf eine Strafverfolgung zu verzichten.

Ein öffentliches Interesse an der Strafverfolgung kann entfallen, wenn die »Verletzte auf Bestrafung keinen Wert legt«. Vor allem die Polizei nimmt die Aussage misshandelter Frauen, keine Strafanzeige erstatten zu wollen, oft zum Anlass, Ermittlungen erst gar nicht aufzunehmen. In manchen Bundesländern (wie z.B. NRW) ist die Polizei inzwischen angewiesen, die Strafanzeige in jedem Fall zunächst aufzunehmen, um den Druck von der misshandelten Frau zu nehmen. Schließlich kann ein öffentliches Interesse auch dann fehlen, wenn (erfolgversprechende) sozialpädagogische, familientherapeutische oder andere unterstützende Maßnahmen eingeleitet worden sind (das bloße Versprechen, sich zu bessern, reicht also nicht aus).

Einstellung wegen Geringfügigkeit oder gegen Auflagen

Ein Strafverfahren kann – bevor es zur Hauptverhandlung kommt – z.B. wegen Geringfügigkeit oder (vorläufig) unter Auflagen eingestellt werden. Ein solcher Verzicht kommt nur bei Straftaten in Betracht, deren Mindeststrafe unter einem Jahr Freiheitsstrafe liegt (sogenannte Vergehen). Das sind z.B. die Körperverletzungsdelikte ☝, die Nötigung ☝ aber auch eine Reihe sexueller Gewaltdelikte – wie der sexuelle Missbrauch von Kindern, Jugendlichen und Schutzbefohlenen ☝, nicht aber die sexuelle Nötigung ☝. Eine Einstellung wegen Geringfügigkeit scheidet aus, wenn ein öffentliches Interesse ☝ an der Strafverfolgung besteht, also jedenfalls dann, wenn es zu Verletzungen gekommen ist.

Häufiger wird das Verfahren – vorläufig – eingestellt, bis bestimmte Auflagen und Weisungen erfüllt werden. Solche Auflagen können der Wiedergutmachung des Schadens dienen, aber auch soziale Trainingsprogramme zur Gewaltreduzierung sein. Oft wird aber auch einfach eine Geldbuße zu Gunsten einer gemeinnützigen Einrichtung verlangt.

Eine weitere Einstellungsmöglichkeit bietet sich der Staatsanwaltschaft, wenn der Täter sich zu einem Ausgleich mit der/den Verletzten bereiterklärt. Eine solche Möglichkeit scheidet aus, wenn die Verletzten nicht einverstanden sind.

Beschwerde und Klageerzwingung

Wenn von der Staatsanwaltschaft keine Klage erhoben wird, muss Sie Ihnen – als Anzeigeerstatterin – die Gründe dafür mitteilen. Als Verletzte haben Sie dann die Möglichkeit zunächst Beschwerde gegen die Entscheidung der Staatsanwaltschaft einzulegen. Wenn das nichts fruchtet, bleibt Ihnen in einigen Fällen noch die Möglichkeit, ein sogenanntes Klageerzwingungsverfahren einzuleiten – leider immer dann nicht, wenn Sie die Möglichkeit einer Privatklage haben (z. B. bei der einfachen Körperverletzung) oder wenn die Einstellung wegen Geringfügigkeit oder gegen Auflagen erfolgt oder z. B. ein Täter-Opfer-Ausgleich eingeleitet worden ist.

Für die Einleitung dieses gerichtlichen Verfahrens läuft eine Frist von einem Monat. Spätestens jetzt sollten Sie sich anwaltliche Hilfe ☞ holen.

(Beteiligungs-) Rechte im Strafverfahren

Sollte es zum Prozess kommen, dann sind Sie Zeugin. Grundsätzlich trifft Sie als erwachsene Person eine Pflicht auszusagen, die auch erzwungen werden kann. Etwas anderes gilt für Ehegatten, Verlobte und Verwandte: Sie dürfen die Aussage verweigern, ohne dass ihnen Nachteile entstehen. Kinder können grundsätzlich nicht zu einer Aussage gezwungen werden.

Auch die Mitarbeiterinnen von Frauenhäusern und Beratungsstellen können Zeuginnen sein, wenn sie etwas aus eigener Anschauung zu berichten haben (z.B. wie Sie ausgesehen haben als Sie ins Frauenhaus kamen). Anders als Rechtsanwältinnen oder Ärztinnen haben sie kein gesetzliches Recht, ihre Zeugenaussage zu verweigern. Allerdings gibt es vereinzelte Gerichtsentscheidungen, die – ausnahmsweise – ein Zeugnisverweigerungsrecht zubilligen, wenn ein besonderes Vertrauensverhältnis für die Arbeit unabdingbar ist und Verschwiegenheit zugesichert wurde.

Als Zeugin in einem Strafverfahren können Sie unterschiedliche Rechte für sich in Anspruch nehmen: als Zeugin haben Sie immer die Möglichkeit, sich von einer Vertrauensperson und/oder einer Anwältin zu jeder Ihrer Aussagen, sei es bei der Polizei oder bei Gericht, begleiten zu lassen; von Ihnen selbst oder durch Ihre Begleitpersonen können dann z. B. Fragen, die Ihren persönlichen Lebensbereich betreffen, als nicht zulässig beanstandet werden.

Sind Sie gleichzeitig Verletzte, sieht das Gesetz (zusätzlich) vor,
- dass Ihnen der Ausgang des Verfahrens mitzuteilen ist,
- dass Sie – über eine Anwältin – in die Akten einsehen dürfen und
- sich durch eine Anwältin im Verfahren vertreten lassen können, diese kann dann ebenfalls Fragen beanstanden oder den Antrag auf Ausschluss der Öffentlichkeit stellen;

Bestimmte, sogenannte nebenklageberechtigte Verletzte (☞ Nebenklage) haben sogar noch weitergehende Rechte.

Nebenklage

Mit der Nebenklage können Sie sich als Verletzte der Anklage der Staatsanwaltschaft anschließen (anders als bei der sogenannten Privatklage, wo Sie das Strafverfahren – ganz ohne die Staatsanwaltschaft – selbst betreiben können).

Das bringt es mit sich, dass es die Nebenklage »eigentlich« erst gibt, wenn Anklage erhoben ist. Zur Nebenklage berechtigt sind nur die Opfer bestimmter Straftaten, vor allem bei einer Anklage wegen:
- eines sexuellen Gewaltdelikts ☞,
- einer Körperverletzung oder versuchten Tötung.

Im Verfahren, vor allem in der Hauptverhandlung, bringt die Nebenklage eine Reihe von Vorteilen:
- Sie selbst sind zur Anwesenheit während der gesamten Verhandlung berechtigt (ob sich das auch empfiehlt, sollten Sie mit Ihrer Anwältin besprechen), und Ihnen müssen alle Entscheidungen mitgeteilt und Sie müssen dazu gehört werden;
- Sie haben das Recht eine Richterin/einen Richter oder Sachverständige wegen Befangenheit abzulehnen;
- Sie können auf die Verhandlung Einfluss nehmen, weil Sie selbst ein Frage- und Beanstandungsrecht haben, sowie das Recht Beweiserhebungen zu beantragen und – jederzeit – Erklärungen abzugeben;
- Sie können sich anwaltlich vertreten lassen mit der Folge, dass die Anwältin (aber nur sie!) die Akten einsehen darf, Sie begleiten oder – statt Ihrer – in den Verhandlungen anwesend sein kann;
- schließlich können Sie – in begrenztem Umfang – das Urteil und bestimmte im Lauf der Verhandlung ergangene Beschlüsse anfechten;
- für die Vertretung durch eine Anwältin kann Ihnen Prozesskostenhilfe (☞ Anwaltliche Hilfe) gewährt werden, so dass keine Kosten für Sie entstehen.

Die Nebenklage ist also *die* Möglichkeit, wie Sie sich aktiv am Verfahren beteiligen und auf dessen Ausgang Einfluss nehmen können.

Allerdings setzt die Wahrnehmung dieser Rechte Rechtskenntnisse voraus. Deshalb sollten Sie sich als Nebenklägerin unbedingt (und rechtzeitig) anwaltlicher Hilfe bedienen. Nebenklage ist nicht zulässig, wenn der Täter ein Jugendlicher ist.

keine Kosten

Bei einem Verbrechen gegen das sexuelle Selbstbestimmungsrecht oder wenn Kinder unter 16 Jahren betroffen sind, wird die anwaltliche Nebenklagevertretung aus der Staatskasse bezahlt. In allen anderen Fällen haben Sie die Möglichkeit, Prozesskostenhilfe zu beantragen (☞ Anwaltliche Hilfe).

Der Ablauf des Verfahrens

Das Strafverfahren gliedert sich in drei Teile:

- das Ermittlungsverfahren, das hauptsächlich von der Polizei geführt wird und an dessen Ende die Entscheidung der Staatsanwaltschaft über die Anklageerhebung steht,
- ein Zwischenverfahren, bei dem das Gericht prüft, ob die Beweise für die Eröffnung des Hauptverfahrens ausreichen, und
- das Hauptverfahren mit seinem Kernstück der mündlichen Hauptverhandlung.

Im Ermittlungsverfahren werden Sie von der Polizei (manchmal von der Staatsanwaltschaft und/oder vom Ermittlungsrichter) vernommen.

Über Ihre Aussage wird ein schriftliches (nicht wörtliches) Protokoll angefertigt, das Sie, bevor Sie es unterschreiben, genau lesen und ggfs. korrigieren sollten. Tonbandaufzeichnungen sind möglich (sie werden dann abgetippt), Videoaufzeichnungen inzwischen auch. Keine dieser Vernehmungsmethoden erspart Ihnen zuverlässig, in der Hauptverhandlung nochmals auszusagen.

Manchmal, vor allem bei Sexualdelikten, wird Ihnen nahegelegt, einem sogenannten »Glaubwürdigkeitsgutachten« zuzustimmen. Eine solche Begutachtung setzt voraus, dass Sie sich dazu freiwillig bereit erklären. Ein solches Gutachten kann durchaus von Nutzen sein: es findet eine Befragung durch geschulte Psychologinnen oder Psychologen statt (also nicht durch Juristen), die Befragung wird in der Regel bei Ihnen Zuhause (nicht im Gerichtssaal) durchgeführt, ohne dass noch andere Personen anwesend sind, und das Gutachten kann Ihrer Aussage mehr Gewicht verleihen. Besprechen Sie also mit Ihrer Anwältin, ob es Sinn macht, dem zuzustimmen. Aber auch ein solches Gutachten kann nicht verhindern, dass Sie in der mündlichen Verhandlung noch mal alles erzählen müssen.

S

Eine Hauptverhandlung läuft nach ganz bestimmten Regeln ab:

- sie ist – außer in Verfahren gegen Jugendliche – öffentlich, allerdings mit der Möglichkeit, die Öffentlichkeit auszuschließen, wenn persönliche Lebensumstände erörtert oder Jugendliche unter 16 Jahren vernommen werden;
- sie ist mündlich – und eben nicht schriftlich: das heißt, nur was mündlich in der Hauptverhandlung erörtert wurde, darf zur Grundlage der Entscheidung gemacht werden, nicht, was sonst noch in den Akten steht (zumal die Schöffinnen und Schöffen die Akte gar nicht kennen und trotzdem urteilen sollen); nur ganz selten kann ausnahmsweise eine persönliche Vernehmung durch die Verlesung von Schriftstükken ersetzt werden;
- sie ist unmittelbar, das heißt, dass es keine Zeugen vom Hörensagen geben darf, sondern dass immer die Zeuginnen und Zeugen vernommen werden müssen, die aus eigener Anschauung berichten können.

Diese »hehren Grundsätze«, die Geheimverfahren früherer Zeiten verhindern sollen, machen es gleichzeitig so schwierig z. B. betroffene Kinder aus den Verfahren »herauszuhalten«: der Angeklagte soll wissen, was gegen ihn vorgebracht wird. Trotzdem bietet die Strafprozessordnung – ausnahmsweise – aber doch die Möglichkeit, den Angeklagten für die Dauer einer Zeugenvernehmung von der Hauptverhandlung auszuschließen, dann nämlich, wenn die Gefahr besteht, dass – im Beisein des Angeklagten – nicht die Wahrheit gesagt wird oder dass das Kindeswohl Schaden nimmt. Andererseits muss auch die Aussage im Beisein des Angeklagten (so viel Angst die Betroffenen auch immer davor haben) nicht immer schädlich sein: oft führt eine solche (erfolgreich bestandene) Konfrontation auch zu einem Gefühl der Stärke und birgt eine Chance in sich, mit dem Täter abzuschließen.

Was herauskommen kann

Die Möglichkeiten, dass die Polizei (zu Unrecht) ganz auf Ermittlungen oder die Staatsanwaltschaft auf die Erhebung einer Anklage verzichten, wurden bereits angesprochen. Bei psychisch kranken Tätern gibt es darüber hinaus noch die Möglichkeit, die Unterbringung in einer psychiatrischen Anstalt anzuordnen. Unter bestimmten Voraussetzungen kann auch schon im Vorfeld Untersuchungshaft angeordnet werden, z. B. dann, wenn der Beschuldigte auf Sie als Zeugin Druck ausübt und dadurch die Gefahr besteht, dass die Wahrheitssuche erschwert wird, oder wenn – nach einem sexuellen Gewaltdelikt (☝) – die Gefahr besteht, dass sich dies wiederholt.

Strafen

Obwohl das Strafgesetzbuch zum Teil drastische Strafen vorsieht, darf man sich keine Illusionen über die Folgen einer Strafanzeige bei häuslicher oder sexueller Gewalt machen. Bei Sexualdelikten wissen wir, dass nur etwa die Hälfte der angezeigten Taten auch angeklagt wird. Vor Gericht kommen etwa ein Drittel der Männer mit Geldstrafen davon; fast die Hälfte werden zu Freiheitsstrafen auf Bewährung verurteilt, der Rest muss ins Gefängnis. Die vieldiskutierte Sicherungsverwahrung für rückfällige Sexualstraftäter kommt nur ganz selten zur Anwendung.

Trotzdem ist der Effekt der Anzeigen unter Umständen spürbar: Sie können deutlich machen, dass Sie sich nicht mehr alles gefallen lassen, Ihr Mann ist gewarnt und nicht nur das: er ist »unter Aufsicht«. Viele Frauen und ihre Anwältinnen machen die Erfahrung, dass Männer, gegen die ein Strafverfahren läuft, sich sehr wohl beherrschen können und in dieser Zeit nicht zuschlagen.

Dagegen bleibt dieser Effekt aus und Ihr Mann kann sich in seinen Machtphantasien bestätigt fühlen, wenn Sie ihn vor Strafverfolgung in Schutz nehmen (z. B. indem Sie keinen Strafantrag stellen oder die Aussage verweigern). Am Ende macht Sie Ihr Zögern immer schutzloser und ihn immer selbstherrlicher. Überlegen Sie deshalb gut: vielleicht können Sie sich in einem Frauenhaus in Sicherheit bringen und das Verfahren – mit der Unterstützung der Frauenhausmitarbeiterinnen und einer Anwältin – durchstehen. Letztlich können aber nur Sie selbst entscheiden, ob Sie sich das alles zutrauen – und welche Gefahr von Ihrem Mann ausgeht.

S

Schadensersatz und Schmerzensgeld

Es gibt auch die Möglichkeit, im Strafverfahren (zivilrechtliche) Schadensersatz- und Schmerzensgeldansprüche (☞ Schutzanordnungen) geltend zu machen (sogenanntes Adhäsionsverfahren). Diese Verknüpfung ist nicht unproblematisch: sie könnte beim Täter (und auch bei den anderen Verfahrensbeteiligten) den Eindruck hinterlassen, dass für das Unrecht »gezahlt« wurde und Strafgerichte können (und wollen) nicht komplizierte Feststellungen über den angemessenen Schadensausgleich treffen, was dazu führen kann, dass Sie schlechter wegkommen als vor einem Zivilgericht. Der Vorteil ist: es gibt nur ein Gerichtsverfahren.

Opferentschädigungsgesetz

Opfer eines »tätlichen Angriffs« können für die gesundheitlichen und wirtschaftlichen Folgen der Tat Entschädigung nach dem Opferentschädigungsgesetz beantragen.

➲ Zuständig sind die Versorgungsämter.
Die Leistungen, die Ihnen zustehen, richten sich nach dem Bundesversorgungsgesetz. Die wichtigsten sind:

- Heil- und Krankenbehandlung (ambulante und stationäre Behandlungen, Therapien, Krankenpflege und Haushaltshilfe) sowie
- finanzielle Hilfen wie Krankengeld bei Arbeitsunfähigkeit, verschiedene Beihilfen und Rente bei Erwerbsunfähigkeit.

Leistungen können nach dem Gesetz versagt werden, wenn Sie keine Strafanzeige ☝ erstattet haben. Das ist aber nicht zwingend. Dadurch soll verhindert werden, dass der Täter geschont, der Staat aber in Anspruch genommen wird. Wenn die Tat also auch ohne Ihre Strafanzeige verfolgt wird oder Ihnen eine Strafanzeige aus persönlichen Gründen unzumutbar ist (z. B. bei einem familiären Missbrauch), können Sie gleichwohl Opferentschädigung beantragen: es steht dann im Ermessen der Behörde, ob sie Ihnen die Leistungen zubilligt.
Nicht alle Migrantinnen haben Anspruch auf Opferentschädigung: EU-Staatsangehörige und Frauen, die seit drei Jahren rechtmäßig (oder aufgrund einer Duldung) in Deutschland leben, können jedenfalls Leistungen beanspruchen.

Getrenntleben in der Ehewohnung

Eine Trennung ist nach dem Gesetz nicht nur dann gegeben, wenn Sie in verschiedenen Wohnungen wohnen, sondern auch dann, wenn Sie es schaffen, in der Ehewohnung getrennt zu leben. Voraussetzung für ein solches Getrenntleben in der Ehewohnung ist, dass Sie die Wohnung (bis auf Bad und Küche) räumlich aufteilen. Es darf keine gemeinsame Haushaltsführung mehr bestehen, d.h., es darf nicht mehr gemeinsam bzw. für den anderen eingekauft, gekocht, gewaschen usw. werden.

Zuweisung der Wohnung zur alleinigen Nutzung

Wenn es für Sie unzumutbar ist, mit ihrem Ehemann weiterhin (wenn auch getrennt) in einer Wohnung zu leben, besteht die Möglichkeit, sich die Wohnung gerichtlich zur alleinigen Nutzung zuweisen zu lassen (☞ Wohnung).

➲ Fühlen Sie sich in der eigenen Wohnung nicht sicher und haben Sie sonst keine Wohnmöglichkeit, können Sie sich an das nächste Frauenhaus wenden (☞ Frauenhäuser). Die Frauen dort helfen weiter. Die Telefonnummern sind in unserem Adressenanhang zu finden.

Trennungszeitpunkt

Sie gelten von dem Zeitpunkt an als getrenntlebend, zu dem Sie es tatsächlich tun und dies gegenüber Ihrem Ehemann zum Ausdruck gebracht haben – auch dann, wenn er nicht damit einverstanden ist.

✍ Um Schwierigkeiten im Scheidungsverfahren über den genauen Trennungszeitpunkt auszuschließen, sollten Sie ihm Ihren Trennungswillen schriftlich mitteilen (☞ Scheidung). Dieses Schreiben sollten Sie entweder unter Zeugen übergeben oder von Ihrer Anwältin verschicken lassen. Für die Scheidung kommt es insofern auf den genauen Trennungszeitpunkt und die Dauer des Getrenntlebens an, als die Scheidung eine Trennungszeit von mindestens einem Jahr voraussetzt (☞ Scheidung).

Unterlagen mitnehmen

Wenn Sie die eheliche Wohnung verlassen, ist es wichtig, sämtliche persönliche Unterlagen mitzunehmen. Dazu gehören:

- Ausweispapiere
- Geburtsurkunde
- Heiratsurkunde
- Lohnsteuerkarte

Die für dieses Stichwort relevanten gesetzlichen Regelungen finden sie unter: Bürgerliches Gesetzbuch (§§ 1361 – 1361 b), S. 149

- Arbeitspapiere (Verträge, Arbeitserlaubnis, Unterlagen über Betriebsrenten u.ä.)
- Sparbücher
- Versicherungsunterlagen (Kranken-, Renten-, Lebens- und Haftpflichtversicherungen usw.), vor allem die Versicherungskarte der Krankenkasse
- Zeugnisse
- Bewilligungsbescheide (Arbeitsamt, Erziehungsgeld, Kindergeld, Renten u.s.w.)
- Kontoauszüge

Wenn Sie das Kind/die Kinder mitnehmen, kommen noch dazu:
- Geburtsurkunden
- Impfausweise
- Kinderausweise
- Schulzeugnisse
- Sparbücher
- Versicherungskarten der Krankenkasse.

Verbindlichkeiten und laufende Ausgaben

Es ist sinnvoll, sich einen Überblick über laufende Verträge und die damit verbundenen Belastungen zu verschaffen, z. B.:
- Mietvertrag und Nebenkosten,
- Strom, Gas, Wasser,
- Telefon,
- Versicherungen: Hausrats-, Haftpflichtversicherung u.ä.,
- Kreditverträge (Tilgungsraten, Restschuld), Bausparverträge, Lebensversicherungen,

Nur so können Sie entscheiden, welche Verträge gekündigt werden sollen.
Sind Sie oder Ihr Mann oder Sie beide gemeinsam Haus- oder Wohnungseigentümer, fotokopieren Sie alle damit zusammenhängenden Unterlagen wie:
- Grundbuchauszug,
- Belege über Darlehens-, Bausparverträge und Lebensversicherungen, Hypotheken oder Grundschulden,
- laufende Belastungen (z.B. Wohngeld, Grundsteuer, Müllabfuhr, Wasser, Feuerversicherung, Tilgungsratenetc.).

Einkommen Ihres Mannes

Sowohl für Unterhaltsansprüche (☞ Unterhalt) als auch für eventuelle Zugewinnausgleichsansprüche (☞ Zugewinn) ist es wichtig, einen Überblick über das Einkommen des Ehemannes und das gemeinsame Vermögen zu haben. Machen Sie also rechtzeitig Kopien von:
- Gehaltsbescheinigungen (inklusive Weihnachts- und Urlaubsgeld) am besten der letzten 12 Monate, eventuell zusätzliche Belege über Spesenabrechnungen u.ä.,

- Einkommenssteuererklärungen und -bescheide (jeweils der letzten 3 Jahre),
- Nachweisen über eventuelle Nebeneinkünfte,
- Kontoauszügen.

Nehmen Sie *im Original mit (oder machen Sie wenigstens Kopien):*

- Sparbücher und Wertpapiere,
- Lebensversicherungen und Bausparverträge.

Nach der Trennung kann es unter Umständen schwierig werden, die erforderlichen Unterlagen vom Ehemann zu erhalten.

Fehlende Unterlagen müssen dann schriftlich angefordert werden (☞ Anwaltliche Hilfe).

Regelungen für die Trennungszeit

Während der Zeit der Trennung können Sie, wenn dies erforderlich wird, die Übertragung des Sorgerechts für Ihr Kind/Ihre Kinder auf sich verlangen (☞ Sorgerecht) und Unterhaltsansprüche für sich und die eventuell bei Ihnen lebenden Kinder geltend machen (☞ Unterhalt). Auch eine vorzeitige Aufteilung des Hausrates ist möglich (☞ Hausrat) und eine Entscheidung, wer in der Wohnung bleiben darf (☞ Wohnung). In Ausnahmefällen kann auch der Zugewinn vorzeitig aufgeteilt werden (☞ Zugewinn).

UMGANGSRECHT

Neuregelung

Umgangsrecht (Besuchsrecht) nennt man das Recht auch nach einer räumlichen Trennung mit einem Kind persönlich Kontakt zu halten. Auch nach der Trennung behält der Elternteil, der kein Sorgerecht ☞ hat, das Recht, das Kind zu sehen. Dieses Recht steht jedem Elternteil zu, auch dem nichtehelichen Vater (☞ Nichteheliche Lebensgemeinschaft) und auch weiteren Personen, zu denen das Kind intensive Bindungen hat, wie z. B. Großeltern, Geschwistern, Stiefeltern oder früheren Pflegeeltern, und zwar vor allem dann, wenn das Kind in der Vergangenheit einmal mit ihnen zusammengelebt hat.
Über die Ausgestaltung des Umgangsrechts wird nur auf besonderen Antrag entschieden, zumal das Sorgerecht nicht mehr zwingend Thema des Scheidungsverfahrens ist (☞ Sorgerecht).
Trotzdem sollten Sie auch in Zukunft klare Absprachen anstreben, wenn das Kind faktisch bei Ihnen lebt (es sei denn, Sie wissen aus Erfahrung, dass Sie sich – ohne große Probleme – auch kurzfristig mit Ihrem getrenntlebenden/geschiedenen Mann absprechen und sich auf ihn verlassen können):

- An welchen Tagen ist das Kind bei Ihrem Mann? Wann wird es abgeholt/zurückgebracht?
- Wie wollen Sie es in den Ferien und an (längeren) Feiertagsreihungen machen?
- Kann (und will) der andere Elternteil auch mal kurzfristig einspringen, wenn etwas Unvorhergesehenes eintritt (z. B. das Kind wird krank, Sie müssen überraschend arbeiten oder haben einen wichtigen Termin usw.)?

➲ Wenn Sie Probleme haben, sich über das Sorge- und Umgangsrecht zu einigen, können Sie sich in einer Familienberatungsstelle oder beim Jugendamt gemeinsam beraten lassen oder eine Familienmediation durchführen – und natürlich hilft Ihnen auch ihre (Scheidungs-)Anwältin (☞ Anwaltliche Hilfe).

Beschränkung des Umgangsrechts

Wenn sich Ihr Mann als unzuverlässig erweist oder Sie Anhaltspunkte haben, dass es dem Kind nicht guttut, bei Ihrem Mann zu sein, können Sie beim Familiengericht beantragen, dass das Umgangsrecht beschränkt oder ganz ausgeschlossen wird.
Das Familiengericht entscheidet über:

– den Umfang des Umgangsrechts,
– die Art des Umgangs und kann

Die für dieses Stichwort relevanten gesetzlichen Regelungen finden sie unter: Bürgerliches Gesetzbuch (§§ 1684 – 1687), S. 160

- (im Interesse des Kindes) das Umgangsrecht einschränken oder ganz ausschließen.

Bei seiner Entscheidung legt das Gericht die Häufigkeit und Dauer des Umgangs mit dem Kind fest, wobei das Alter, die seelische Verfassung und die sozialen Bezüge des Kindes berücksichtigt werden. In besonderen Fällen kann ein völliger Ausschluss des Umgangsrechtes gerechtfertigt sein, z. B.:

- wenn der Vater gegenüber seinem Kind gewalttätig war und ist,
- wenn er das Kind ständig negativ beeinflusst oder
- wenn das Kind selbst den Kontakt ablehnt und in einem Alter ist, in dem es vernünftige Entscheidungen in eigenen Angelegenheiten treffen kann.

Verfahren bei gerichtlicher Umgangsregelung

Das Verfahren wird durch einen formlosen Antrag beim Familiengericht, in dessen Bezirk das betroffene Kind lebt, eingeleitet. Für dieses Verfahren sieht das Gesetz eine Anhörung des Kindes vor:

- Kinder ab dem 14. Lebensjahr müssen gehört,
- Kinder unter 14 Jahren sollen angehört werden.

Die jüngeren Kinder hört das Gericht also nur an, wenn es dies für sinnvoll hält. Voraussetzung ist, dass das Kind aufgrund seiner Entwicklung dazu überhaupt in der Lage ist. Um zu ermitteln, was den Interessen des Kindes am ehesten entspricht, besteht nicht nur die Möglichkeit das Kind anzuhören, sondern das Gericht kann auch einen Bericht des Jugendamtes oder – ausnahmsweise – ein psychologisches Gutachten anfordern.

UNTERHALT

Im Unterhaltsrecht gelten zwei wichtige Grundsätze:

- Anspruch auf Unterhalt haben nur diejenigen, die sich selbst zu unterhalten außerstande sind, und
- verpflichtet, Unterhalt zu zahlen, ist nur derjenige, der seinen eigenen Unterhalt dadurch nicht gefährdet.

Das führt dazu, dass Sie eigenes Einkommen und sogar Vermögen vorrangig verwenden müssen, bevor ein Anspruch gegen andere erhoben werden kann. Nur minderjährige Kinder haben praktisch immer einen Unterhaltsanspruch gegen ihre Eltern (☞ Kindesunterhalt). Sie als Frau haben nur dann einen Unterhaltsanspruch, wenn Sie aus bestimmten Gründen nicht für sich selbst sorgen können (☞ Ehegattenunterhalt, Unterhalt nichtehelicher Mütter).

Ehegattenunterhalt

Einen Anspruch auf Ehegattenunterhalt nach einer Trennung oder nach einer Scheidung haben Sie:

- wenn Sie wegen der Pflege oder Erziehung eines gemeinsamen Kindes (☞ Betreuungsunterhalt) einer Erwerbstätigkeit nicht oder nur eingeschränkt nachgehen können oder
- aufgrund Ihres Alters, einer Krankheit oder Behinderung keine Arbeit finden können (☞ alters- und krankheitsbedingter Unterhalt);
- für die Zeit bis Sie eine angemessene Arbeit gefunden haben (☞ Erwerbslosenunterhalt) bzw. eine (unterbliebene oder abgebrochene) Ausbildung, Fortbildung oder Umschulung abgeschlossen haben (☞ Ausbildungsunterhalt); schließlich
- für eine Übergangszeit, wenn Ihr eigenes Einkommen nicht ausreicht, um Ihren gewohnten Lebensstandard aufrechtzuerhalten (☞ Aufstockungsunterhalt) und
- aus sogenannten Billigkeitsgründen ☞.

Unterhaltsarten:
Betreuungsunterhalt

Das Alter des zu betreuenden Kindes ist im Gesetz nicht festgelegt. Die Gerichte gehen in der Regel davon aus, dass die betreuende Person einer Teilzeitbeschäftigung nachgehen kann, wenn das jüngste von mehreren Kindern ca. 11 Jahre alt ist. Eine Vollzeitbeschäftigung wird erst erwartet, wenn die Kinder älter als 15 Jahre sind. Bei mehreren Kindern kann die Alters-

---

Die für dieses Stichwort relevanten gesetzlichen Regelungen finden sie unter: Bürgerliches Gesetzbuch (§§ 1569 – 1586 b, 1601 – 1651 o), S. 148 ff.; Zivilprozessordnung (§§ 642 – 659), S. 164 f.; Unterhaltsvorschussgesetz, S. 192

grenze heraufgesetzt werden. Auch bei Problemkindern und behinderten Kindern sind die Altersgrenzen nicht verbindlich. Die im Folgenden genannten Unterhaltsansprüche müssen zum Zeitpunkt der Scheidung bestehen oder dann, wenn der Anspruch auf Betreuungsunterhalt endet.

Alters- und krankheitsbedingter Unterhalt

Für den sogenannten Altersunterhalt gibt es keine fixe Altersgrenze; maßgeblich ist allein, ob die Annahme einer (angebotenen) Stelle – altersbedingt – von Ihnen noch erwartet werden kann. Jedenfalls nach Erreichen der Altersgrenze, die für die Rente ☞ gilt, ist das nicht mehr der Fall. Der Altersunterhalt kann sich an einen krankheitsbedingten Unterhalt anschließen. Auch bei diesem ist maßgeblich, ob Ihnen eine Arbeit – aufgrund Ihres Krankheitszustandes – zugemutet werden kann. Können Sie schwere Arbeiten nicht mehr verrichten, sind Sie u.U. verpflichtet leichtere auszuüben.

Erwerbslosenunterhalt

Anspruch auf Unterhalt besteht auch für die Zeit, bis Sie eine angemessene, das heißt Ihrer Ausbildung und Ihren Fähigkeiten entsprechende, Ihren Unterhalt nachhaltig, d.h. nicht nur vorübergehend, sichernde Erwerbstätigkeit gefunden haben. Der Anspruch ist naturgemäß von der Lage auf dem Arbeitsmarkt abhängig. Sie müssen nachweisen, dass Sie sich in jeder Weise intensiv bemüht haben, eine Arbeit zu finden.

Sie sollten deshalb unbedingt Ihre Bewerbungen sammeln. Nehmen Sie eine Arbeit an, die nicht »angemessen« ist, weil sie das Niveau Ihrer Qualifikation unterschreitet oder Ihren Unterhaltsbedarf nicht deckt, können Sie ergänzend einen Aufstockungsunterhalt ☞ geltend machen. Eventuell kann von Ihnen verlangt werden, dass Sie eine Aus-, Fort- oder Weiterbildung machen – auch dann haben Sie einen Unterhaltsanspruch ☞.

Ausbildungsunterhalt

Ausbildungsunterhalt kommt in Betracht, wenn Sie wegen der Ehe keine Ausbildung machen konnten oder eine Ausbildung abgebrochen haben. Wenn Sie eine weitergehende Ausbildung (z.B. Abitur, Studium) machen wollen, müssen Sie nachweisen, dass dies während des Zusammenlebens bereits geplant war, die Ausbildung Aussicht auf Erfolg verspricht und später Chancen auf dem Arbeitsmarkt bestehen.

Aufstockungsunterhalt

Wenn Sie mit Ihrem Einkommen nicht den Lebensstandard während der Ehe erreichen, können Sie einen sogenannten Aufstockungsunterhalt beantragen, was bedeutet, dass die Differenz zwischen dem Einkommen Ihres Mannes und Ihrem eigenen von ihm ausgeglichen werden muss.

Unterhalt aus Billigkeitsgründen

Ein Unterhaltsanspruch aus Billigkeitsgründen greift, wenn eine Versagung von Unterhalt, unter Berücksichtigung der Belange beider Ehegatten, grob ungerecht wäre, z.B. weil Sie jahrelang ein Kind oder Angehörige Ihres Mannes betreut, lange Jahre unentgeltlich im Betrieb Ihres Mannes mitgearbeitet oder ihn während einer Strafhaft unterstützt und ihm beigestanden haben.

Zeitliche Begrenzung und Ausschluss des Unterhaltsanspruchs

Wichtig für Sie zu wissen ist, dass im ersten Trennungsjahr von Ihnen keine Veränderung Ihrer Lebensumstände erwartet wird. Einzelne Unterhaltsarten können zeitlich aufeinanderfolgen, z.B. Betreuungsunterhalt und Unterhalt wegen Krankheit oder Erwerbslosenunterhalt und Altersunterhalt, meist müssen aber die Gründe schon bei der Scheidung oder – spätestens bei Wegfall des früheren Unterhaltsanspruchs – vorgelegen haben.
Der Unterhalt kann zeitlich begrenzt und danach auf einen angemessenen Lebensbedarf reduziert werden. Dies gilt nicht, wenn ein gemeinsames Kind betreut wird (☝ Betreuungsunterhalt). Berücksichtigt wird bei der Entscheidung die Dauer der Ehe und die Aufteilung von Haus- und Erwerbsarbeit. Bei längerer Ehedauer (etwa 12 Jahre) bzw. bei entsprechend langer Kinderbetreuung wird keine Befristung vorgenommen. Nur ausnahmsweise – bei einem schweren Fehlverhalten der Berechtigten – kann der Unterhalt auch herabgesetzt, befristet oder ganz versagt werden.

... wenn Sie mit einem anderen Mann zusammen wohnen

Wenn Sie mit einem anderen Mann zusammen wohnen, kann sich Ihr Unterhaltsanspruch wegen gemeinsamer und damit günstigerer Haushaltsführung vermindern. Leben Sie über längere Zeit (2 bis 3 Jahre) mit einem anderen Mann zusammen, ohne ihn zu heiraten, kann Ihr Unterhaltsanspruch auch wegfallen. Heiraten Sie erneut, entfällt Ihr Unterhaltsanspruch in jedem Fall, den Kindesunterhalt berührt Ihre Wiederverheiratung allerdings nicht. Lassen Sie sich erneut scheiden, kann der Anspruch gegen den »ersten« Ehemann wieder aufleben, wenn Sie nach wie vor ein gemeinsames Kind versorgen. Heiratet der Ehemann erneut, bleibt Ihr Unterhaltsanspruch und der Ihrer Kinder bestehen. Meistens wird Ihr Mann aber weniger zahlen müssen, z.B. weil weitere Kinder geboren werden, deren Vater er ist.

... bei grober Ungerechtigkeit

Unterhalt kann auch wegen grober Ungerechtigkeit ausgeschlossen werden z.B.:

- bei kurzer Ehedauer (2 bis 3 Jahre);
- wenn Ihnen ein Fehlverhalten gegen Ihren Mann oder die Familie vorzuwerfen ist, z.B.
  - eine Straftat oder
  - eine mutwillige Schädigung seines Vermögens oder
  - ein sonstiges schwerwiegendes Fehlverhalten (hier kann dann doch wieder ein »mutwilliges Verlassen« rechtserheblich werden) oder
  - die (gröbliche) Verletzung von Unterhaltspflichten;

- wenn Sie Ihre eigene Bedürftigkeit mutwillig oder leichtfertig herbeigeführt haben (z.B. Alkohol- und Drogenmissbrauch – ohne Bereitschaft zum Entzug).

Unterhalt errechnen:
Einkommensermittlung

Grundlage für die Errechnung des Unterhaltes sind die Einkommens- und Vermögensverhältnisse während der Ehe.

Um den Unterhalt zu errechnen, müssen Sie wissen, welches Nettoeinkommen Ihr Ehemann hat.

Auskunftspflicht

Nach dem Gesetz ist Ihr Ehemann verpflichtet, Ihnen Auskunft über sein Einkommen zu erteilen. Auf Verlangen muss er dazu Nachweise und Bescheinigungen vorweisen.

✍ Am besten fordern Sie (oder Ihre Anwältin ☞) ihn in einem – eingeschriebenen – Brief auf, innerhalb einer bestimmten Frist durch Belege sein Einkommen nachzuweisen und Unterhalt zu zahlen. Belege sind: z.B. Lohn- und Gehaltsbescheinigungen der letzten 12 Monate, der Steuerbescheid des letzten Jahres bzw. – bei Selbständigen – der letzten drei Jahre und eine Gewinn- und Verlustrechnung des laufenden Jahres. Verweigert der Ehemann die Auskunft, können Sie ihn vor dem Familiengericht verklagen, sobald die Frist für die Auskunfterteilung abgelaufen ist. Sie müssen dann allerdings das Einkommen schätzen und den Unterhaltsbetrag vorläufig festlegen.

Die Differenz bei zu wenig gefordertem Unterhalt muss nicht nachgezahlt werden. Es ist deshalb dringend angeraten, die Höhe des Unterhalts von einer Anwältin (korrekt) berechnen zu lassen, um nicht womöglich Geld zu verlieren (☞ Anwaltliche Hilfe). Eine Nachzahlung ist nur möglich, wenn Ihr Ehemann mit Zahlungen »in Verzug« ist, was voraussetzt, dass er zur Zahlung eines bestimmten Betrages, ab einem bestimmten Zeitpunkt, aufgefordert wurde.

✍ Deshalb ist es wichtig, den Unterhalt gleich nach der Trennung schriftlich zu verlangen, um wenigstens eine Ahnung davon zu haben, was Ihnen zusteht, bzw. was Ihr Mann verdient. Auch nach der Scheidung besteht noch ein – wechselseitiger – Auskunftsanspruch, in der Regel aber immer erst nach Ablauf von zwei Jahren, es sei denn, das Einkommen oder Vermögen hat sich wesentlich erhöht.

Was ist Einkommen?

Einkommen ist mehr als nur das monatliche Nettoeinkommen bzw. die es ersetzenden Lohnersatzleistungen wie Arbeitslosen- oder Krankengeld. Zum Einkommen gehören z.B. auch:

- Zulagen und Zuschläge, Spesen, Tantiemen und Sonderzahlungen (z.B. Weihnachtsgeld);
- Vorteile durch mietfreies Wohnen im eigenen Haus oder einer Dienstwohnung, durch verbilligtes Tanken oder Essensmarken;
- Steuerrückerstattungen u.v.a.m.

Was ist bereinigtes Nettoeinkommen?

Einer der größten Streitpunkte bei der Festlegung des Unterhaltes ist erfahrungsgemäß die Frage, wie hoch eigentlich das maßgebliche Einkommen des Unterhaltspflichtigen ist – und zwar nicht nur im Hinblick darauf, welche Einnahmen dazugehören, sondern auch, welche Ausgaben abgezogen werden dürfen. Das ist ein Dschungel, den nur noch Expertinnen und Experten durchschauen. Deshalb können hier nur einige Orientierungshilfen gegeben werden. Ihr Mann darf von seinem Einkommen – unterhaltsmindernd – z. B. abziehen:

Abzüge

- natürlich Steuern, Sozialversicherungsbeiträge und Werbungskosten, aber auch:
- Abzahlungen für ein Auto, das beruflich genutzt wird;
- Zinsen und Tilgungen für ein Haus, das von Ihnen und Ihren Kindern genutzt wird (sonst in der Regel nicht);
- Fahrt- und Übernachtungskosten, die anfallen, wenn Ihr Mann sein Besuchsrecht bei den Kindern ausübt;
- Kinderbetreuungskosten;
- Schulden ☞, die in der Ehe gemacht wurden und die – auch nach der Trennung – nach einem gemeinsamen Plan abgezahlt werden.

Die Schwierigkeit besteht darin, dass es bei allem sehr darauf ankommt, wann was zum Ansatz kommt: manche Dinge dürfen bis zur Scheidung abgezogen werden, aber nicht mehr danach; manche zwar dann, wenn es um Ihren Unterhalt geht, nicht aber, wenn es um den Unterhalt Ihrer Kinder geht. Wenn es bei der Einkommensfeststellung Probleme gibt, ist anwaltliche Hilfe (☞) dringend angeraten.

Bei den Schulden kommt es darauf an,

- wann und zu welchem Zweck sie gemacht wurden,
- ob Sie damit einverstanden waren,
- wer heute von den Ausgaben profitiert und
- ob sich die Rückzahlungsbedingungen evtl. verbessern lassen.

Fiktives Einkommen

Ihr Ehemann kann sich nicht dadurch seiner Unterhaltspflicht entziehen, dass er mutwillig sein Einkommen niedrig hält. Er muss alles Zumutbare unternehmen, um das notwendige Geld zu verdienen. Kündigt er z. B. sein Arbeitsverhältnis, weil er keinen Unterhalt zahlen will, wird er bei der Unterhaltsberechnung so eingestuft, als hätte er nicht gekündigt. Entzieht sich Ihr Mann seiner Unterhaltspflicht, macht er sich strafbar. Wenn Ihr Ehemann keinen Unterhalt bezahlt und Sie deshalb Sozialhilfe in Anspruch nehmen müssen, geht ihr Unterhaltsanspruch in Höhe der geleisteten Sozialhilfe auf den Sozialhilfeträger über. In Höhe der geleisteten Sozialhilfe kann das Sozialamt den Unterhaltsanspruch selbst einklagen.

Selbstbehalt

Gegenüber der getrenntlebenden Ehefrau und einem minderjährigen Kind darf der Ehemann von seinem Einkommen in der Regel 1.500,– DM selbst behalten, wenn er berufstätig ist. In einigen Regionen wird dieser Betrag herabgesetzt, wenn der Ehemann nicht erwerbstätig (z. B. arbeitslos) ist. Nach der Scheidung kann sich der Selbstbehalt – zu ungunsten der Frau – erhöhen. Ein erhöhter Selbstbehalt gilt auch für den Unterhaltsanspruch eines volljährigen Kindes. In manchen Gerichtsbezirken steigt die Höhe des Selbstbehalts mit der Höhe des Einkommens (☞ Düsseldorfer Tabelle) – nicht so im Oberlandesgerichtsbezirk Frankfurt am Main.
Ein Berechnungsbeispiel zum Unterhalt finden Sie auf der nächsten Seite.

Eigenes Einkommen und Vermögen

Keine bzw. geminderte Unterhaltsansprüche haben Sie, wenn Sie eigenes Einkommen oder Vermögen haben. Auch Vermögen müssen Sie grundsätzlich für Ihren Unterhalt verwenden. Der Teil des Vermögens in Höhe des Jahresbetrags des Unterhaltsanspruches bleibt jedoch in der Regel unberücksichtigt. Das Vermögen braucht nicht angegriffen zu werden, wenn dies unwirtschaftlich wäre, z. B. braucht ein Haus, das Sie bewohnen, nicht verkauft zu werden. Der Unterhaltsanspruch kann aber durch das mietfreie Wohnen gemindert werden.

Vorrang des Kindesunterhalts

Vom bereinigten Nettoeinkommen des Ehemannes wird in der Regel zuerst der Kindesunterhalt abgezogen. Der Restbetrag wird zwischen Ihnen und dem (erwerbstätigen) Ehemann aufgeteilt, wobei die Gerichte, je nach Region verschieden, Ihnen zwei Fünftel (Frankfurt am Main) oder drei Siebtel des zu verteilenden Einkommens zugestehen. Reicht das Einkommen des Ehemannes nicht aus, um den gesamten Unterhalt für Sie und die Kinder zu zahlen und seinen Selbstbehalt zu gewährleisten, werden die Unterhaltsbeträge prozentual gekürzt.

Vorsorgeunterhalt

Ab Zustellung des Scheidungsantrages muss Ihr (unterhaltspflichtiger) Ehemann Beiträge zur Renten- und Lebensversicherung (zur Altersvorsorge) zahlen; mit Rechtskraft der Scheidung muss er auch Beiträge zur Krankenversicherung zahlen (Vorsorgeunterhalt), sofern Sie nicht selbst sozialversicherungspflichtig beschäftigt sind – dann endet nämlich die »Familienversicherung« in der Krankenversicherung.

Ergänzende Sozialhilfe

Liegt der vom Ehemann zu zahlende Unterhalt unter dem Sozialhilfesatz, können Sie ergänzende Sozialhilfe beantragen (☞ Sozialhilfe).

Unterhalt für die Mutter eines nichtehelichen Kindes

Die Mutter eines nichtehelichen Kindes hat Anspruch auf Unterhalt gegen den Vater des Kindes, und zwar:

- für einen Zeitraum von sechs Wochen vor bis acht Wochen nach der Entbindung,

Vereinfachte Berechnung des Ehegattenunterhalts[1]

(Blankoberechnungsformular Seite 235)

Beispielsrechnung: Einkommen des Mannes 4.500 DM netto/Monat; Einkommen der Frau 630 DM/Monat (keine Sonderzahlungen), 2 Kinder (5, 10), die bei der Mutter leben, Kredit für ein Auto (250 DM), das vom Mann für die Arbeit gebraucht wird

	Berechnungsmodus (Sätze 1999)	Ehefrau	Ehemann	Ehefrau	Ehemann
Ehegattenunterhalt = Nettoeinkommen	Alle Einkünfte einschließlich Weihnachtsgeld, Urlaubsgeld, Zulagen, Steuerrückerstattungen, abzüglich Steuern und SV-Beiträge umgerechnet auf einen Monat <u>oder</u> vereinfacht: monatliches Nettoeinkommen x 13 : 12 jeweils plus Kindergeld	630 DM	4.875 DM		
– Werbungskosten	Arbeitsmittel, Fahrten zur Arbeit, Gewerkschaftsbeiträge. Pauschal: 5% des Nettoeinkommens (mindestens 90 und höchstens 260 DM)	– 90 DM	– 244 DM		
– ehebedingte Schulden	gemeinsamer Entschluss, kommt allen zugute		– 250 DM		
= bereinigtes Nettoeinkommen		540 DM	4.381 DM		
– Kindesunterhalt	nach der Düsseldorfer Tabelle (bei der Berechnung des Ehegattenunterhalts wird das Kindergeld nicht abgezogen)		1.041 DM		
= maßgebliche Beträge		540 DM	3.340 DM		
Einkommensdifferenz			2.800 DM		
x 3 : 7			1.200 DM		
= Elementarunterhalt					
+ Vorsorgeunterhalt	Beiträge zur Kranken-, Pflege-, Rentenversicherung (z.Zt. etwa 35% des Einkommens, wobei die Hälfte vom Arbeitgeber getragen wird)		420 DM		
Selbstbehaltsgrenze unterschritten?	siehe Düsseldorfer Tabelle (einkommensabhängig; mindestens 1.300 DM, wenn der unterhaltspflichtige Ehegatte arbeitslos ist bzw. 1.500 DM, wenn er oder sie arbeitet)		ja hier: 2.000 DM		
Maximaler Unterhaltsbetrag			1.340 DM		

<u>Ergebnis:</u> Die Ehefrau erhält maximal etwa 1.340 DM Ehegattenunterhalt und 1.041 DM Kindesunterhalt (hier: abzüglich des hälftigen Kindergeldes)

[1] Diese Berechnungen sind eine (ungefähre) Orientierungshilfe. Eine genaue Berechnung muss durch die zuständigen Stellen bzw. Anwältinnen erfolgen.

- wenn sie durch eine Krankheit, die durch die Schwangerschaft oder die Entbindung verursacht wurde, nicht zu einer Erwerbstätigkeit in der Lage ist,
- soweit von ihr eine Erwerbstätigkeit wegen der Kinderbetreuung nicht erwartet werden kann.

Die beiden zuletzt genannten Unterhaltsansprüche sind auf einen Zeitraum von vier Monaten vor bis drei Jahre nach der Geburt begrenzt. Der Unterhaltsanspruch kann mit anderen Unterhaltsansprüchen kollidieren, z.B. weil der Mann noch weitere Kinder hat oder weil die Mutter – aus anderen Gründen – selbst Unterhalt bezieht. Solche Unterhaltsansprüche gehen in der Regel vor. In diesem Fall empfiehlt es sich, anwaltliche Hilfe ☞ einzuholen.

Kindesunterhalt

Leben die Kinder im Haushalt der Mutter, haben sie einen Anspruch auf Unterhalt gegenüber ihrem Vater. Unterhalt in Geld muss immer der Elternteil zahlen, mit dem das Kind nicht zusammenlebt, das ist in der Regel immer noch der Vater. Der betreuende Elternteil erfüllt, so sagt es das Gesetz, seine Unterhaltspflicht dagegen durch die Pflege und Erziehung des Kindes. Das gilt auch, wenn das gemeinsame Sorgerecht besteht, das Kind aber eher bei der Mutter lebt.

Das Gesetz kennt zwei Arten des Barunterhalts, die sich der Höhe nach deutlich unterscheiden können:

- den Regelunterhalt ☞, der in einem vereinfachten Verfahren festgesetzt werden kann, und
- den individuellen, nach den persönlichen Verhältnissen der Eltern berechneten Unterhalt ☞.

Einen Unterschied zwischen ehelichen und nichtehelichen Kindern gibt es zukünftig nicht mehr.

Und noch eine Neuerung: Kindesunterhalt muss zukünftig rückwirkend ab dem Zeitpunkt gezahlt werden, zu dem Sie Ihren Mann aufgefordert haben Ihnen zu sagen, welches Einkommen und Vermögen er hat.

✍ Das machen Sie deshalb am besten schriftlich, am besten mit einem eingeschriebenen Brief. Um den Unterhalt von Ihrem Mann wirklich einfordern zu können, brauchen Sie einen sogenannten »Titel«; er erlaubt Ihnen, Ihren Mann – mit Hilfe des Gerichtsvollziehers oder durch eine Pfändung – zur Zahlung zu zwingen.

➲ Wenn es keinen Streit um die Höhe des Unterhalts gibt, kann eine solche »vollstreckbare Urkunde«, mit der die Unterhaltshöhe verbindlich festgelegt wird, auch vom Jugendamt ☞ ausgefertigt werden (die Beurkundung beim Jugendamt kostet – anders als beim Notar – nichts). Der Unterhaltsverpflichtete muss dazu eine entsprechende Erklärung beim Jugendamt abgeben.

Lassen Sie sich trotzdem vorher beraten (☞ Anwaltliche Hilfe), damit Sie nicht – unwissentlich – auf einen Teil des Unterhaltes verzichten. Vor allem dann, wenn es Schwierigkeiten mit Ihrem Mann gibt, muss das Gericht ☞ entscheiden: sei es, dass er Ihnen nicht sagen will, was er wirklich verdient, sei es, dass er sich weigert, rechtsverbindliche Erklärungen abzugeben, sei es, dass er sich im Ausland aufhält oder sonst für Sie unerreichbar ist. Das Gericht hat nämlich, anders als das Jugendamt, die Möglichkeit, Auskunft zu verlangen und, wenn eine entsprechende Aufforderung nicht befolgt wird, selbst Auskünfte bei Arbeitgebern und (Sozial-)Versicherungen einzuholen.

Regelunterhalt

Der Regelunterhalt ist eine Art Minimalunterhalt für minderjährige Kinder.

Wenn der unterhaltspflichtige Elternteil, meist der Vater, mehr verdient, kann deshalb auch mehr Unterhalt verlangt werden (☞ Individualunterhalt). Nur in seltenen Ausnahmefällen darf weniger als der Regelunterhalt gezahlt werden, dann nämlich, wenn andernfalls der Selbstbehalt ☞ des Unterhaltspflichtigen gefährdet wäre.

Zur Zeit beträgt der Regelunterhalt West für ein Kind

- bis zu seinem 6. Geburtstag 355,– DM,
- bis zum 12. Geburtstag 431,– DM und
- bis zum 18. Geburtstag 510,– DM.

Kinder über 18 Jahre, die noch zur Schule gehen, können bis zum 21. Lebensjahr Unterhalt von dem Elternteil verlangen, mit dem sie nicht zusammenleben. Wenn das Kindergeld (☞) an Sie ausgezahlt wird, darf der halbe Kindergeldbetrag vom Regelunterhalt abgezogen werden.

§ Die Regelbeträge werden zukünftig (erstmals am 1. Juli 1999) alle zwei Jahre angepasst. Der zu zahlende Regelunterhalt erhöht sich dadurch automatisch. Zahlt der Vater Ihres Kindes keinen oder nur unregelmäßig Unterhalt können Sie den Regelunterhalt als Unterhaltsvorschuss ☞ vom Jugendamt erhalten.

Vereinfachtes Verfahren

Für die Festsetzung des Regelunterhalts (sogar bis zum eineinhalbfachen des Regelunterhalts) stellt das Gesetz ein vereinfachtes Verfahren zur Verfügung. Der Antrag muss bestimmte Angaben enthalten:

- die Namen der Parteien und der gesetzlichen Vertreter, (Vorsicht: Partei ist Ihr Kind),
- das Geburtsdatum des Kindes,
- die Angabe, ab wann Unterhalt verlangt wird und – bei rückwirkendem Unterhalt – wann genau Sie den Vater des Kindes zur Auskunft über sein Einkommen aufgefordert haben sowie die Versicherung, dass Sie in dieser Zeit keine Soziallei-

stungen (☞ Sozialhilfe, ☝ Unterhaltsvorschuss) für das Kind erhalten haben,
- Angaben über das Kindergeld, vor allem, an wen es ausgezahlt wird,
- die Erklärung, dass der verklagte Mann der Vater des Kindes ist und dass das Kind mit Ihnen in einem Haushalt lebt,
- die Erklärung, dass Sie noch keinen anderen »Titel«, wie z.B. eine vollstreckbare Urkunde des Jugendamtes, haben.

✍ Inzwischen gibt es einheitliche Vordrucke für die Einreichung der Klage, dadurch wird der Antrag sicher viel einfacher.

Das Gericht teilt dem Mann dann mit, ab wann und in welcher Höhe der Unterhalt festgesetzt werden kann. Dieser hat zunächst nur die Möglichkeit ganz bestimmte Einwände, die vor allem das Verfahren selbst betreffen, zu erheben. Andere Einwände kann er nur geltend machen, wenn er gleichzeitig sagt, was er zahlen will, und sich dazu auch verpflichtet. Vor allem den Einwand, er habe gar nicht so viel Geld, um den Regelunterhalt zu zahlen, darf er nur vorbringen, wenn er gleichzeitig alle erforderlichen Belege einreicht. Werden keine oder nur formale Einwände erhoben, kann – ohne mündliche Verhandlung – der Regelunterhalt festgesetzt werden. Werden Einwände zur Leistungsfähigkeit erhoben, wird – auf Ihren Antrag – zumindest der Betrag festgesetzt, zu dem sich der beklagte Vater selbst verpflichtet hat. In diesem Fall bleibt Ihnen aber noch die Möglichkeit, das sogenannte »streitige Verfahren« zu beantragen, in dem geklärt wird, wieviel Einkommen und Vermögen der Vater Ihres Kindes tatsächlich zur Verfügung hat. Im übrigen sind spätere Änderungen nur möglich, wenn sich ein – für die Höhe des Unterhalts – maßgeblicher Umstand geändert hat.

Wenn sich der Regelunterhalt erhöht, weil:
- Ihr Kind in eine andere Altersstufe gekommen ist oder
- die gesetzlichen Regelbeträge sich geändert haben,

erhöht sich der zu zahlende Unterhalt automatisch, ohne dass der Gerichtsbeschluss extra abgeändert werden muss.

Nichteheliche Kinder

Für nichteheliche Kinder gilt noch eine Besonderheit: Gleichzeitig mit der Feststellung der Vaterschaft (☞ nichteheliche Lebensgemeinschaft) wird der Vater – auf Antrag – auch »verurteilt«, den Regelunterhalt ☝ zu zahlen.

Individualunterhalt

Wollen Sie mehr als nur den Regelunterhalt – und kann der Vater Ihres Kindes auch mehr bezahlen, dann besteht die Möglichkeit, einen höheren Unterhalt geltend zu machen – und zwar sowohl für eheliche wie für nichteheliche Kinder. Auch dieser individuelle Unterhalt ist ein pauschalierter Betrag. Anders als der Regelunterhalt ☝ richtet er sich nicht nur nach dem

Alter des Kindes, sondern auch nach dem Einkommen des Unterhaltspflichtigen.

§ Von den meisten Gerichten wird zur Festlegung der Unterhaltshöhe die sogenannte Düsseldorfer Tabelle ☞ benutzt. Zur Ermittlung des Individualunterhaltes muss zunächst das bereinigte Nettoeinkommen ☞ des Unterhaltspflichtigen, also des Elternteils, bei dem das Kind nicht lebt, festgestellt werden. Erst dann kann anhand der Einkommensgruppen der Düsseldorfer Tabelle die Höhe des Unterhaltes ermittelt werden. Die Düsseldorfer Tabelle ☞ ist für den Modellfall von drei unterhaltsberechtigten Personen: Frau und zwei Kinder entwickelt worden. Für den Fall, dass nur ein Kind zu versorgen ist, wird der Unterhaltspflichtige in die nächst höhere Einkommensgruppe eingestuft, bei drei und mehr Kindern in die nächst tiefere. Wenn Sie für sich selbst keinen Unterhalt erhalten, kann eine Höhergruppierung um zwei Stufen in Frage kommen.

§ Es ist möglich, den Unterhalt nicht als einen bestimmten Betrag festzusetzen, sondern als Prozentsatz des Regelunterhalts ☞. Dieses Verfahren hat den Vorteil, dass der Unterhalt automatisch steigt, wenn die Regelbeträge alle zwei Jahre neu festgesetzt werden.

Dem Unterhaltspflichtigen muss ein gewisser Mindestbetrag, der sogenannte Selbstbehalt ☞, verbleiben.

Das Kindergeld ☞ steht den Eltern zu gleichen Teilen zu. Wenn das Kindergeld an Sie ausgezahlt wird, darf deshalb Ihr Mann die Hälfte des Kindergeldes von dem Unterhalt abziehen, den er zu zahlen hat.

Eigenes Einkommen eines Kindes, wie z.B. eine Ausbildungsvergütung, ist bei der Unterhaltsberechnung zu berücksichtigen; ebenso Vermögenserträge – wie z.B. Zinsen, Dividenden, Mieteinnahmen. Entstehen für das Kind besonders hohe Kosten, z.B. wegen Behinderung oder Ausbildung, so kann entsprechend höherer Unterhalt verlangt werden. Gleiches gilt bei einmaligen besonderen Belastungen – wie z.B. bei Krankheit, Einschulung, Klassenfahrten etc.

Ist das Kind volljährig, muss es seinen Unterhaltsanspruch selbst geltend machen. In diesem Fall wird der Unterhalt auch anders berechnet als bei minderjährigen Kindern.

Unterhaltsvorschuss

Zahlt der Vater Ihres ehelichen oder nichtehelichen Kindes keinen oder nur unregelmäßig Unterhalt, können Sie, falls Ihr Kind das 12. Lebensjahr noch nicht vollendet hat, den Regelunterhalt als Leistung nach dem Unterhaltsvorschussleistungsgesetz (UVG) vom Jugendamt erhalten; das Jugendamt versucht dann, sich das Geld vom Vater Ihres Kindes zurückzuholen. Der Unterhaltsvorschuss wird für längstens 6 Jahre gezahlt.

Düsseldorfer Tabelle (Stand: 1. Juli 1999)

	Nettoeinkommen des Barunterhaltspflichtigen (Anm. 3, 4)	Altersstufen in Jahren (§ 1612a III BGB)				Vomhundertsatz	Bedarfskontrollbetrag (Anm. 6)
		0 – 5	**6 – 11**	**12 – 17**	**ab 18**		
1.	bis 2.400	355	431	510	589	100	1.300/1.500
2.	2.400 – 2.700	380	462	546	631	107	1.600
3.	2.700 – 3.100	405	492	582	672	114	1.700
4.	3.100 – 3.500	430	522	618	713	121	1.800
5.	3.500 – 3.900	455	552	653	754	128	1.900
6.	3.900 – 4.300	480	582	689	796	135	2.000
7.	4.300 – 4.700	505	613	725	837	142	2.100
8.	4.700 – 5.100	533	647	765	884	150	2.200
9.	5.100 – 5.800	568	690	816	943	160	2.350
10.	5.800 – 6.500	604	733	867	1.002	170	2.500
11.	6.500 – 7.200	639	776	918	1.061	180	2.650
12.	7.200 – 8.000	675	819	969	1.120	190	2.800
13.	über 8.000	nach den Umständen des Falles					

Anmerkung:
Die Tabelle weist monatliche Unterhaltsrichtsätze aus, bezogen auf einen gegenüber einem Ehegatten und zwei Kindern Unterhaltspflichtigen.

Anspruch haben auch eheliche oder nichteheliche Kinder ohne deutsche Staatsangehörigkeit, wenn sie in Deutschland leben und sie oder ihre Eltern eine Aufenthaltsberechtigung oder -erlaubnis haben.
Die Höhe des Unterhaltsvorschusses entspricht dem Regelunterhalt nichtehelicher Kinder (Düsseldorfer Tabelle). Eigenes Einkommen bleibt in diesem Fall unberücksichtigt. Das Kindergeld wird zur Hälfte angerechnet.

➲ Den Antrag auf Unterhaltsvorschuss müssen Sie beim zuständigen Jugendamt stellen; dieses muss Ihnen auch helfen, den Unterhalt beim Vater des Kindes geltend zu machen.
Der Staat zahlt wie gesagt höchstens sechs Jahre lang. Dabei bleibt die Höhe des eigenen Einkommens unberücksichtigt. Die Höhe des Unterhaltsvorschusses entspricht dem Regelungsunterhalt (= 1. Stufe der Düsseldorfer Tabelle). Das Kindergeld wird zur Hälfte angerechnet.

VERSORGUNGSAUSGLEICH

Begriff

Der Versorgungsausgleich ist eine mit der Scheidung ☞ notwendig verbundene Folgesache und bezeichnet den Ausgleich der während der Ehezeit von beiden Ehepartnern erworbenen Rentenanwartschaften. Bei einer Scheidung sollen beide Ehepartner im Hinblick auf die während der Ehe erworbenen Rentenanwartschaften gleichgestellt werden. Ausgleichspflichtig ist der Ehegatte, der während der Ehezeit die höheren Versorgungsanwartschaften erworben hat. Dabei ist die Hälfte des Wertunterschiedes auszugleichen, genaugenommen wird – durch Gerichtsbeschluss – vom Rentenkonto desjenigen Ehepartners, der mehr Anwartschaften erworben hat, ein Ausgleichsbetrag auf das Rentenkonto des anderen übertragen. Mit dieser Regelung von 1977 sollen die rentenrechtlichen Nachteile einer Hausfrauenehe ausgeglichen werden.

Einbezogene Rentenanwartschaften

Im Rahmen der Scheidung wird ermittelt, welche Versorgungsanwartschaften im Hinblick auf Alter, Berufs- oder Erwerbsunfähigkeit von beiden Ehepartnern während der Ehe erworben wurden. In die Berechnung gehen alles in der Zeit ab der Heirat bis zu dem Monat, der der Zustellung des Scheidungsantrages vorausgeht, erworbenen Anwartschaften aus gesetzlichen, beamtenrechtlichen oder sonstigen berufsständischen Altersversorgungen sowie Lebensversicherungen auf Rentenbasis ein.

Nicht in den Versorgungsausgleich fallen Lebensversicherungen, die nicht auf Rentenbasis abgeschlossen sind (eine häufige Altersvorsorge bei Selbständigen). Sie können allenfalls beim Zugewinn ☞ berücksichtigt werden.

Durchführung des Ausgleichs

Am einfachsten ist es, wenn beide Ehepartner in der gesetzlichen Rentenversicherung (LVA, BfA oder Bundesknappschaft) versichert sind. Rentenanwartschaften in Höhe der Hälfte des Wertunterschiedes werden vom Versicherungskonto des Ausgleichspflichtigen auf das Versicherungskonto des Ausgleichsberechtigten übertragen. Wenn der Ausgleichsberechtigte noch kein Rentenkonto hat, wird ein solches eingerichtet.

Beamtenrechtliche Versorgungsanwartschaften werden ebenfalls durch Übertragung von Anwartschaften in Höhe der Hälfte des Wertunterschiedes auf das (ggfs. einzurichtende) Versicherungskonto der/des Ausgleichberechtigten bei der LVA bzw. BfA ausgeglichen. Bei Betriebsrenten, die schon unverfallbar sind

---

Die für dieses Stichwort relevanten gesetzlichen Regelungen finden sie unter: Bürgerliches Gesetzbuch (§ 1587), S. 136

(in der Regel bei einem Mindestalter von 35 Jahren und einer Betriebszugehörigkeit von mindestens 10 Jahren) kann ein Ausgleich bis zu derzeit 82,60 DM monatlich über die gesetzliche Rentenversicherung (BfA, LVA) erfolgen. Ein darüber hinausgehender Betrag muss, wenn dem Ausgleichsverpflichteten finanziell zumutbar – durch Kauf von Rentenanwartschaften in der gesetzlichen Rentenversicherung für die Berechtigte/den Berechtigten ausgeglichen werden. Falls der Ausgleichsverpflichtete diesen Betrag nicht aufbringen kann, können auch Ratenzahlungen vom Gericht bewilligt bzw. ein Ausgleich erst dann vorgenommen werden, wenn beide Ehegatten Rente beziehen, und zwar durch Zahlung des entsprechenden noch nicht ausgeglichenen Rentenanwartschaftsbetrages in Form einer monatlichen Rente, die der Ausgleichsverpflichtete an die Ausgleichsberechtigte zu zahlen hat (☞ Schuldrechtlicher Versorgungsausgleich).

✍ Sowohl Sie als auch Ihr Mann erhalten vom Familiengericht einen Fragebogen, in dem alle Rentenansprüche, Zusatzversorgungen und Lebensversicherungen auf Rentenbasis erfragt werden. Um das Scheidungsverfahren nicht zu verzögern, sollte der Bogen möglichst schnell zurückgesandt werden.

Überprüfen Sie die Angaben Ihres Mannes gründlich und weisen Sie Ihre Anwältin auf fehlende Angaben hin; der ausgefüllte Fragebogen wird entweder Ihnen oder Ihrer Anwältin zugesandt.

Falls Ihr Mann die Rückgabe des Fragebogens verzögert, fragen Sie bei Gericht oder bei Ihrer Anwältin nach; eventuell kann ein Zwangsgeld gegen Ihren Mann verhängt werden.

Die Anwartschaften aus dem Versorgungsausgleich können Sie – vor und nach der Ehe – durch eigene Rentenbeiträge, z. B. bei Berufstätigkeit, ausbauen. Einmal übertragene Rentenanwartschaften können Ihnen nicht wieder weggenommen werden.

Schuldrechtlicher Versorgungsausgleich

Kann ein Ausgleich der Rentenanwartschaften nicht mit der Scheidung erfolgen, findet der Ausgleich im Rentenalter statt (schuldrechtlicher Versorgungsausgleich). Der Antrag auf schuldrechtlichen Versorgungsausgleich muss dann im Rentenalter beim Amtsgericht (Familiengericht) gestellt werden.

Das gleiche gilt, wenn der Ausgleichsverpflichtete ausländische Rentenanwartschaften hat, z. B. weil er zunächst in seinem Heimatland und dann in Deutschland in eine Rentenversicherung eingezahlt hat.

Diese Form des Versorgungsausgleichs bedeutet einen Rentenanspruch gegen den Ausgleichsverpflichteten, der aber selbst durchgesetzt werden muss und viel unsicherer ist als der Ausgleich bei der Scheidung selbst (☞ Anwaltliche Hilfe).

Abtrennung, Ausschluss und Verzicht

Nur in Ausnahmefällen kann das Familiengericht – auf Antrag – das Verfahren über den Versorgungsausgleich abtrennen, und Sie können vor der Klärung des Versorgungsausgleichs geschieden werden. Der Versorgungsausgleich zugunsten des Ehemannes kann auf Antrag vom Familiengericht ganz oder teilweise ausgeschlossen werden, z. B. wenn dieser nicht zum Familienunterhalt beigetragen hat und Sie berufstätig waren und gleichzeitig die Kinder betreut haben (grobe Unbilligkeit). Möglich ist auch ein Verzicht auf den Versorgungsausgleich, der aber notariell beurkundet werden muss. Wurde ein solcher Verzicht weniger als ein Jahr vor Einreichung des Scheidungsantrages erklärt, ist eine Genehmigung des Familiengerichts notwendig.

Bei einer Scheidung auf den Versorgungsausgleich zu verzichten, ist gefährlich (☞ Anwaltliche Hilfe), weil dadurch die Altersabsicherung reduziert wird.

Bei ausländischen Ehepartnern kann, wenn deutsches Scheidungsrecht nicht zur Anwendung kommt (☞ Migrantinnen, binationale Partnerschaften), auf besonderen Antrag ein Versorgungsausgleich durchgeführt werden. Voraussetzung ist, dass einer oder beide Rentenanwartschaften in Deutschland erworben haben. Dies gilt auch, wenn ein Versorgungsausgleich im heimatlichen Scheidungsrecht nicht existiert. Ein solcher Antrag kann in Deutschland selbst dann noch gestellt werden, wenn die Ehe bereits im Heimatland geschieden wurde.

WOHNGELD

Wohngeld wird als Mietzuschuss oder Lastenzuschuss gewährt, je nachdem, ob Sie eine Miet- oder eine Eigentumswohnung bewohnen. Der Zuschuss richtet sich nach der Miethöhe, dem Familieneinkommen und der Zahl der Familienangehörigen in einem Haushalt.

Wohngeldberechtigte

Wenn Sie laufende Hilfe zum Lebensunterhalt (☞ Sozialhilfe) beziehen, steht Ihnen automatisch Wohngeld zu, das mit der Sozialhilfe verrechnet wird. Ansonsten hängt die Frage, ob und in welcher Höhe Sie Wohngeld in Anspruch nehmen können, von drei Faktoren ab:

- Zahl der zu Ihrem Haushalt gehörenden Familienmitgliedern,
- Höhe des Familieneinkommens ☞ und
- Höhe der zuschussfähigen Miete ☞ bzw. – wenn Ihnen die Wohnung/das Haus gehört – der monatlichen Belastungen.

Antragstellung

Das Wohngeld muss bei der jeweiligen Gemeinde-, Stadt-, oder Kreisverwaltung beantragt werden. Diese Stelle ist verpflichtet, Sie zu beraten. Dort erhalten Sie auch das Antragsformular. Für die vollständige Antragstellung benötigen Sie folgende Unterlagen:

- Mietvertrag
- Einkommensnachweise für alle im Haushalt lebenden Personen – z.B. Verdienstbescheinigungen und Steuerbescheide, Bescheide über die Höhe des Arbeitslosengeldes, der Arbeitslosen-, oder Sozialhilfe, Belege über Unterhaltszahlungen, Kindergeld usw.

Es ist wichtig, den Antrag auf Wohngeld sofort nach Beziehen der neuen Wohnung zu stellen, oder noch besser, wenn Sie den neuen Mietvertrag unterschrieben haben, da das Wohngeld nicht rückwirkend bezahlt wird, sondern erst ab Beginn des Monats, in dem der Antrag gestellt würde. Das Wohngeld wird in der Regel für 12 Monate bewilligt. Danach muss ein Wiederholungsantrag gestellt werden.

Einkommensermittlung

Der Wohngeldbewilligung liegt eine differenzierte Einkommensermittlung zugrunde: maßgeblich sind die gesamten Jahreseinnahmen aller zum Haushalt gehörenden Familienmitglieder. Familienmitglieder sind Ehepartner, verwandte und verschwägerte Personen sowie Pflegekinder – auch wenn sie vorübergehend abwesend sind. Als Haushalt gilt die Wohn-

und Wirtschaftsgemeinschaft; es kommt also nicht nur auf das gemeinsame Wohnen, sondern auch die gemeinsame Haushaltskasse an.

Von dem ermittelten Familieneinkommen können bestimmte Beträge abgesetzt werden – wie z. B.:

- verschiedene Pauschalen z. B. für arbeitsbedingte Aufwendungen, gesetzliche Unterhaltsverpflichtungen, Familienfreibeträge usw. sowie
- einzelne soziale Beihilfen.

Kein Wohngeldanspruch besteht, wenn das monatliche Familieneinkommen in DM (netto-ähnlich) folgende Grenzen überschreitet:

Personenzahl	Höchstzulässiges Familieneinkommen
1	1.420,–
2	2.000,–
3	2.480,–
4	3.260,–
5	3.660,–
6	4.000,–
7	4.320,–
8	4.640,–

Berücksichtigungsfähige Miete

Miete sind die Kaltmiete und die Umlagen; Kosten für Zentralheizung und Warmwasser können nicht eingerechnet werden. Berücksichtigungsfähig ist zunächst nur der Mietanteil, der auf Räume entfällt, die von Familienmitgliedern zu Wohnzwecken genutzt werden; gewerblich oder durch Dritte genutzte Räume bleiben außer Betracht. Mieten und Belastungen, die einen bestimmten Höchstbetrag übersteigen, bleiben ebenfalls außer Betracht. Diese Höchstbeträge richten sich nach

- Alter der Wohnung,
- Ausstattung der Wohnung (Sammelheizung, Bad/Dusche),
- Mietstufen der Gemeinde, in der sich die Wohnung befindet, und
- der Zahl, der zum Haushalt gehörenden Familienmitglieder.

Die Broschüre »Wohngeld« gibt Auskunft darüber, wann und in etwa wieviel Wohngeld gezahlt wird. Sie ist bei den Wohnungsämtern zu erhalten oder kann über das Presse- und Informationsamt der Bundesregierung, 53105 Bonn, angefordert werden.

Weitere Informationen erhalten Sie auch in der Broschüre des Mieterbundes, Verlagsgesellschaft des Deutschen Mieterbundes mbH, Mühlenbach 49, 50926 Köln.

WOHNUNG

Ehewohnung

Am einfachsten ist es, wenn Sie sich mit Ihrem Ehemann bezüglich der Wohnung gütlich einigen können. Es ist zu klären, wer den Mietvertrag unterschrieben hat. Wollen Sie allein in der Wohnung bleiben, und beide Ehepartner haben den Mietvertrag unterschrieben, sollte Ihr Mann versuchen, im Einvernehmen mit dem Vermieter aus dem Mietvertrag entlassen zu werden. Ist Ihr Mann Alleinmieter, besteht die Möglichkeit, dass die Wohnung auf Ihren Namen umgeschrieben wird. Weigert sich der Vermieter, kann das Familiengericht auf Antrag für die Zeit nach der Scheidung die Wohnung zuweisen und den Mietvertrag damit entsprechend ändern.

Zuweisung

Wollen Sie in der Wohnung bleiben, und der Ehemann weigert sich auszuziehen, besteht die Möglichkeit, ihn mit Hilfe eines richterlichen Beschlusses zum Auszug zu zwingen. Das Recht zur alleinigen Nutzung der – ehemaligen – Ehewohnung durch Sie (und Ihre Kinder) kann schon vor oder während des Scheidungsverfahrens vom Familiengericht angeordnet werden. Dazu müssen allerdings schwerwiegende Gründe für die Trennung angegeben und bewiesen werden, wie z.B die eigene Gefährdung oder die eines Kindes. Außerdem sollten Sie Gründe darlegen, weshalb Sie glauben, dass Ihnen und dem Kind die Wohnung eher zusteht, z.B. Kindergarten und Schule sind in der Nähe gelegen, Freunde des Kindes leben in der Nachbarschaft, eventuell die Nähe zu Ihrem Arbeitsplatz usw.

Dem Ehemann muss auf jeden Fall eine Ausweichmöglichkeit bleiben. Es reicht, wenn eine vorübergehende Unterkunft bei einem Freund oder den Eltern zur Verfügung steht. Jedenfalls wird Ihrem Ehemann vom Gericht in der Regel eine Frist eingeräumt, um sich eine neue Wohnung oder Unterkunft zu suchen.

Es ist in der Praxis nicht einfach, einen Wohnungszuweisungsbeschluss zu bekommen. Das Gericht trifft eine derartige Entscheidung nur bei wirklich gravierenden Vorfällen und nach gründlicher Abwägung der Interessen aller Beteiligten. Sie sollten sich deshalb auf jeden Fall mit einer Anwältin beraten oder sogar von ihr vertreten lassen (☞ Anwaltliche Hilfe), wenn Sie den Antrag stellen wollen.

Häufig machen die Richter den Vorschlag, doch zunächst innerhalb der Ehewohnung getrennt zu leben (☞ Trennung). Die

---

Die für dieses Stichwort relevanten gesetzlichen Regelungen finden sie unter: Bürgerliches Gesetzbuch (§ 1361 b), S. 148; Zivilprozessordnung (§ 630), S. 164; Hausratsverordnung, S. 168

Entscheidung über die Zuweisung der Wohnung während des Getrenntlebens hat nur einstweiligen Charakter. In der Regel wird jedoch bei der Scheidung dieser Beschluss bestätigt. Die Zuweisung ist auch mit etwas mehr Aufwand bei Dienst-, Werks- und Genossenschaftswohnungen möglich, sogar dann, wenn nur Ihr Mann Mieter (oder Eigentümer) der Wohnung ist. Auch wenn Sie die Wohnung vorübergehend verlassen mussten und nun z.B. im Frauenhaus ☞ wohnen, können Sie von dort aus einen Antrag auf Zuweisung der Wohnung stellen. Wenn Ihre Wohnsituation unerträglich ist, kann ein Eilantrag gestellt werden. Sie sollten sich auf jeden Fall mit einer Anwältin beraten (☞ Anwaltliche Hilfe).

Entlassung aus dem bisherigen Mietvertrag

Entschließen Sie sich auszuziehen und möchten nicht mehr in Ihre Wohnung zurück, sollten Sie versuchen aus dem Mietvertrag herauszukommen. Das geht nur mit Zustimmung des Vermieters.

✍ Sie müssen sich mit dem Vermieter schriftlich einigen.

💣 Für die Miete haften Sie, wenn Sie – allein oder mit Ihrem Ehemann – den Mietvertrag unterschrieben haben oder sollte es ausnahmsweise keinen schriftlichen Mietvertrag geben, wenn Sie die Modalitäten mit dem Vermieter mündlich vereinbart haben (z.B. Miethöhe, Nutzungsdauer u.ä.).

Schwere Härte

Eine Entscheidung über die Nutzung der Ehewohnung ist möglich, um eine schwere Härte zu vermeiden. Eine solche liegt vor, wenn es zu:

- schwerer und wiederholter körperlicher Misshandlung von Familienmitgliedern oder
- schweren Beleidigungen und Bedrohungen (Morddrohung) oder
- zum erzwungenen Geschlechtsverkehr gekommen ist.

Ein wichtiges Kriterium ist – wie im gesamten Trennungs- und Scheidungsrecht – das Wohl des Kindes.

💣 Die *Beweislast* für die schwere Härte liegt bei Ihnen. Deshalb empfiehlt es sich, die Hilfe einer Anwältin in Anspruch zu nehmen (☞ Anwaltliche Hilfe). Wichtig ist, so detailliert wie möglich vorzutragen: Was ist wann passiert, wer war dabei, wer weiß sonst davon, gibt es ärztliche Atteste, Fotos, Polizeiprotokolle etc.

Anrecht auf eine Sozialwohnung

Viele Frauen sind aus wirtschaftlichen Gründen auf eine Sozialwohnung angewiesen, zumal Wohnungen auf dem freien Wohnungsmarkt nicht nur teuer, sondern vor allem für alleinstehende Frauen mit Kind oft kaum zu haben sind.

➲ Wegen der zu erwartenden Wartezeiten sollten Sie sich schnellstmöglich beim Wohnungsamt oder der Gemeindeverwaltung als wohnungssuchend melden. Sind Sie schwanger, haben Sie Anspruch auf bevorzugte Vermittlung.

Wohnberechtigungsschein

Eine Sozialwohnung darf nur beziehen, wer über den entsprechenden Wohnberechtigungsschein verfügt. Die Erteilung einer Wohnberechtigungsbescheinigung hängt vom Einkommen und der Zahl der Haushaltsangehörigen ab:

Einkommensgrenzen

Personenanzahl	Gesetzliche Einkommensgrenze (brutto jährlich)	Angemessene Wohnungsgröße
1	23.000,– DM	45 m^2
2	33.400,– DM	2 Wohnräume od. 60 m^2
3	41.400,– DM	3 Wohnräume od. 75 m^2
4	49.400,– DM	4 Wohnräume od. 90 m^2
5	57.400,– DM	5 Wohnräume od. 105 m^2

Für jede weitere zum Haushalt gehörende Person erhöht sich die maßgebliche Einkommensgrenze um 8.000,– DM und die angemessene Wohnungsgröße um 15 m^2 oder einen Raum. Die Einkommensgrenze darf bis zu 5% überschritten werden. Von der Summe des Jahreseinkommens können Frei- und Abzugsbeträge z.B. für Steuern + SV-Beträge (bis zu ca. 30%) abgesetzt werden.

Anrechenbares Jahreseinkommen

Einkommen sind hier alle Einnahmen, auch z. B. laufende Sozialhilfe oder Krankengeld, die Sie und die zu Ihrem Haushalt gehörenden Familienangehörigen im Jahr vor der Antragstellung erzielt haben. Schulden können nicht abgezogen werden.

➲ Weitere Auskünfte erhalten Sie beim Wohnungsamt Ihrer Gemeinde.

Wie groß die Wohnung sein darf, die Ihnen bewilligt wird, richtet sich nach der Zahl der Familienmitglieder, die sie nutzen werden. Deshalb müssen Sie für ein Kind, das mit Ihnen einziehen soll, das Aufenthaltsbestimmungsrecht oder das Sorgerecht ☞ beantragen. Der Antrag reicht zunächst aus; eine Entscheidung muss noch nicht getroffen sein. Eine – wenn auch nur vorläufige – Entscheidung über das Sorgerecht müssen Sie erst nachweisen, wenn Ihnen tatsächlich eine Wohnung angeboten wird. Sollte Ihr Mann damit einverstanden sein, dass das Kind auch nach der Trennung bei Ihnen lebt, reicht auch eine entsprechende Bescheinigung Ihrer Anwältin aus (☞ Anwaltliche Hilfe).

ZUGEWINN

Begriff

Zugewinnausgleich meint die Aufteilung des Vermögens, das während der Ehezeit von beiden Ehepartnern erworben wurde: Geld, Sparguthaben, Wertpapiere, Eigentumswohnungen und -häuser sowie andere Wertgegenstände. Manche Vermögensgegenstände werden – unter bestimmten Umständen – nicht beim Zugewinn, sondern beim Hausrat ☞ berücksichtigt, mit der Folge, dass sie – u. U. ohne Ausgleichszahlung – von einem Partner zur Nutzung beansprucht werden können. Ein Beispiel ist das Familienauto, dass sie zur Nutzung beanspruchen können (auch wenn es dem Mann gehört), falls Sie und die Kinder das Auto dringender benötigen.

Beim Zugewinnausgleich wird nur Vermögen, nicht aber werden Schulden ausgeglichen: weniger als »Null« kann der Zugewinn also nie sein. Ein Zugewinnausgleich findet auf Antrag und nur dann statt, wenn die Eheleute keine andere Aufteilung des Vermögens (z. B. Gütergemeinschaft oder Gütertrennung) in einem notariellen Vertrag vereinbart haben.

Achtung, wenn Ihr Ehemann kurz vor einer möglichen Trennung einen Vertrag schließen will, mit dem Gütertrennung vereinbart wird. Lassen Sie sich beraten (☞ Anwaltliche Hilfe), damit Sie sicherstellen können, dass Sie wenigstens den bis dahin angefallenen Zugewinn erhalten.

Der Ausgleich wird für die Zeit ab der Eheschließung bis zu dem Tag, an dem der Scheidungsantrag dem anderen Ehepartner zugestellt wird, durchgeführt.

Vermögen, das während der Trennungszeit »beiseite geschafft« wurde, wird nicht ausgeglichen (☞ Vorzeitiger Ausgleich).

Der Zugewinn ist der Betrag, um den das Vermögen eines Ehegatten am Ende der Ehe (Endvermögen ☞) sein Vermögen bei der Eheschließung (Anfangsvermögen ☞) übersteigt. Haben die Ehegatten einen unterschiedlich hohen Zugewinn, wird die Vermögensdifferenz ausgeglichen, indem dem »ärmeren« Ehegatten die Hälfte des Differenzbetrages zugesprochen wird. Es ist möglich, das Verfahren erst nach Abschluss der Scheidung einzuleiten.

Dabei ist zu beachten, dass ein Anspruch auf Zugewinnausgleich drei Jahre nach der rechtskräftigen Scheidung verjährt.

Die für dieses Stichwort relevanten gesetzlichen Regelungen finden sie unter: Bürgerliches Gesetzbuch (§§ 1363, 1373 – 1375), S. 148 f.

Berechnung des Zugewinns

Endvermögen

Um den Zugewinn zu errechnen, muss eine Vermögensaufstellung beider Ehepartner für den Stichtag der Zustellung des Scheidungsantrages erstellt werden, wobei jeder Vermögensgegenstand mit seinem derzeitigen Verkehrswert berücksichtigt wird (Endvermögen). Weigert sich der Ehemann bei der Vermögensaufstellung mitzuwirken, kann er auf Auskunft verklagt werden.

Da Sie im Streitfall beweisen müssen, dass Vermögen vorhanden war, ist es wichtig, schon bei der Trennung für Nachweise – über z. B. teure Anschaffungen (Wertpapiere, Briefmarken, Modelleisenbahnen etc.), Wert eines Grundstückes, Höhe des Sparkontos usw. – zu sorgen. Schwierig wird der Zugewinnausgleich, wenn Sie sich mit dem Ehemann über die Bewertung einzelner Vermögensteile (z. B. Eigenheim usw.) oder darüber, wer einen bestimmten Gegenstand erhält und den anderen dafür auszahlt, nicht einigen können. Im Zweifel muss ein Gutachten eingeholt werden. Letztendlich entscheidet das Gericht über die Höhe der Zugewinnausgleichszahlung. Vom Endvermögen werden bestehende Belastungen (z. B. Hypotheken) und das Anfangsvermögen abgezogen.

Anfangsvermögen

Zum Anfangsvermögen zählen die Vermögenswerte, die Sie mit in die Ehe gebracht haben; aber auch solche Gegenstände, die an die Stelle der sogenannten eingebrachten Sachen getreten sind. Hatten Sie zum Beispiel vor der Ehe einen Computer, den Sie mit in die Ehe gebracht haben, und geht er im Laufe der Ehe kaputt und wird durch einen anderen ersetzt, dann gehört auch dieser neue Computer zu ihrem Anfangsvermögen.

Geschenke und ererbtes Vermögen

Besonders behandelt werden Vermögenswerte, die einem Ehepartner (nicht vom anderen Ehegatten) geschenkt wurden oder die er/sie geerbt hat. Diese Vermögenswerte werden dem Anfangsvermögen des jeweiligen Ehepartners hinzugezählt. Sind die Sachen am Ende der Ehezeit noch vorhanden, wird der andere (über das Endvermögen) *an der Wertsteigerung* des geerbten oder geschenkten Vermögenswertes während der Ehe *beteiligt, nicht aber an dem Gegenstand selbst.*

Überschuss

Ist nach dieser Rechnung ein Überschuss vorhanden, stellt dieser den Zugewinn dar. Der Zugewinn ist in Geld auszugleichen. Ist dies nicht möglich, können statt dessen Wertgegenstände zugesprochen werden. Das Gericht kann auch entscheiden, dass die Ausgleichszahlungen in Raten gezahlt oder gestundet werden.

Vorzeitiger Ausgleich

Einen vorzeitigen Zugewinnausgleich, unabhängig von der Scheidung, können Sie verlangen:

– wenn Sie seit mindestens 3 Jahren getrennt leben oder

- der Ehemann grob gegen seine Unterhaltspflichten verstößt oder
- die begründete Befürchtung besteht, dass der Ehemann das gemeinsame Vermögen verringert, um Ihnen zu schaden, oder
- Ihr Mann sich ohne ausreichenden Grund weigert, Sie über seinen Vermögensstand zu informieren.

In einem solchen Fall, wird das Vermögen zu dem Zeitpunkt errechnet, zu dem die Klage auf Ausgleich des Zugewinns dem anderen zugestellt wurde.

Ausschluss

In besonderen Fällen wie z. B. bei grober Unbilligkeit, kann der Zugewinn ausgeschlossen werden. Dies ist z. B. der Fall, wenn Sie arbeiten und die Familie erhalten, der Mann nicht arbeitet und das Geld vertrinkt.

Sie müssen Ihre Behauptungen beweisen.

WICHTIGE GESETZLICHE UND ANDERE REGELUNGEN IN AUSZÜGEN (Stand: 1. Januar 2000)

Übersicht

Übersicht

Übersicht

§§

Übersicht

Übersicht

- (Körperliche) Untersuchungen von Zeugen, »genetischer Fingerabdruck« (§§ 81c, 81d, 81e)
- Untersuchungshaft (§§ 112, 112a)
- Verfahrenseinstellungen und Klageerzwingung (§§ 153 – 153 b, 155a, 155b, 171, 172) Hauptverhandlung (§§ 247, 247a, 250, 251, 252, 253, 255a)
- Privatklage (§§ 374, 380, 385)
- Nebenklage (§§ 395 – 402)
- Adhäsionsverfahren (§ 403)
- Verletztenrechte (§§ 406d – 406h)

Gerichtsverfassungsgesetz 213

- Ausschluss der Öffentlichkeit (§§ 171b, 172)

Richtlinien für Straf- und Bußgeldverfahren (Durchführungshinweise für die Staatsanwaltschaft) 213

- Umgang mit und Vernehmung von Verletzten (Nr. 4c, 4d, 19, 19a)
- Vernehmung von Kindern und Jugendlichen, Kindesmisshandlung (Nr. 19, 221, 222, 235)
- Strafantrag, öffentliches Interesse und Privatklage (Nr. 86, 87, 233, 234, 235)

Polizeigesetz (HSOG) 215

- Gefahrenabwehr, Platzverweis, Gewahrsam (§§ 1, 31, 32)

Schadenersatz- und Unterlassungsanspruch 216

- Schadenersatz und Schmerzensgeld (§§ 823, 847)
- Unterlassung (§ 1004)

Opferentschädigungsgesetz (OEG) 216

- Anspruch auf Leistungen nach einer Gewalttat (§§ 1, 2 und § 9 Bundesversorgungsgesetz)

Gesetz zur Sicherung von zivilrechtlichen Ansprüchen von Opfern (OASG) 217

- Gesetzliches Forderungspfandrecht (§ 1)
- Auskunftspflicht (§ 4)

Schwangerschaftsabbruch 218

- Strafbarkeit (§§ 218, 218a, 219 Strafgesetzbuch)
- Sexualberatung (§ 2 Schwangerenkonfliktgesetz)
- Schwangerschaftskonfliktberatung (§§ 5 – 7 Schwangerenkonfliktgesetz)
- Finanzierung von Schwangerschaftsabbrüchen (§ 1 des Gesetzes zur Hilfe für Frauen bei Schwangerschaftsabbrüchen in besonderen Fällen)

WICHTIGE GESETZLICHE UND ANDERE REGELUNGEN IN AUSZÜGEN
(Stand: 1. Januar 2000)

ARBEITS- UND ARBEITSLOSENRECHT

Arbeitsförderung (Sozialgesetzbuch III)

§ 8 Frauenförderung

(1) Die Leistungen der aktiven Arbeitsförderung sollen die tatsächliche Durchsetzung der Gleichberechtigung von Frauen und Männern am Arbeitsmarkt fördern. Zur Verbesserung der beruflichen Situation von Frauen ist durch sie auf die Beseitigung bestehender Nachteile sowie auf die Überwindung des geschlechtsspezifischen Ausbildungs- und Arbeitsmarktes hinzuwirken.

(2) Frauen sollen entsprechend ihrem Anteil an den Arbeitslosen gefördert werden.

(3) Die Leistungen der aktiven Arbeitsförderung sollen in ihrer zeitlichen, inhaltlichen und organisatorischen Ausgestaltung die Lebensverhältnisse von Frauen und Männern berücksichtigen, die aufsichtsbedürftige Kinder betreuen und erziehen oder pflegebedürftige Angehörige betreuen oder nach diesen Zeiten wieder in die Erwerbstätigkeit zurückkehren wollen.

§ 20 Berufsrückkehrer

Berufsrückkehrer sind Frauen und Männer, die

1. ihre Erwerbstätigkeit oder Arbeitslosigkeit oder eine betriebliche Berufsausbildung wegen der Betreuung und Erziehung von aufsichtsbedürftigen Kindern oder der Betreuung pflegebedürftiger Angehöriger unterbrochen haben und
2. in angemessener Zeit danach in die Erwerbstätigkeit zurückkehren wollen.

§ 116 Leistungsarten

Entgeltersatzleistungen sind

1. Arbeitslosengeld für Arbeitslose und Teilarbeitslosengeld für Teilarbeitslose,
2. Unterhaltsgeld für Arbeitnehmer bei Teilnahme an Maßnahmen der beruflichen Weiterbildung,
3. Übergangsgeld für Behinderte bei Teilnahme an Maßnahmen zur beruflichen Eingliederung Behinderter,
4. Kurzarbeitergeld für Arbeitnehmer, die infolge eines Arbeitsausfalles einen Entgeltausfall haben,
5. Insolvenzgeld für Arbeitnehmer, die wegen Zahlungsunfähigkeit des Arbeitgebers kein Arbeitsentgelt erhalten,
6. Arbeitslosenhilfe für Arbeitslose.

§ 117 Anspruch auf Arbeitslosengeld

(1) Anspruch auf Arbeitslosengeld haben Arbeitnehmer, die
1. arbeitslos sind,
2. sich beim Arbeitsamt arbeitslos gemeldet und
3. die Anwartschaftszeit erfüllt haben.

(2) Arbeitnehmer, die das fünfundsechzigste Lebensjahr vollendet haben, haben vom Beginn des folgenden Monats an keinen Anspruch auf Arbeitslosengeld.

§ 190 Anspruch

(1) Anspruch auf Arbeitslosenhilfe haben Arbeitnehmer, die
1. arbeitslos sind,
2. sich beim Arbeitsamt arbeitslos gemeldet haben,
3. einen Anspruch auf Arbeitslosengeld nicht haben, weil sie die Anwartschaftszeit nicht erfüllt haben,

4. in der Vorfrist Arbeitslosengeld bezogen haben, ohne daß der Anspruch wegen Eintritts von Sperrzeiten mit einer Dauer von insgesamt 24 Wochen erloschen ist.
5. bedürftig sind.

(2) Arbeitnehmer, die das fünfundsechzigste Lebensjahr vollendet haben, haben vom Beginn des folgenden Monats an keinen Anspruch auf Arbeitslosenhilfe.

(3) Die Arbeitslosenhilfe soll jeweils für längstens ein Jahr bewilligt werden. Vor einer erneuten Bewilligung sind die Voraussetzungen des Anspruchs zu prüfen.

§ 192 Vorfrist

Die Vorfrist beträgt ein Jahr (...). Sie verlängert sich um Zeiten, in denen der Arbeitslose innerhalb der letzten drei Jahre vor dem Tag, an dem die sonstigen Vorraussetzungen für den Anspruch auf Arbeitslosenhilfe erfüllt sind, (...)

3. ein Kind, das das dritte Lebensjahr noch nicht vollendet hat, betreut oder erzogen hat oder als Pflegeperson (...) wenigstens 14 Stunden wöchentlich gepflegt hat,

längstens jedoch um zwei Jahre.

Arbeitszeitgesetz

§ 3 Arbeitszeit der Arbeitnehmer

Die werktägliche Arbeitszeit der Arbeitnehmer darf acht Stunden nicht überschreiten. Sie kann auf bis zu zehn Stunden nur verlängert werden, wenn innerhalb von sechs Kalendermonaten oder innerhalb von 24 Wochen im Durchschnitt acht Stunden werktäglich nicht überschritten werden.

§ 4 Ruhepausen

Die Arbeit ist durch im voraus feststehende Ruhepausen von mindestens 30 Minuten bei einer Arbeitszeit von mehr als sechs bis zu neun Stunden (...) zu unterbrechen. (...) Länger als sechs Stunden hintereinander dürfen Arbeitnehmer nicht ohne Ruhepause beschäftigt werden.

§ 5 Ruhezeit

(1) Die Arbeitnehmer müssen nach Beendigung der täglichen Arbeitszeit eine ununterbrochene Ruhezeit von mindestens elf Stunden haben. (...)

§ 6 Nacht- und Schichtarbeit

(1) Die Arbeitszeit der Nacht- und Schichtarbeitnehmer ist nach den gesicherten arbeitswissenschaftlichen Erkenntnissen über die menschengerechte Gestaltung der Arbeit festzulegen.

(2) Die werktägliche Arbeitszeit der Nachtarbeitnehmer darf acht Stunden nicht überschreiten. (...)

(3) Nachtarbeitnehmer sind berechtigt, sich vor Beginn der Beschäftigung und danach in regelmäßigen Zeitabständen von nicht weniger als drei Jahren arbeitsmedizinisch untersuchen zu lassen. (...)

(4) Der Arbeitgeber hat den Nachtarbeitnehmer auf dessen Verlangen auf einen für ihn geeigneten Tagesarbeitsplatz umzusetzen, wenn (...)
   b) im Haushalt des Arbeitnehmers ein Kind unter zwölf Jahren lebt, das nicht von einer anderen im Haushalt lebenden Person betreut werden kann, oder
   c) der Arbeitnehmer einen schwerpflegebedürftigen Angehörigen zu versorgen hat, der nicht von einem anderen im Haushalt lebenden Angehörigen versorgt werden kann,
   sofern dem nicht dringende betriebliche Erfordernisse entgegenstehen. (...)

(5) Soweit keine tarifvertraglichen Ausgleichsregelungen bestehen, hat der Arbeitgeber dem Nachtarbeitnehmer für die während der Nachtzeit geleisteten Arbeitsstunden eine angemessene Zahl bezahlter freier Tage oder einen angemessenen Zuschlag auf das ihm hierfür zustehende Bruttoarbeitsentgelt zu gewähren.

(6) Es ist sicherzustellen, daß Nachtarbeitnehmer den gleichen Zugang zur betrieblichen

Weiterbildung und zu aufstiegsfördernden Maßnahmen haben wie die übrigen Arbeitnehmer.

§ 9 Sonn- und Feiertagsruhe

(1) Arbeitnehmer dürfen an Sonn- und gesetzlichen Feiertagen von 0 bis 24 Uhr nicht beschäftigt werden.

(2) In mehrschichtigen Betrieben mit regelmäßiger Tag- und Nachtschicht kann Beginn oder Ende der Sonn- und Feiertagsruhe um bis zu sechs Stunden vor- oder zurückverlegt werden, wenn für die auf den Beginn der Ruhezeit folgenden 24 Stunden der Betrieb ruht. (...)

§ 10 Sonn- und Feiertagsbeschäftigung

(1) Sofern die Arbeiten nicht an Werktagen vorgenommen werden können, dürfen Arbeitnehmer an Sonn- und Feiertagen abweichend von § 9 beschäftigt werden

1. in Not- und Rettungsdiensten (...)
2. zur Aufrechterhaltung der öffentlichen Sicherheit und Ordnung sowie der Funktionsfähigkeit von Gerichten und Behörden (...)
3. in Krankenhäusern und anderen Einrichtungen zur Behandlung, Pflege und Betreuung von Personen,
4. in Gaststätten und anderen Einrichtungen zur Bewirtung und Beherbergung sowie im Haushalt, (...)
9. bei Messen, Ausstellungen und Märkten (...) sowie bei Volksfesten, (...)
14. bei der Reinigung und Instandhaltung von Betriebseinrichtungen, (...)
15. zur Verhütung des Verderbens von Naturerzeugnissen oder Rohstoffen (...)

§ 11 Ausgleich für Sonn- und Feiertagsbeschäftigung

(1) Mindestens 15 Sonntage im Jahr müssen beschäftigungsfrei bleiben. (...)

(3) Werden Arbeitnehmer an einem Sonntag beschäftigt, müssen sie einen Ersatzruhetag haben, der innerhalb eines den Beschäftigungstag einschließenden Zeitraums von zwei Wochen zu gewähren ist. Werden Arbeitnehmer an einem auf einen Werktag fallenden Feiertag beschäftigt, müssen sie einen Ersatzruhetag haben, der innerhalb eines den Beschäftigungstag einschließenden Zeitraums von acht Wochen zu gewähren ist. (...)

Bürgerliches Gesetzbuch

§ 611 [Vertragspflichten]

(1) Durch den Dienstvertrag wird derjenige, welcher Dienste zusagt, zur Leistung der versprochenen Dienste, der andere Teil zur Gewährung der vereinbarten Vergütung verpflichtet.

(2) Gegenstand des Dienstvertrags können Dienste jeder Art sein.

§ 611 a [Benachteiligungsverbot]

(1) Der Arbeitgeber darf einen Arbeitnehmer bei einer Vereinbarung oder Maßnahme, insbesondere bei der Begründung des Arbeitsverhältnisses, beim beruflichen Aufstieg, bei einer Weisung oder einer Kündigung, nicht wegen seines Geschlechts benachteiligen. (...)

(2) Hat der Arbeitgeber bei der Begründung eines Arbeitsverhältnisses einen Verstoß gegen das Benachteiligungsverbot des Absatzes I zu vertreten, so kann der hierdurch benachteiligte Bewerber eine angemessene Entschädigung in Geld in Höhe von höchstens drei Monatsverdiensten verlangen. (...)

(3) Ist ein Arbeitsverhältnis wegen eines vom Arbeitgeber zu vertretenden Verstoßes gegen das Benachteiligungsverbot des Absatzes I nicht begründet worden, so besteht kein Anspruch auf Begründung eines Arbeitsverhältnisses.

(4) Ein Anspruch auf Entschädigung nach Absatz 2 muß innerhalb von zwei Monaten nach Zugang der Ablehnung der Bewerbung schriftlich geltend gemacht werden.
(5) Die Absätze 2 und 4 gelten beim beruflichen Aufstieg entsprechend, wenn auf den Aufstieg kein Anspruch besteht.

§ 622 [Kündigungsfristen bei Arbeitsverhältnissen]
(1) Das Arbeitsverhältnis eines Arbeiters oder eines Angestellten (Arbeitnehmers) kann mit einer Frist von vier Wochen zum Fünfzehnten oder zum Ende eines Kalendermonats gekündigt werden.
(2) Für eine Kündigung durch den Arbeitgeber beträgt die Kündigungsfast, wenn das Arbeitsverhältnis in dem Betrieb oder Unternehmen
1. zwei Jahre bestanden hat, einen Monat zum Ende eines Kalendermonats,
2. fünf Jahre bestanden hat, zwei Monate zum Ende eines Kalendermonats, (...)
6. fünfzehn Jahre bestanden hat, sechs Monate zum Ende eines Kalendermonats,
7. zwanzig Jahre bestanden hat, sieben Monate zum Ende eines Kalendermonats.
Bei der Berechnung der Beschäftigungsdauer werden die Zeiten, die vor der Vollendung des fünfundzwanzigsten Lebensjahres des Arbeitnehmers liegen, nicht berücksichtigt.
(3) Während einer vereinbarten Probezeit, längstens für die Dauer von sechs Monaten, kann das Arbeitsverhältnis mit einer Frist von zwei Wochen gekündigt werden.
(4) Von den Absätzen 1 bis 3 abweichende Regelungen können durch Tarifvertrag vereinbart werden. (...)
(6) Für die Kündigung des Arbeitsverhältnisses durch den Arbeitnehmer darf keine längere Frist vereinbart werden als für die Kündigung durch den Arbeitgeber.

§ 626 [Fristlose Kündigung aus wichtigem Grund]
(1) Das Dienstverhältnis kann von jedem Vertragsteil aus wichtigem Grund ohne Einhaltung einer Kündigungsfrist gekündigt werden, wenn Tatsachen vorliegen, auf Grund derer dem Kündigenden unter Berücksichtigung aller Umstände des Einzelfalles und unter Abwägung der Interessen beider Vertragsteile die Fortsetzung des Dienstverhältnisses bis zum Ablauf der Kündigungsfrist oder bis zu der vereinbarten Beendigung des Dienstverhältnisses nicht zugemutet werden kann.
(2) Die Kündigung kann nur innerhalb von zwei Wochen erfolgen. Die Frist beginnt mit dem Zeitpunkt, in dem der Kündigungsberechtigte von den für die Kündigung maßgebenden Tatsachen Kenntnis erlangt. Der Kündigende muß dem anderen Teil auf Verlangen den Kündigungsgrund unverzüglich schriftlich mitteilen.

§ 629 [Zeit zur Stellensuche]
Nach der Kündigung eines dauernden Dienstverhältnisses hat der Dienstberechtigte dem Verpflichteten auf Verlangen angemessene Zeit zum Aufsuchen eines anderen Dienstverhältnisses zu gewähren.

§ 630 [Zeugnis]
Bei der Beendigung eines dauernden Dienstverhältnisses kann der Verpflichtete von dem anderen Teile ein schriftliches Zeugnis über das Dienstverhältnis und dessen Dauer fordern. Das Zeugnis ist auf Verlangen auf die Leistungen und die Führung im Dienste zu erstrecken.

§§

Beschäftigtenschutzgesetz[1]

§ 1 Ziel, Anwendungsbereich
(1) Ziel des Gesetzes ist die Wahrung der Würde von Frauen und Männern durch den Schutz vor sexueller Belästigung am Arbeitsplatz.

[1] Art. 10 des Gesetzes zur Durchsetzung der Gleichberechtigung von Männern und Frauen vom 24.06.1994, Bundesgesetzblatt, Teil I, Nr. 39/1994 vom 30.06.1994, S. 1406 ff.

(2) Beschäftigte im Sinne dieses Gesetzes sind
1. die Arbeitnehmerinnen und Arbeitnehmer in Betrieben und Verwaltungen des privaten oder öffentlichen Rechts (Arbeiterinnen und Arbeiter, Angestellte, zu ihre Berufsbildung, Beschäftigte), ferner Personen, die wegen ihrer wirtschaftlichen Unselbständigkeit als arbeitnehmerähnliche Personen anzusehen sind. Zu diesen gehören auch die in Heimarbeit Beschäftigten und die ihnen Gleichgestellten; für sie tritt an die Stelle des Arbeitgebers der Auftraggeber oder Zwischenmeister;
2. die Beamtinnen und Beamten des Bundes, der Länder, der Gemeinden, der Gemeindeverbände sowie der sonstigen Aufsicht des Bundes oder eines Landes unterstehenden Körperschaften, Anstalten und Stiftungen des öffentlichen Rechts;
3. die Richterinnen und Richter des Bundes der Länder;
4. weibliche und männliche Soldaten (§ 6).

§ 2 Schutz vor sexueller Belästigung

(1) Arbeitgeber und Dienstvorgesetzte haben die Beschäftigten vor sexueller Belästigung am Arbeitsplatz zu schützen. Dieser Schutz umfaßt auch vorbeugende Maßnahmen.

(2) Sexuelle Belästigung am Arbeitsplatz ist jedes vorsätzliche, sexuell bestimmte Verhalten, das die Würde von Beschäftigen am Arbeitsplatz verletzt. Dazu gehören
1. Sexuelle Handlungen und Verhaltensweisen, die nach den strafgesetzlichen Vorschriften unter Strafe gestellt sind, sowie
2. Sonstige sexuelle Handlungen und Aufforderungen zu diesen, sexuell bestimmte körperliche Berührungen, Bemerkungen sexuellen Inhalts sowie zeigen und sichtbares Anbringen von pornographischen Darstellungen, die von den Betroffenen erkennbar abgelehnt werden.

(3) Sexuelle Belästigung am Arbeitsplatz ist eine Verletzung der arbeitsvertraglichen Pflichten oder ein Dienstvergehen.

§ 3 Beschwerderecht der Beschäftigten

(1) Die betroffenen Beschäftigten haben das Recht, sich bei den zuständigen Stellen des Betriebes oder der Dienststelle zu beschweren, wenn sie sich vom Arbeitgeber, von Vorgesetzten, von anderen Beschäftigten oder von Dritten am Arbeitsplatz sexuell belästigt im Sinne des § 2 Abs. 2 fühlen. (...)

(2) Der Arbeitgeber oder Dienstvorgesetzte hat die Beschwerde zu prüfen und geeignete Maßnahmen zu treffen, um die Fortsetzung einer festgestellten Belästigung zu unterbinden.

§ 4 Maßnahmen des Arbeitgebers oder Dienstvorgesetzten, Leistungsverweigerungsrecht

(1) Bei sexueller Belästigung hat
1. der Arbeitgeber die im Einzelfall angemessenen arbeitsrechtlichen Maßnahmen wie Abmahnung, Umsetzung, Versetzung oder Kündigung zu ergreifen. (...)
2. Der Dienstvorgesetzte die erforderlichen dienstrechtlichen und personalwirtschaftlichen Maßnahmen zu treffen. (...)

(2) Ergreift der Arbeitgeber oder Dienstvorgesetzte keine oder offensichtlich ungeeignete Maßnahmen zur Unterbindung der sexuellen Belästigung, sind die belästigten Beschäftigten berechtigt, ihre Tätigkeit am betreffenden Arbeitsplatz ohne Verlust des Arbeitsentgeldes und der Bezüge einzustellen, soweit dies zu ihrem Schutz erforderlich ist.

(3) Der Arbeitgeber oder Dienstvorgesetzte darf die belästigen Beschäftigten nicht benachteiligen, weil diese sich gegen eine sexuelle Belästigung gewehrt und in zulässiger Weise ihre Recht ausgeübt haben.

§ 5 Fortbildung für Beschäftigte im öffentlichen Dienst

Im Rahmen der beruflichen Aus- und Fortbildung von Beschäftigten im öffentlichen Dienst sollen die Problematik der sexuellen Belästigung am Arbeitsplatz, der Rechtsschutz für die Betroffenen und die Handlungsverpflichtung des Dienstvorgesetzten berücksichtigt werden. (...)

§ 7 Bekanntgabe des Gesetzes
In Betrieben und Dienststellen ist diese Gesetz an geeigneter Stelle zur Einsicht auszulegen oder auszuhängen.

Entgeltfortzahlungsgesetz

§ 2 Entgeltzahlung an Feiertagen
(1) Für Arbeitszeit, die infolge eines gesetzlichen Feiertages ausfällt, hat der Arbeitgeber dem Arbeitnehmer das Arbeitsentgelt zu zahlen, das er ohne den Arbeitsausfall erhalten hätte. (...)
(3) Arbeitnehmer, die am letzten Arbeitstag vor oder am ersten Arbeitstag nach Feiertagen unentschuldigt der Arbeit fernbleiben, haben keinen Anspruch auf Bezahlung für diese Feiertage.

§ 3 Anspruch auf Entgeltfortzahlung im Krankheitsfall
(1) Wird ein Arbeitnehmer durch Arbeitsunfähigkeit infolge Krankheit an seiner Arbeitsleistung verhindert, ohne daß ihn ein Verschulden trifft, so hat er Anspruch auf Entgeltfortzahlung im Krankheitsfall durch den Arbeitgeber für die Zeit der Arbeitsunfähigkeit bis zur Dauer von sechs Wochen. (...)
(2) Als unverschuldete Arbeitsunfähigkeit im Sinne des Absatzes 1 gilt auch eine Arbeitsverhinderung, die infolge (...) eines nicht rechtswidrigen Abbruchs der Schwangerschaft eintritt. Dasselbe gilt für einen Abbruch der Schwangerschaft, wenn die Schwangerschaft innerhalb von zwölf Wochen nach der Empfängnis durch einen Arzt abgebrochen wird, die schwangere Frau den Abbruch verlangt und dem Arzt durch eine Bescheinigung nachgewiesen hat, daß sie sich mindestens drei Tage vor dem Eingriff von einer anerkannten Beratungsstelle hat beraten lassen.
(3) Der Anspruch nach Absatz 1 entsteht nach vierwöchiger ununterbrochener Dauer des Arbeitsverhältnisses.

§ 4 Höhe des fortzuzahlenden Arbeitsentgelts
(1) Für den in § 3 Abs. 1 bezeichneten Zeitraum ist dem Arbeitnehmer das ihm bei der für ihn maßgebenden reglemäßigen Arbeitszeit zustehende Arbeitsentgeld fortzuzahlen
(1a) Zum Arbeitsentgelt nach Absatz 1 gehören nicht das zusätzlich für Überstunden gezahlte Arbeitsentgelt und Leistungen für Aufwendungen des Arbeitnehmers, soweit der Anspruch auf sie im Falle der Arbeitsfähigkeit davon abhängig ist, daß dem Arbeitnehmer entsprechende Aufwendungen während der Arbeitsunfähigkeit nicht entstehen. Erhält der Arbeitnehmer eine auf das Ergebnis abgestimmte Vergütung, so ist der von dem Arbeitnehmer in der für ihn maßgebundenen regelmäßigen Arbeitszeit erzielbare Durchschnittsverdienst der Berechnung zugrunde zu legen.
(...)

§ 5 Anzeige- und Nachweispflichten
(1) Der Arbeitnehmer ist verpflichtet, dem Arbeitgeber die Arbeitsunfähigkeit und deren voraussichtliche Dauer unverzüglich mitzuteilen. Dauert die Arbeitsunfähigkeit länger als drei Kalendertage, hat der Arbeitnehmer eine ärztliche Bescheinigung über das Bestehen der Arbeitsunfähigkeit sowie deren voraussichtliche Dauer spätestens an dem darauffolgenden Arbeitstag vorzulegen. Der Arbeitgeber ist berechtigt, die Vorlage der ärztlichen Bescheinigung früher zu verlangen. Dauert die Arbeitsunfähigkeit länger als in der Bescheinigung angegeben, ist der Arbeitnehmer verpflichtet, eine neue ärztliche Bescheinigung vorzulegen. Ist der Arbeitnehmer Mitglied einer gesetzlichen Krankenkasse, muß die ärztliche Bescheinigung einen Vermerk des behandelnden Arztes darüber enthalten, daß der Krankenkasse unverzüglich eine Bescheinigung über die Arbeitsunfähigkeit mit Angaben über den Befund und die voraussichtliche Dauer der Arbeitsunfähigkeit übersandt wird. (...)

Kündigungsschutzgesetz

§ 1 Sozial ungerechtfertigte Kündigungen

(1) Die Kündigung des Arbeitsverhältnisses gegenüber einem Arbeitnehmer, dessen Arbeitsverhältnis in demselben Betrieb oder Unternehmen ohne Unterbrechung länger als sechs Monate bestanden hat, ist rechtsunwirksam, wenn sie sozial ungerechtfertigt ist.

(2) Sozial ungerechtfertigt ist die Kündigung, wenn sie nicht durch Gründe, die in der Person oder in dem Verhalten des Arbeitnehmers liegen, oder durch dringende betriebliche Erfordernisse, die einer Weiterbeschäftigung des Arbeitnehmers in diesem Betrieb entgegenstehen, bedingt ist. Die Kündigung ist auch sozial ungerechtfertigt, wenn

1. in Betrieben des privaten Rechts (...)
   b) der Arbeitnehmer an einem anderen Arbeitsplatz in demselben Betrieb oder in einem anderen Betrieb des Unternehmens weiterbeschäftigt werden kann und der Betriebsrat oder eine andere nach dem Betriebsverfassungsgesetz insoweit zuständige Vertretung der Arbeitnehmer aus einem dieser Gründe der Kündigung innerhalb der Frist des § 102 Abs. 2 Satz 1 des Betriebsverfassungsgesetzes schriftlich widersprochen hat,
2. in Betrieben und Verwaltungen des öffentlichen Rechts (...)
   b) der Arbeitnehmer an einem anderen Arbeitsplatz in derselben Dienststelle oder in einer anderen Dienststelle desselben Verwaltungszweigs an demselben Dienstort einschließlich seines Einzugsgebiets weiterbeschäftigt werden kann und die zuständige Personalvertretung aus einem dieser Gründe fristgerecht gegen die Kündigung Einwendungen erhoben hat, (...)

Satz 2 gilt entsprechend, wenn die Weiterbeschäftigung des Arbeitnehmers nach zumutbaren Umschulungs- oder Fortbildungsmaßnahmen oder eine Weiterbeschäftigung des Arbeitnehmers unter geänderten Arbeitsbedingungen möglich ist und der Arbeitnehmer sein Einverständnis hiermit erklärt hat. Der Arbeitgeber hat die Tatsachen zu beweisen, die die Kündigung bedingen.

(3) Ist einem Arbeitnehmer aus dringenden betrieblichen Erfordernissen im Sinne des Absatzes 2 gekündigt worden, so ist die Kündigung trotzdem sozial ungerechtfertigt, wenn der Arbeitgeber bei der Auswahl des Arbeitnehmers soziale Gesichtspunkte nicht oder nicht ausreichend berücksichtigt hat; auf Verlangen des Arbeitnehmers hat der Arbeitgeber dem Arbeitnehmer die Gründe anzugeben, die zu der getroffenen sozialen Auswahl geführt haben. (...) Der Arbeitnehmer hat die Tatsachen zu beweisen, die die Kündigung als sozial ungerechtfertigt im Sinne des Satzes 1 erscheinen lassen. (...)

§ 4 Anrufung des Arbeitsgerichts

Will ein Arbeitnehmer geltend machen, daß eine Kündigung sozial ungerechtfertigt ist, so muß er innerhalb von drei Wochen nach Zugang der Kündigung Klage beim Arbeitsgericht auf Feststellung erheben, daß das Arbeitsverhältnis durch die Kündigung nicht aufgelöst ist. Im Falle des § 2 ist die Klage auf Feststellung zu erheben, daß die Änderung der Arbeitsbedingungen sozial ungerechtfertigt ist. (...)

§ 23 Geltungsbereich

(1) Die Vorschriften des Ersten Abschnitts gelten für Betriebe und Verwaltungen, des privaten und des öffentlichen Rechts (...). Die Vorschriften des Ersten Abschnitts gelten nicht für Betriebe und Verwaltungen, in denen in der Regel fünf oder weniger ausschließlich der zu ihrer Berufsbildung Beschäftigten beschäftigt werden. Bei der Feststellung der Zahl der beschäftigten Arbeitnehmer nach Satz 2 sind teilzeitbeschäftigte Arbeitnehmer mit einer regelmäßigen wöchentlichen Arbeitszeit von nicht mehr als 20 Stunden mit 0,5 und nicht mehr als 30 Stunden mit 0,75 zu berücksichtigen. (...)

Mutterschutzgesetz

§ 3 Beschäftigungsverbote für werdende Mütter

(1) Werdende Mütter dürfen nicht beschäftigt werden, soweit nach ärztlichem Zeugnis Leben oder Gesundheit von Mutter oder Kind bei Fortdauer der Beschäftigung gefährdet ist.

(2) Werdende Mütter dürfen in den letzten sechs Wochen vor der Entbindung nicht beschäftigt werden, es sei denn, daß sie sich zur Arbeitsleistung ausdrücklich bereit erklären; die Erklärung kann jederzeit widerrufen werden.

§ 4 Weitere Beschäftigungsverbote

(1) Werdende Mütter dürfen nicht mit schweren körperlichen Arbeiten und nicht mit Arbeiten beschäftigt werden, bei denen sie schädlichen Einwirkungen von gesundheitsgefährdenden Stoffen oder Strahlen von Staub, Gasen oder Dämpfen, von Hitze, Kälte oder Nässe, von Erschütterungen oder Lärm ausgesetzt sind. (…)

(3) Die Beschäftigung von werdenden Müttern mit
 1. Akkordarbeit (…),
 2. Fließarbeit mit vorgeschriebenem Arbeitstempo ist verboten. Die Aufsichtsbehörde kann Ausnahmen bewilligen (…)

(5) Die Aufsichtsbehörde kann in Einzelfällen bestimmen, ob eine Arbeit unter die Beschäftigungsverbote der Absätze 1 bis 3 oder einer von der Bundesregierung gemäß Absatz 4 erlassenen Verordnung fällt. Sie kann in Einzelfällen die Beschäftigung mit bestimmten anderen Arbeiten verbieten.

§ 6 Beschäftigungsverbote nach der Entbindung

(1) Wöchnerinnen dürfen bis zum Ablauf von acht Wochen nach der Entbindung nicht beschäftigt werden. (…)

(2) Frauen, die in den ersten Monaten nach der Entbindung nach ärztlichem Zeugnis nicht voll leistungsfähig sind, dürfen nicht zu einer ihre Leistungsfähigkeit übersteigenden Arbeit herangezogen werden.

(3) Stillende Mütter dürfen mit den in § 4 Abs. 1, 2 Nr. 1, 3, 4, 5, 6 und 8 sowie Abs. 3 Satz 1 genannten Arbeiten nicht beschäftigt werden. (…)

§ 7 Stillzeit

(1) Stillenden Müttern ist auf ihr Verlangen die zum Stillen erforderliche Zeit, mindestens aber zweimal täglich eine halbe Stunde oder einmal täglich eine Stunde freizugeben. (…)

(2) Durch die Gewährung der Stillzeit darf ein Verdienstausfall nicht eintreten. Die Stillzeit darf von stillenden Müttern nicht vor- oder nachgearbeitet und nicht auf die in dem Arbeitszeitgesetz oder in anderen Vorschriften festgesetzten Ruhepausen angerechnet werden. (…)

§§

§ 8 Mehrarbeit, Nacht- und Sonntagsarbeit

(1) Werdende und stillende Mütter dürfen nicht mit Mehrarbeit, nicht in der Nacht zwischen 20 und 6 Uhr und nicht an Sonn- und Feiertagen beschäftigt werden. (…)

(6) Die Aufsichtsbehörde kann in begründeten Einzelfällen Ausnahmen von den vorstehenden Vorschriften zulassen.

§ 9 Kündigungsverbot

(1) Die Kündigung gegenüber einer Frau während der Schwangerschaft und bis zum Ablauf von vier Monaten nach der Entbindung ist unzulässig, wenn dem Arbeitgeber zur Zeit der Kündigung die Schwangerschaft oder Entbindung bekannt war oder innerhalb zweier Wochen nach Zugang der Kündigung mitgeteilt wird; das Überschreiten dieser Frist ist unschädlich, wenn es auf einem von der Frau nicht zu vertretenden Grund beruht und die Mitteilung unverzüglich nachgeholt wird. (…)

(3) Die für den Arbeitsschutz zuständige oberste Landesbehörde oder die von ihr bestimmte Stelle kann in besonderen Fällen, die nicht mit dem Zustand einer Frau während der Schwangerschaft oder ihrer Lage bis zum Ablauf von vier Monaten nach der Entbindung in Zusammenhang stehen, ausnahmsweise die Kündigung für zulässig erklären. Die Kündigung bedarf der schriftlichen Form, und sie muß den zulässigen Kündigungsgrund angeben.

(4) In Heimarbeit Beschäftigte und ihnen Gleichgestellte dürfen während der Schwangerschaft und bis zum Ablauf von vier Monaten nach der Entbindung nicht gegen ihren Willen bei der Ausgabe von Heimarbeit ausgeschlossen werden; (...)

§ 13 Mutterschaftsgeld

(1) Frauen, die Mitglied einer Krankenkasse sind, erhalten für die Zeit der Schutzfristen des § 3 Abs. 2 und des § 6 Abs. 1 sowie für den Entbindungstag Mutterschaftsgeld nach den Vorschriften der Reichsversicherungsordnung oder des Gesetzes über die Krankenversicherung der Landwirte über das Mutterschaftsgeld.

(2) Frauen, die nicht Mitglied einer Krankenkasse sind, erhalten, wenn sie bei Beginn der Schutzfrist nach § 3 Abs. 2 in einem Arbeitsverhältnis stehen oder in Heimarbeit beschäftigt sind oder ihr Arbeitsverhältnis während ihrer Schwangerschaft vom Arbeitgeber zulässig aufgelöst worden ist, für die Zeit der Schutzfristen des § 3 Abs. 2 und des § 6 Abs. 1 sowie für den Entbindungstag Mutterschaftsgeld zu Lasten des Bundes in entsprechender Anwendung der Vorschriften der Reichsversicherungsordnung über das Mutterschaftsgeld, höchstens jedoch insgesamt vierhundert Deutsche Mark. Das Mutterschaftsgeld wird diesen Frauen vom Bundesversicherungsamt gezahlt. (...)

AUSLÄNDER- UND ASYLRECHT

Ausländergesetz

§ 5 Arten der Aufenthaltsgenehmigung

Die Aufenthaltsgenehmigung wird erteilt als

1. Aufenthaltserlaubnis (§§ 15, 17),
2. Aufenthaltsberechtigung (§ 27),
3. Aufenthaltsbewilligung (§§ 28, 29),
4. Aufenthaltsbefugnis (§ 30).

§ 17 Familiennachzug zu Ausländern

(1) Einem ausländischen Familienangehörigen eines Ausländers kann zum Zwecke des nach Artikel 6 des Grundgesetzes gebotenen Schutzes von Ehe und Familie eine Aufenthaltserlaubnis für die Herstellung und Wahrung der familiären Lebensgemeinschaft mit dem Ausländer im Bundesgebiet erteilt und verlängert werden.

(2) Die Aufenthaltserlaubnis darf zu dem in Absatz 1 bezeichneten Zweck nur erteilt werden, wenn

1. der Ausländer eine Aufenthaltserlaubnis oder Aufenthaltsberechtigung besitzt,
2. ausreichender Wohnraum zur Verfügung steht und
3. der Lebensunterhalt des Familienangehörigen aus eigener Erwerbstätigkeit des Ausländers, aus eigenem Vermögen oder sonstigen eigenen Mitteln gesichert ist; zur Vermeidung einer besonderen Härte kann die Aufenthaltserlaubnis erteilt werden, wenn der Lebensunterhalt der Familie auch aus eigener Erwerbstätigkeit des sich rechtmäßig oder geduldet im Bundesgebiet aufhaltenden Familienangehörigen oder durch einen unterhaltspflichtigen Familienangehörigen gesichert wird.

(3) Dem Ehegatten und minderjährigen ledigen Kindern eines Asylberechtigten kann abweichend von Absatz 2 eine Aufenthaltserlaubnis erteilt werden. (...)

(5) Die Aufenthaltserlaubnis kann auch bei Vorliegen der Voraussetzungen eines Anspru-

ches nach diesem Gesetz versagt werden, wenn gegen den Familienangehörigen ein Ausweisungsgrund vorliegt oder wenn der Ausländer für sonstige ausländische Familienangehörige, die sich im Bundesgebiet aufhalten und denen er allgemein zum Unterhalt verpflichtet ist, oder für Personen in seinem Haushalt, für die er Unterhalt getragen oder auf Grund einer Zusage zu tragen hat, Sozialhilfe in Anspruch nimmt oder in Anspruch nehmen muß.

§ 18 Ehegattennachzug

(1) Dem Ehegatten eines Ausländers ist nach Maßgabe des § 17 eine Aufenthaltserlaubnis zu erteilen, wenn der Ausländer
1. eine Aufenthaltsberechtigung besitzt,
2. als Asylberechtigter anerkannt ist,
3. eine Aufenthaltserlaubnis besitzt, die Ehe schon im Zeitpunkt der Einreise des Ausländers bestanden hat und von diesem bei der erstmaligen Beantragung der Aufenthaltserlaubnis angegeben worden ist oder
4. im Bundesgebiet geboren oder als Minderjähriger eingereist ist, eine unbefristete Aufenthaltserlaubnis oder eine Aufenthaltsberechtigung besitzt, sich acht Jahre rechtmäßig im Bundesgebiet aufgehalten hat und volljährig ist. (...)

§ 19 Eigenständiges Aufenthaltsrecht der Ehegatten

(1) Die Aufenthaltserlaubnis des Ehegatten wird im Falle der Aufhebung der ehelichen Lebensgemeinschaft als eigenständiges, von dem in § 17 Abs. 1 bezeichneten Aufenthaltszweck unabhängiges Aufenthaltsrecht verlängert, wenn
1. die eheliche Lebensgemeinschaft seit mindestens vier Jahren rechtmäßig im Bundesgebiet bestanden hat,
2. die eheliche Lebensgemeinschaft rechtmäßig im Bundesgebiet bestanden hat und es zur Vermeidung einer außergewöhnlichen Härte erforderlich ist, dem Ehegatten den weiteren Aufenthalt zu ermöglichen, es sei denn, für den Ausländer ist die Erteilung einer unbefristeten Aufenthaltserlaubnis ausgeschlossen, (...) und wenn
4. der Ausländer bis zum Eintritt der in den Nummern 1 bis 3 bezeichneten Voraussetzungen im Besitz der Aufenthaltserlaubnis oder Aufenthaltsberechtigung war, es sei denn, er konnte aus von ihm nicht zu vertretenden Gründen nicht rechtzeitig die Verlängerung der Aufenthaltserlaubnis beantragen.

Eine außergewöhnliche Härte im Sinne des Satzes 1 Nr. 2 liegt vor, wenn dem Ehegatten wegen der Auflösung der ehelichen Lebensgemeinschaft nach Art und Schwere so erhebliche Schwierigkeiten im Zusammenhang mit der bestehenden Rückkehrverpflichtung drohen, daß die Versagung der Aufenthaltserlaubnis als nicht vertretbar erscheinen würde; hierbei ist die Dauer der ehelichen Lebensgemeinschaft im Bundesgebiet zu berücksichtigen. Zur Vermeidung von Mißbrauch kann die Verlängerung der Aufenthaltserlaubnis in den Fällen des Satzes 1 Nr. 2 versagt werden, wenn der Ehegatte auf die Inanspruchnahme von Sozialhilfe angewiesen ist.

(2) In den Fällen des Absatzes 1 ist die Aufenthaltserlaubnis für ein Jahr zu verlängern; die Inanspruchnahme von Sozialhilfe steht dieser Verlängerung, unbeschadet des Absatzes 1 Satz 3, nicht entgegen. Danach kann die Aufenthaltserlaubnis befristet verlängert werden, solange die Voraussetzungen für die unbefristete Verlängerung nicht vorliegen.

(3) Die Verlängerung der Aufenthaltserlaubnis kann unbeschadet des Absatzes 2 Satz 1 versagt werden, wenn gegen den Ehegatten ein Ausweisungsgrund vorliegt.

(4) Im übrigen wird die Aufenthaltserlaubnis eines Ehegatten mit der unbefristeten Verlängerung zu einem eigenständigen, von dem in § 17 Abs. 1 bezeichneten Aufenthaltszweck unabhängigen Aufenthaltsrecht.

§ 20 Kindernachzug

(1) Dem minderjährigen ledigen Kind eines Asylberechtigten ist nach Maßgabe des § 17 eine Aufenthaltserlaubnis zu erteilen.

(2) Dem ledigen Kind eines sonstigen Ausländers ist nach Maßgabe des § 17 eine Aufenthaltserlaubnis zu erteilen, wenn
1. auch der andere Elternteil eine Aufenthaltserlaubnis oder Aufenthaltsberechtigung besitzt oder gestorben ist und
2. das Kind das 16. Lebensjahr noch nicht vollendet hat.

(3) Von der in Absatz 2 Nr. 1 bezeichneten Voraussetzung kann abgesehen werden, wenn die Eltern nicht oder nicht mehr miteinander verheiratet sind. Einem Kind, das sich seit fünf Jahren rechtmäßig im Bundesgebiet aufhält, kann die Aufenthaltserlaubnis abweichend von Absatz 2 Nr. 1 und § 17 Abs. 2 Nr. 3 erteilt werden.

(4) Im übrigen kann dem minderjährigen ledigen Kind eines Ausländers nach Maßgabe des § 17 eine Aufenthaltserlaubnis erteilt werden, wenn
1. das Kind die deutsche Sprache beherrscht oder gewährleistet erscheint, daß es sich auf Grund seiner bisherigen Ausbildung und Lebensverhältnisse in die Lebensverhältnisse in der Bundesrepublik Deutschland einfügen kann oder
2. es auf Grund der Umstände des Einzelfalles zur Vermeidung einer besonderen Härte erforderlich ist.

(5) Dem minderjährigen ledigen Kind eines Ausländers, der im Bundesgebiet geboren oder als Minderjähriger eingereist ist, kann die Aufenthaltserlaubnis abweichend von § 17 Abs. 2 Nr. 3 erteilt werden, wenn der Lebensunterhalt ohne Inanspruchnahme öffentlicher Mittel gesichert ist. Der Erteilung der Aufenthaltserlaubnis steht nicht die Inanspruchnahme von Stipendien und Ausbildungsbeihilfen sowie von solchen öffentlichen Mitteln entgegen, die auf einer Beitragsleistung beruhen. (...)

§ 21 Aufenthaltsrecht der Kinder

(1) Einem Kind, das im Bundesgebiet geboren wird, ist von Amts wegen eine Aufenthaltserlaubnis zu erteilen, wenn die Mutter eine Aufenthaltserlaubnis oder Aufenthaltsberechtigung besitzt. Die Aufenthaltserlaubnis ist nach Maßgabe des § 17 zu verlängern, solange die Mutter oder der allein personensorgeberechtigte Vater eine Aufenthaltserlaubnis oder Aufenthaltsberechtigung besitzt. (...)

§ 22 Nachzug sonstiger Familienangehöriger

Einem sonstigen Familienangehörigen eines Ausländers kann nach Maßgabe des § 17 eine Aufenthaltserlaubnis erteilt werden, wenn es zur Vermeidung einer außergewöhnlichen Härte erforderlich ist. (...)

§ 23 Ausländische Familienangehörige Deutscher

(1) Die Aufenthaltserlaubnis ist nach Maßgabe des § 17 Abs. 1
1. dem ausländischen Ehegatten eines Deutschen,
2. dem ausländischen minderjährigen ledigen Kind eines Deutschen,
3. dem ausländischen Elternteil eines minderjährigen ledigen Deutschen zur Ausübung der Personensorge zu erteilen, wenn der Deutsche seinen gewöhnlichen Aufenthalt im Bundesgebiet hat; (...)

(4) Auf sonstige Familienangehörige findet § 22 entsprechende Anwendung.

§ 30 Aufenthaltsbefugnis

(1) Die Aufenthaltsgenehmigung wird als Aufenthaltsbefugnis erteilt, wenn einem Ausländer aus völkerrechtlichen oder dringenden humanitären Gründen (...) Einreise und Aufenthalt im Bundesgebiet erlaubt werden soll und die Erteilung einer Aufenthaltserlaubnis ausgeschlossen ist oder ihr einer der in § 7 Abs. 2 bezeichneten Versagungsgründe entgegensteht. (...)

§ 31 Aufenthaltsbefugnis für Familienangehörige

(1) Dem Ehegatten und einem minderjährigen ledigen Kind eines Ausländers, der eine Aufenthaltsbefugnis besitzt, darf nach Maßgabe des § 30 Abs. 1 bis 4 und abweichend von §

30 Abs. 5 eine Aufenthaltsbefugnis zur Herstellung und Wahrung der familiären Lebensgemeinschaft mit dem Ausländer im Bundesgebiet erteilt werden.

(2) Einem Kind, das im Bundesgebiet geboren wird, ist von Amts wegen eine Aufenthaltsbefugnis zu erteilen, wenn die Mutter eine Aufenthaltsbefugnis besitzt. Die Aufenthaltsbefugnis ist zu verlängern, solange die Mutter oder der allein personensorgeberechtigte Vater eine Aufenthaltsbefugnis besitzt.

§ 45 Ausweisung

(1) Ein Ausländer kann ausgewiesen werden, wenn sein Aufenthalt die öffentliche Sicherheit und Ordnung oder sonstige erhebliche Interessen der Bundesrepublik Deutschland beeinträchtigt. (...)

§ 46 Einzelne Ausweisungsgründe

Nach § 45 Abs. 1 kann insbesondere ausgewiesen werden, wer (...)

2. einen nicht nur vereinzelten oder geringfügigen Verstoß gegen Rechtsvorschriften oder gerichtliche oder behördliche Entscheidungen oder Verfügungen begangen oder außerhalb des Bundesgebiets eine Straftat begangen hat, die im Bundesgebiet als vorsätzliche Straftat anzusehen ist,
3. gegen eine für die Ausübung der Gewerbsunzucht geltende Rechtsvorschrift oder behördliche Verfügung verstößt,
5. durch sein Verhalten die öffentliche Gesundheit gefährdet oder längerfristig obdachlos ist, (...)
6. für sich, seine Familienangehörigen, die sich im Bundesgebiet aufhalten und denen er allgemein zum Unterhalt verpflichtet ist, oder für Personen in seinem Haushalt, für die er Unterhalt getragen oder auf Grund einer Zusage zu tragen hat, Sozialhilfe in Anspruch nimmt oder in Anspruch nehmen muß oder
7. Hilfe zur Erziehung außerhalb der eigenen Familie oder Hilfe für junge Volljährige nach dem Achten Buch Sozialgesetzbuch erhält; das gilt nicht für einen Minderjährigen, dessen Eltern oder dessen allein personensorgeberechtigter Elternteil sich rechtmäßig im Bundesgebiet aufhalten.

§ 51 Verbot der Abschiebung politisch Verfolgter

(1) Ein Ausländer darf nicht in einen Staat abgeschoben werden, in dem sein Leben oder seine Freiheit wegen seiner Rasse, Religion, Staatsangehörigkeit, seiner Zugehörigkeit zu einer bestimmten sozialen Gruppe oder wegen seiner politischen Überzeugung bedroht ist. (...)

§ 53 Abschiebungshindernisse

(1) Ein Ausländer darf nicht in einen Staat abgeschoben werden, in dem für diesen Ausländer die konkrete Gefahr besteht, der Folter unterworfen zu werden.

(2) Ein Ausländer darf nicht in einen Staat abgeschoben werden, wenn dieser Staat den Ausländer wegen einer Straftat sucht und die Gefahr der Todesstrafe besteht. In diesen Fällen finden die Vorschriften über die Auslieferung entsprechende Anwendung. (...)

(4) Ein Ausländer darf nicht abgeschoben werden, soweit sich aus der Anwendung der Konvention zum Schutze der Menschenrechte und Grundfreiheiten vom 4. November 1950 (BGBl. 1952 II S. 686) ergibt, daß die Abschiebung unzulässig ist. (...)

(6) Von der Abschiebung eines Ausländers in einen anderen Staat kann abgesehen werden, wenn dort für diesen Ausländer eine erhebliche konkrete Gefahr für Leib, Leben oder Freiheit besteht. Gefahren in diesem Staat, denen die Bevölkerung oder die Bevölkerungsgruppe, der der Ausländer angehört, allgemein ausgesetzt ist, werden bei Entscheidungen nach § 54 berücksichtigt.

§ 55 Duldungsgründe

(1) Die Abschiebung eines Ausländers kann nur nach Maßgabe der Absätze 2 bis 4 zeitweise ausgesetzt werden (Duldung).

(2) Einem Ausländer wird eine Duldung erteilt, solange seine Abschiebung aus rechtlichen oder aus tatsächlichen Gründen unmöglich ist oder nach § 53 Abs. 6 oder § 54 ausgesetzt werden soll.
(3) Einem Ausländer kann eine Duldung erteilt werden, solange er nicht unanfechtbar ausreisepflichtig ist oder wenn dringende humanitäre oder persönliche Gründe (...) seine vorübergehende weitere Anwesenheit im Bundesgebiet erfordern. (...)

§ 56 Duldung
(1) Die Ausreisepflicht eines geduldeten Ausländers bleibt unberührt.
(2) Die Duldung ist befristet; die Frist soll ein Jahr nicht übersteigen. Nach Ablauf der Frist kann die Duldung nach Maßgabe des § 55 erneuert werden.
(3) Die Duldung ist räumlich auf das Gebiet des Landes beschränkt. Weiter Bedingungen und Auflagen können angeordnet werden. (...)
(4) Die Duldung wird widerrufen, wenn die der Abschiebung entgegenstehenden Gründe entfallen.
(5) Der Ausländer wird unverzüglich nach Erlöschen der Duldung ohne erneute Androhung oder Fristsetzung abgeschoben, es sei denn, die Duldung wird erneuert. ist der Ausländer länger als ein Jahr geduldet, ist die Abschiebung drei Monate vorher anzukündigen, es sei denn, daß die Aufnahmebereitschaft des anderen Staates vorher endet.

§ 85 Einbürgerungsanspruch für Ausländer mit längerem Aufenthalt; Miteinbürgerung ausländischer Ehehatten und minderjähriger Kinder
(1) Ein Ausländer, der seit acht Jahren rechtmäßig seinen gewöhnlichen Aufenthalt im Inland hat, ist auf Antrag einzubürgern, wenn er
1. sich zur freiheitlichen demokratischen Grundordnung des Grundgesetzes für die Bundesrepublik Deutschland bekennt, (...)
2. eine Aufenthaltserlaubnis oder eine Aufenthaltsberechtigung besitzt,
3. den Lebensunterhalt für sich und seine unterhaltsberechtigten Familienangehörigen ohne Inanspruchnahme von Sozial- oder Arbeitslosenhilfe bestreiten kann,
4. seine bisherige Staatsangehörigkeit aufgibt oder verliert,
5. nicht wegen einer Straftat verurteilt worden ist.
Von der in Satz 1 Nr. 3 bezeichneten Voraussetzung wird abgesehen, wenn der Ausländer aus einem von ihm nicht zu vertretenden Grunde den Lebensunterhalt nicht ohne Inanspruchnahme von Sozial- oder Arbeitslosenhilfe bestreiten kann.
(2) Der Ehegatte und die minderjährigen Kinder des Ausländers können nach Maßgabe des Absatzes 1 mit eingebürgert werden, auch wenn sie sich noch nicht seit acht Jahren rechtmäßig im Inland aufhalten. (...)

§ 86 Ausschlußgründe
Ein Anspruch auf Einbürgerung nach § 85 besteht nicht, wenn
1. der Einbürgerungsbewerber nicht über ausreichende Kenntnisse der deutschen Sprache verfügt, (...)
3. ein Ausweisungsgrund nach § 46 Nr. 1 vorliegt

§ 87 Einbürgerung unter Hinnahme von Mehrstaatigkeit
(1) Von der Voraussetzung des § 85 Abs. 1 Satz 1 Nr. 4 wird abgesehen, wenn der Ausländer seine bisherige Staatsangehörigkeit nicht oder nur unter besonders schwierigen Bedingungen aufgeben kann. (...)

§ 90 Einbürgerungsgebühr
Die Gebühr für die Einbürgerung nach diesem Gesetz beträgt 500 Deutsche Mark. Sie ermäßigt sich für ein minderjähriges Kind, das miteingebürgert wird und keine eigenen Einkünfte im Sinne des Einkommensteuergesetzes hat, auf 100 Deutsche Mark. Von der Gebühr kann aus Gründen der Billigkeit oder des öffentlichen Interesses Gebührenermäßigung oder -befreiung gewährt werden.

Asylverfahrensgesetz

§ 26 Familienasyl

(1) Der Ehegatte eines Asylberechtigten wird als Asylberechtigter anerkannt, wenn
1. die Anerkennung des Ausländers als Asylberechtigter unanfechtbar ist,
2. die Ehe schon in dem Staat bestanden hat, in dem der Asylberechtigte politisch verfolgt wird,
3. der Ehegatte einen Asylantrag vor oder gleichzeitig mit dem Asylberechtigten oder unverzüglich nach der Einreise gestellt hat und
4. die Anerkennung des Asylberechtigten nicht zu widerrufen oder zurückzunehmen ist.

(2) Absatz 1 Nr. 3 und 4 gilt entsprechend für die im Zeitpunkt ihrer Asylantragstellung minderjährigen ledigen Kinder eines Asylberechtigten. Für im Bundesgebiet nach der Anerkennung des Asylberechtigten geborene Kinder ist der Asylantrag innerhalb eines Jahres nach der Geburt zu stellen. (...)

Asylbewerberleistungsgesetz

§ 1 Leistungsberechtigte

(1) Leistungsberechtigt nach diesem Gesetz sind Ausländer, die sich tatsächlich im Bundesgebiet aufhalten und die
1. eine Aufenthaltsgestattung nach dem Asylverfahrensgesetz besitzen,
2. über einen Flughafen einreisen wollen und denen die Einreise nicht oder noch nicht gestattet ist,
3. wegen des Krieges in ihrem Heimatland eine Aufenthaltsbefugnis nach § 32 oder § 32a des Ausländergesetzes besitzen,
4. eine Duldung nach § 55 des Ausländergesetzes besitzen,
5. vollziehbar ausreisepflichtig sind, auch wenn eine Abschiebungsandrohung noch nicht oder nicht mehr vollziehbar ist, oder
6. Ehegatten oder minderjährige Kinder der in den Nummern 1 bis 5 genannten Personen sind, ohne daß sie selbst die dort genannten Voraussetzungen erfüllen. (...)

§ 2 Leistungen in besonderen Fällen

(1) Abweichend von den §§ 3 bis 7 ist das Bundessozialhilfegesetz auf Leistungsberechtigte entsprechend anzuwenden, die über eine Dauer von insgesamt 36 Monaten, frühestens beginnend am 1. Juni 1997, Leistungen nach § 3 erhalten haben, wenn die Ausreise nicht erfolgen kann und aufenthaltsbeendende Maßnahmen nicht vollzogen werden können, weil humanitäre, rechtliche oder persönliche Gründe oder das öffentliche Interesse entgegenstehen. (...)

(3) Minderjährige Kinder, die mit ihren Eltern oder einem Elternteil in einer Haushaltsgemeinschaft leben, erhalten Leistungen nach Absatz 1 nur, wenn mindestens ein Elternteil in der Haushaltsgemeinschaft Leistungen nach Absatz 1 erhält.

§§

§ 3 Grundleistungen

(1) Der notwendige Bedarf an Ernährung, Unterkunft, Heizung, Kleidung, Gesundheits- und Körperpflege und Gebrauchs- und Verbrauchsgütern des Haushalts wird durch Sachleistungen gedeckt. (...) Zusätzlich erhalten Leistungsberechtigte
1. bis zur Vollendung des 14. Lebensjahres 40 Deutsche Mark,
2. von Beginn des 15. Lebensjahres an 80 Deutsche Mark monatlich als Geldbetrag zur Deckung persönlicher Bedürfnisse des täglichen Lebens. (...)

(2) Bei einer Unterbringung außerhalb von Aufnahmeeinrichtungen im Sinne des § 44 des Asylverfahrensgesetzes können, soweit es nach den Umständen erforderlich ist, anstelle von vorrangig zu gewährenden Sachleistungen nach Absatz 1 Satz 1 Leistungen in Form von Wertgutscheinen, von anderen vergleichbaren unbaren Abrechnungen oder von Geldleistungen im gleichen Wert gewährt werden. Der Wert beträgt

1. für den Haushaltsvorstand 360 Deutsche Mark,
2. für Haushaltsangehörige bis zur Vollendung des 7. Lebensjahres 220 Deutsche Mark,
3. für Haushaltsangehörige von Beginn des 8. Lebensjahres an 310 Deutsche Mark monatlich zuzüglich der notwendigen Kosten für Unterkunft, Heizung und Hausrat. Absatz 1 Satz 3 und 4 findet Anwendung. (...)

(4) Leistungen in Geld oder Geldeswert sollen dem Leistungsberechtigten oder einem volljährigen berechtigten Mitglied des Haushalts persönlich ausgehändigt werden.

§ 4 Leistungen bei Krankheit, Schwangerschaft und Geburt

(1) Zur Behandlung akuter Erkrankungen und Schmerzzustände sind die erforderliche ärztliche und zahnärztliche Behandlung einschließlich der Versorgung mit Arznei- und Verbandmitteln sowie sonstiger zur Genesung, zur Besserung oder zur Linderung von Krankheiten oder Krankheitsfolgen erforderlichen Leistungen zu gewähren. Eine Versorgung mit Zahnersatz erfolgt nur, soweit dies im Einzelfall aus medizinischen Gründen unaufschiebbar ist.

(2) Werdenden Müttern und Wöchnerinnen sind ärztliche und pflegerische Hilfe und Betreuung, Hebammenhilfe, Arznei-, Verband- und Heilmittel zu gewähren.

(3) Die zuständige Behörde stellt die ärztliche und zahnärztliche Versorgung einschließlich der amtlich empfohlenen Schutzimpfungen und medizinisch gebotenen Vorsorgeuntersuchungen sicher. (...)

§ 5 Arbeitsgelegenheiten

(1) (...) Im übrigen sollen soweit wie möglich Arbeitsgelegenheiten bei staatlichen, bei kommunalen und bei gemeinnützigen Trägern zur Verfügung gestellt werden, sofern die zu leistende Arbeit sonst nicht, nicht in diesem Umfang oder nicht zu diesem Zeitpunkt verrichtet werden würde.

(2) Für die zu leistende Arbeit (...) wird eine Aufwandsentschädigung von 2 Deutsche Mark je Stunde ausgezahlt.

(3) Die Arbeitsgelegenheit ist zeitlich und räumlich so auszugestalten, daß sie auf zumutbare Weise und zumindest stundenweise ausgeübt werden kann.

(4) Arbeitsfähige, nicht erwerbstätige Leistungsberechtigte, die nicht mehr im schulpflichtigen Alter sind, sind zur Wahrnehmung einer zur Verfügung gestellten Arbeitsgelegenheit verpflichtet. Bei unbegründeter Ablehnung einer solchen Tätigkeit kann der Geldbetrag nach § 3 Abs. 1 Satz 4 teilweise gekürzt werden.

(5) Ein Arbeitsverhältnis im Sinne des Arbeitsrechts und ein Beschäftigungsverhältnis im Sinne der gesetzlichen Kranken- und Rentenversicherung werden nicht begründet. (...)

§ 6 Sonstige Leistungen

Sonstige Leistungen können insbesondere gewährt werden, wenn sie im Einzelfall zur Sicherung des Lebensunterhalts oder der Gesundheit unerläßlich, zur Deckung besonderer Bedürfnisse von Kindern geboten oder zur Erfüllung einer verwaltungsrechtlichen Mitwirkungspflicht erforderlich sind. Die Leistungen sind als Sachleistungen, bei Vorliegen besonderer Umstände als Geldleistung zu gewähren.

FAMILIENRECHT UND JUGENDHILFERECHT

Bürgerliches Gesetzbuch

§ 1353 [Eheliche Lebensgemeinschaft]

(1) Die Ehe wird auf Lebenszeit geschlossen. Die Ehegatten sind einander zur ehelichen Lebensgemeinschaft verpflichtet; sie tragen füreinander Verantwortung.

(2) Ein Ehegatte ist nicht verpflichtet, dem Verlangen des anderen Ehegatten nach Herstellung der Gemeinschaft Folge zu leisten, wenn sich das Verlangen als Mißbrauch seines Rechtes darstellt oder wenn die Ehe gescheitert ist.

§ 1355 [Namensgestaltung bei Eheschließung, Verwitwung und Scheidung]

(1) Die Ehegatten sollen einen gemeinsamen Familiennamen (Ehenamen) bestimmen. Die Ehegatten führen den von ihnen bestimmten Ehenamen. Bestimmen die Ehegatten keinen Ehenamen, so führen sie ihren zur Zeit der Eheschließung geführten Namen auch nach der Eheschließung. (...)

§ 1356 [Haushaltsführung und Erwerbstätigkeit]

(1) Die Ehegatten regeln die Haushaltsführung im gegenseitigen Einvernehmen. Ist die Haushaltsführung einem der Ehegatten überlassen, so leitet dieser den Haushalt in eigener Verantwortung.

(2) Beide Ehegatten sind berechtigt, erwerbstätig zu sein. Bei der Wahl und Ausübung einer Erwerbstätigkeit haben sie auf die Belange des anderen Ehegatten und der Familie die gebotene Rücksicht zu nehmen.

§ 1357 [Geschäfte zur Deckung des Lebensbedarfs]

(1) Jeder Ehegatte ist berechtigt, Geschäfte zur angemessenen Deckung des Lebensbedarfs der Familie mit Wirkung auch für den anderen Ehegatten zu besorgen. Durch solche Geschäfte werden beide Ehegatten berechtigt und verpflichtet, es sei denn, daß sich aus den Umständen etwas anderes ergibt. (...)

(3) Absatz 1 gilt nicht, wenn die Ehegatten getrennt leben.

§ 1360 [Verpflichtung zum Familienunterhalt]

Die Ehegatten sind einander verpflichtet, durch ihre Arbeit und mit ihrem Vermögen die Familie angemessen zu unterhalten. Ist einem Ehegatten die Haushaltsführung überlassen, so erfüllt er seine Verpflichtung, durch Arbeit zum Unterhalt der Familie beizutragen, in der Regel durch die Führung des Haushalts.

§ 1360 a [Umfang der Unterhaltspflicht; Prozeßkosten]

(1) Der angemessene Unterhalt der Familie umfaßt alles, was nach den Verhältnissen der Ehegatten erforderlich ist, um die Kosten des Haushalts zu bestreiten und die persönlichen Bedürfnisse der Ehegatten und den Lebensbedarf der gemeinsamen unterhaltsberechtigten Kinder zu befriedigen. (...)

(4) Ist ein Ehegatte nicht in der Lage, die Kosten eines Rechtsstreits zu tragen, der eine persönliche Angelegenheit betrifft, so ist der andere Ehegatte verpflichtet, ihm diese Kosten vorzuschießen, soweit dies der Billigkeit entspricht. (...)

§ 1361 [Unterhalt bei Getrenntleben]

(1) Leben die Ehegatten getrennt, so kann ein Ehegatte von dem anderen den nach den Lebensverhältnissen und den Erwerbs- und Vermögensverhältnissen der Ehegatten angemessenen Unterhalt verlangen; (...). Ist zwischen den getrennt lebenden Ehegatten ein Scheidungsverfahren rechtshängig, so gehören zum Unterhalt vom Eintritt der Rechtshängigkeit an auch die Kosten einer angemessenen Versicherung für den Fall des Alters sowie der Berufs- oder Erwerbsunfähigkeit.

(2) Der nichterwerbstätige Ehegatte kann nur dann darauf verwiesen werden, seinen Unterhalt durch eine Erwerbstätigkeit selbst zu verdienen, wenn dies von ihm nach seinen persönlichen Verhältnissen, insbesondere wegen einer früheren Erwerbstätigkeit unter Berücksichtigung der Dauer der Ehe, und nach den wirtschaftlichen Verhältnissen beider Ehegatten erwartet werden kann.

(3) Die Vorschrift des §1579 Nr. 2 bis 7 über die Herabsetzung des Unterhaltsanspruchs aus Billigkeitsgründen ist entsprechend anzuwenden.

(4) Der laufende Unterhalt ist durch Zahlung einer Geldrente zu gewähren. Die Rente ist monatlich im voraus zu zahlen. (...)

§ 1361 a [Hausratsverteilung bei Getrenntleben]

(1) Leben die Ehegatten getrennt, so kann jeder von ihnen die ihm gehörenden Haushaltsgegenstände von dem anderen Ehegatten herausverlangen. Er ist jedoch verpflichtet, sie dem anderen Ehegatten zum Gebrauch zu überlassen, soweit dieser sie zur Führung eines abgesonderten Haushalts benötigt und die Überlassung nach den Umständen des Falles der Billigkeit entspricht.

(2) Haushaltsgegenstände, die den Ehegatten gemeinsam gehören, werden zwischen ihnen nach den Grundsätzen der Billigkeit verteilt.

(3) Können sich die Ehegatten nicht einigen, so entscheidet das zuständige Gericht. Dieses kann eine angemessene Vergütung für die Benutzung der Haushaltsgegenstände festsetzen. (...)

§ 1361 b [Ehewohnung bei Getrenntleben]

(1) Leben die Ehegatten getrennt, oder will einer von ihnen getrennt leben, so kann ein Ehegatte verlangen, daß ihm der andere die Ehewohnung oder einen Teil zur alleinigen Benutzung überläßt, soweit dies notwendig ist, um eine schwere Härte zu vermeiden. (...)

(2) Ist ein Ehegatte verpflichtet, dem anderen Ehegatten die Ehewohnung oder einen Teil zur alleinigen Benutzung zu überlassen, so kann er vom anderen Ehegatten eine Vergütung für die Benutzung verlangen, soweit dies der Billigkeit entspricht.

§ 1362 [Eigentumsvermutungen]

(1) Zugunsten der Gläubiger des Mannes und der Gläubiger der Frau wird vermutet, daß die im Besitz eines Ehegatten oder beider Ehegatten befindlichen beweglichen Sachen dem Schuldner gehören. Diese Vermutung gilt nicht, wenn die Ehegatten getrennt leben und sich die Sachen im Besitze des Ehegatten befinden, der nicht Schuldner ist. (...)

§ 1363 [Zugewinngemeinschaft]

(1) Die Ehegatten leben im Güterstand der Zugewinngemeinschaft, wenn sie nicht durch Ehevertrag etwas anderes vereinbaren.

(2) Das Vermögen des Mannes und das Vermögen der Frau werden nicht gemeinschaftliches Vermögen der Ehegatten; dies gilt auch für Vermögen, das ein Ehegatte nach der Eheschließung erwirbt. Der Zugewinn, den die Ehegatten in der Ehe erzielen, wird jedoch ausgeglichen, wenn die Zugewinngemeinschaft endet.

§ 1365 [Einschränkung der Verfügungsmacht über Vermögen im ganzen]

(1) Ein Ehegatte kann sich nur mit Einwilligung des anderen Ehegatte verpflichten, über sein Vermögen im ganzen zu verfügen. (...)

§ 1369 [Verfügungen über Haushaltsgegenstände]

(1) Ein Ehegatte kann über ihm gehörende Gegenstände des ehelichen Haushalts nur verfügen und sich zu einer solchen Verfügung auch nur verpflichten, wenn der andere Ehegatte einwilligt. (...)

§ 1370 [Ersatz von Haushaltsgegenständen]

Haushaltsgegenstände, die an Stelle von nicht mehr vorhandenen oder wertlos gewordenen Gegenständen angeschafft werden, werden Eigentum des Ehegatten, dem die nicht mehr vorhandenen oder wertlos gewordenen Gegenstände gehört haben.

§ 1373 [Begriff des Zugewinns]

Zugewinn ist der Betrag, um den das Endvermögen eines Ehegatten das Anfangsvermögen übersteigt.

§ 1374 [Anfangsvermögen]

(1) Anfangsvermögen ist das Vermögen, das einem Ehegatten nach Abzug der Verbindlich-

keiten beim Eintritt des Güterstandes gehört; die Verbindlichkeiten können nur bis zur Höhe des Vermögens abgezogen werden.

(2) Vermögen, das ein Ehegatte nach Eintritt des Güterstandes von Todes wegen oder mit Rücksicht auf ein künftiges Erbrecht, durch Schenkung oder als Ausstattung erwirbt, wird nach Abzug der Verbindlichkeiten dem Anfangsvermögen hinzugerechnet, soweit es nicht den Umständen nach zu den Einkünften zu rechnen ist.

§ 1375 [Endvermögen]

Endvermögen ist das Vermögen, das einem Ehegatten nach Abzug der Verbindlichkeiten bei der Beendigung des Güterstandes gehört. (...)

§ 1408 [Ehevertrag; Grundsatz der Vertragsfreiheit]

(1) Die Ehegatten können ihre güterrechtlichen Verhältnisse durch Vertrag (Ehevertrag) regeln, insbesondere auch nach der Eingehung der Ehe den Güterstand aufheben oder ändern.

(2) In einem Ehevertrag können die Ehegatten durch eine ausdrückliche Vereinbarung auch den Versorgungsausgleich ausschließen. Der Ausschluß ist unwirksam, wenn innerhalb eines Jahres nach Vertragsschluß Antrag auf Scheidung der Ehe gestellt wird.

§ 1410 [Form des Ehevertrages]

Der Ehevertrag muß bei gleichzeitiger Anwesenheit beider Teile zur Niederschrift eines Notars geschlossen werden.

§ 1564 [Scheidung durch Urteil]

Eine Ehe kann nur durch gerichtliches Urteil auf Antrag eines oder beider Ehegatten geschieden werden. Die Ehe ist mit der Rechtskraft des Urteils aufgelöst. (...)

§ 1565 [Zerrüttungsprinzip; Mindesttrennungsdauer]

(1) Eine Ehe kann geschieden werden, wenn sie gescheitert ist. Die Ehe ist gescheitert, wenn die Lebensgemeinschaft der Ehegatten nicht mehr besteht und nicht erwartet werden kann, daß die Ehegatten sie wiederherstellen.

(2) Leben die Ehegatten noch nicht ein Jahr getrennt, so kann die Ehe nur geschieden werden, wenn die Fortsetzung der Ehe für den Antragsteller aus Gründen, die in der Person des anderen Ehegatten liegen, eine unzumutbare Härte darstellen würde.

§ 1566 [Zerrüttungsvermutungen]

(1) Es wird unwiderlegbar vermutet, daß die Ehe gescheitert ist, wenn die Ehegatten seit einem Jahr getrennt leben und beide Ehegatten die Scheidung beantragen oder der Antragsgegner der Scheidung zustimmt.

(2) Es wird unwiderlegbar vermutet, daß die Ehe gescheitert ist, wenn die Ehegatten seit drei Jahren getrennt leben.

§ 1567 [Getrenntleben]

(1) Die Ehegatten leben getrennt, wenn zwischen ihnen keine häusliche Gemeinschaft besteht und ein Ehegatte sie erkennbar nicht herstellen will, weil er die eheliche Lebensgemeinschaft ablehnt. Die häusliche Gemeinschaft besteht auch dann nicht mehr, wenn die Ehegatten innerhalb der ehelichen Wohnung getrennt leben.

(2) Ein Zusammenleben über kürzere Zeit, das der Versöhnung der Ehegatten dienen soll, unterbricht oder hemmt die in §1566 bestimmten Fristen nicht.

§ 1568 [Härteklausel]

(1) Die Ehe soll nicht geschieden werden, obwohl sie gescheitert ist, wenn und solange die Aufrechterhaltung der Ehe im Interesse der aus der Ehe hervorgegangenen minderjährigen Kinder aus besonderen Gründen ausnahmsweise notwendig ist (...).

§§

§ 1569 [Anspruch auf Unterhalt]
Kann ein Ehegatte nach der Scheidung nicht selbst für seinen Unterhalt sorgen, so hat er gegen den anderen Ehegatten einen Anspruch auf Unterhalt nach den folgenden Vorschriften.

§ 1570 [Unterhalt wegen Betreuung eines Kindes]
Ein geschiedener Ehegatte kann von dem anderen Unterhalt verlangen, solange und soweit von ihm wegen der Pflege oder Erziehung eines gemeinschaftlichen Kindes eine Erwerbstätigkeit nicht erwartet werden kann.

§ 1571 [Unterhalt wegen Alters]
Ein geschiedener Ehegatte kann von dem anderen Unterhalt verlangen, soweit von ihm im Zeitpunkt

1. der Scheidung,
2. der Beendigung der Pflege oder Erziehung eines gemeinschaftlichen Kindes oder
3. des Wegfalls der Voraussetzungen für einen Unterhaltsanspruch nach den §§1572 und 1573

wegen seines Alters eine Erwerbstätigkeit nicht mehr erwartet werden kann.

§ 1572 [Unterhalt wegen Krankheit oder Gebrechen]
Ein geschiedener Ehegatte kann von dem anderen Unterhalt verlangen, solange und soweit von ihm vom Zeitpunkt

1. der Scheidung,
2. der Beendigung der Pflege oder Erziehung eines gemeinschaftlichen Kindes,
3. der Beendigung der Ausbildung, Fortbildung oder Umschulung oder
4. des Wegfalls der Voraussetzungen für einen Unterhaltsanspruch nach §1573 an

wegen Krankheit oder anderer Gebrechen oder Schwäche seiner körperlichen oder geistigen Kräfte eine Erwerbstätigkeit nicht erwartet werden kann.

§ 1573 [Unterhalt bis zur Erlangung angemessener Erwerbstätigkeit]
(1) Soweit ein geschiedener Ehegatte keinen Unterhaltsanspruch nach den §§1570 bis 1572 hat, kann er gleichwohl Unterhalt verlangen, solange und soweit er nach der Scheidung keine angemessene Erwerbstätigkeit zu finden vermag.
(2) Reichen die Einkünfte aus einer angemessenen Erwerbstätigkeit zum vollen Unterhalt (§ 1578) nicht aus, kann er, soweit er nicht bereits einen Unterhaltsanspruch nach den §§1570 bis 1572 hat, den Unterschiedsbetrag zwischen den Einkünften und dem vollen Unterhalt verlangen. (...)
(4) Der geschiedene Ehegatte kann auch dann Unterhalt verlangen, wenn die Einkünfte aus einer angemessenen Erwerbstätigkeit wegfallen, weil es ihm trotz seiner Bemühungen nicht gelungen war, den Unterhalt durch die Erwerbstätigkeit nach der Scheidung nachhaltig zu sichern. (...)
(5) Die Unterhaltsansprüche nach Absatz 1 bis 4 können zeitlich begrenzt werden, soweit insbesondere unter Berücksichtigung der Dauer der Ehe sowie der Gestaltung von Haushaltsführung und Erwerbstätigkeit ein zeitlich unbegrenzter Unterhaltsanspruch unbillig wäre; dies gilt in der Regel nicht, wenn der Unterhaltsberechtigte nicht nur vorübergehend ein gemeinschaftliches Kind allein oder überwiegend betreut hat oder betreut. Die Zeit der Kindesbetreuung steht der Ehedauer gleich.

§ 1574 [Angemessene Erwerbstätigkeit]
(1) Der geschiedene Ehegatte braucht nur eine ihm angemessene Erwerbstätigkeit auszuüben.
(2) Angemessen ist eine Erwerbstätigkeit, die der Ausbildung, den Fähigkeiten, dem Lebensalter und dem Gesundheitszustand des geschiedenen Ehegatten sowie den ehelichen Lebensverhältnissen entspricht; bei den ehelichen Lebensverhältnissen sind die Dauer der Ehe und die Dauer der Pflege oder Erziehung eines gemeinschaftlichen Kindes zu berücksichtigen.

(3) Soweit es zur Aufnahme einer angemessenen Erwerbstätigkeit erforderlich ist, obliegt es dem geschiedenen Ehegatten, sich ausbilden, fortbilden oder umschulen zu lassen, wenn ein erfolgreicher Abschluß der Ausbildung zu erwarten ist.

§ 1575 [Ausbildung, Fortbildung oder Umschulung]

(1) Ein geschiedener Ehegatte, der in Erwartung der Ehe oder während der Ehe eine Schul- oder Berufsausbildung nicht aufgenommen oder abgebrochen hat, kann von dem anderen Ehegatten Unterhalt verlangen, wenn er diese oder eine entsprechende Ausbildung sobald wie möglich aufnimmt, um eine angemessene Erwerbstätigkeit, die den Unterhalt nachhaltig sichert, zu erlangen und der erfolgreiche Abschluß der Ausbildung zu erwarten ist. Der Anspruch besteht längstens für die Zeit, in der eine solche Ausbildung im allgemeinen abgeschlossen wird; dabei sind ehebedingte Verzögerungen der Ausbildung zu berücksichtigen.

(2) Entsprechendes gilt, wenn sich der geschiedene Ehegatte fortbilden oder umschulen läßt, um Nachteile auszugleichen, die durch die Ehe eingetreten sind.

(3) Verlangt der geschiedene Ehegatte nach Beendigung der Ausbildung, Fortbildung oder Umschulung Unterhalt nach §1573, so bleibt bei der Bestimmung der ihm angemessenen Erwerbstätigkeit (§ 1574 Abs. 2) der erreichte höhere Ausbildungsstand außer Betracht.

§ 1576 [Unterhalt aus Billigkeitsgründen]

Ein geschiedener Ehegatte kann von dem anderen Unterhalt verlangen, soweit und solange von ihm aus sonstigen schwerwiegenden Gründen eine Erwerbstätigkeit nicht erwartet werden kann und die Versagung von Unterhalt unter Berücksichtigung der Belange beider Ehegatten grob unbillig wäre. (...)

§ 1577 [Einkünfte und Vermögen des Unterhaltsberechtigten]

(1) Der geschiedene Ehegatte kann den Unterhalt nach den §§1570 bis 1573, 1575 und 1576 nicht verlangen, solange und soweit er sich aus seinen Einkünften und seinem Vermögen selbst unterhalten kann. (...)

§ 1578 [Maß des Unterhalts; Lebensbedarf]

(1) Das Maß des Unterhalts bestimmt sich nach den ehelichen Lebensverhältnissen. Die Bemessung des Unterhaltsanspruchs nach den ehelichen Lebensverhältnissen kann zeitlich begrenzt und danach auf den angemessenen Lebensbedarf abgestellt werden, (...); dies gilt in der Regel nicht, wenn der Unterhaltsberechtigte nicht nur vorübergehend ein gemeinschaftliches Kind allein oder überwiegend betreut hat oder betreut. Die Zeit der Kindesbetreuung steht der Ehedauer gleich. Der Unterhalt umfaßt den gesamten Lebensbedarf.

(2) Zum Lebensbedarf gehören auch die Kosten einer angemessenen Versicherung für den Fall der Krankheit sowie die Kosten einer Schul- oder Berufsausbildung, einer Fortbildung oder einer Umschulung nach den §§1574, 1575.

(3) Hat der geschiedene Ehegatte einen Unterhaltsanspruch nach den §§1570 bis 1573 oder §1576, so gehören zum Lebensbedarf auch die Kosten einer angemessenen Versicherung für den Fall des Alters sowie der Berufs- oder Erwerbsunfähigkeit.

§ 1579 [Unterhaltsanspruch bei grober Unbilligkeit]

Ein Unterhaltsanspruch ist zu versagen, herabzusetzen oder zeitlich zu begrenzen, soweit die Inanspruchnahme des Verpflichteten auch unter Wahrung der Belange eines dem Berechtigten zur Pflege oder Erziehung anvertrauten gemeinschaftlichen Kindes grob unbillig wäre, weil

1. die Ehe von kurzer Dauer war; der Ehedauer steht die Zeit gleich, in welcher der Berechtigte wegen der Pflege oder Erziehung eines gemeinschaftlichen Kindes nach § 1570 Unterhalt verlangen konnte,
2. der Berechtigte sich eines Verbrechens oder eines schweren vorsätzlichen Vergehens gegen den Verpflichteten oder einen nahen Angehörigen des Verpflichteten schuldig gemacht hat,

3. der Berechtigte seine Bedürftigkeit mutwillig herbeigeführt hat,
4. der Berechtigte sich über schwerwiegende Vermögensinteressen des Verpflichteten mutwillig hinweggesetzt hat,
5. der Berechtigte vor der Trennung längere Zeit hindurch seine Pflicht, zum Familienunterhalt beizutragen, gröblich verletzt hat,
6. dem Berechtigten ein offensichtlich schwerwiegendes, eindeutig bei ihm liegendes Fehlverhalten gegen den Verpflichteten zur Last fällt oder ein anderer Grund vorliegt, der ebenso schwer wiegt wie die in den Nummern 1 bis 6 aufgeführten Gründe.

§ 1580 [Auskunftspflicht]
Die geschiedenen Ehegatten sind einander verpflichtet, auf Verlangen über ihre Einkünfte und ihr Vermögen Auskunft zu erteilen. (...)

§ 1581 [Unterhalt nach Leistungsfähigkeit]
Ist der Verpflichtete nach seinen Erwerbs- und Vermögensverhältnissen unter Berücksichtigung seiner sonstigen Verpflichtungen außerstande, ohne Gefährdung des eigenen angemessenen Unterhalts dem Berechtigten Unterhalt zu gewähren, so braucht er nur insoweit Unterhalt zu leisten, als es mit Rücksicht auf die Bedürfnisse und die Erwerbs und Vermögensverhältnisse der geschiedenen Ehegatten der Billigkeit entspricht. Den Stamm des Vermögens braucht er nicht zu verwerten, soweit die Verwertung unwirtschaftlich oder unter Berücksichtigung der beiderseitigen wirtschaftlichen Verhältnisse unbillig wäre.

§ 1582 [Zusammentreffen von Ansprüchen eines geschiedenen und eines neuen Ehegatten]
(1) Bei Ermittlung des Unterhalts des geschiedenen Ehegatten geht im Falle des §1581 der geschiedene Ehegatte einem neuen Ehegatten vor, (...)

§ 1585 [Art der Unterhaltsgewährung]
(1) Der laufende Unterhalt ist durch Zahlung einer Geldrente zu gewähren. Die Rente ist monatlich im voraus zu entrichten. (...)

§ 1585 b [Unterhalt für die Vergangenheit]
(1) Wegen eines Sonderbedarfs (§ 1613 Abs. 2) kann der Berechtigte Unterhalt für die Vergangenheit verlangen.
(2) Im übrigen kann der Berechtigte für die Vergangenheit Erfüllung oder Schadensersatz wegen Nichterfüllung erst von der Zeit an fordern, in der der Unterhaltspflichtige in Verzug gekommen oder der Unterhaltsanspruch rechtshängig geworden ist.
(3) Für eine mehr als ein Jahr vor der Rechtshängigkeit liegende Zeit kann Erfüllung oder Schadensersatz wegen Nichterfüllung nur verlangt werden, wenn anzunehmen ist, daß der Verpflichtete sich der Leistung absichtlich entzogen hat.

§ 1585 c [Unterhaltsverträge]
Die Ehegatten können über die Unterhaltspflicht für die Zeit nach der Scheidung Vereinbarungen treffen.

§ 1586 [Wiederheirat oder Tod des Berechtigten]
(1) Der Unterhaltsanspruch erlischt mit der Wiederheirat (...) des Berechtigten. (...)

§ 1586 a [Wiederaufleben des Unterhaltsanspruchs]
(1) Geht ein geschiedener Ehegatte eine neue Ehe ein und wird die Ehe wieder aufgelöst, so kann er von dem früheren Ehegatten Unterhalt nach §1570 verlangen, wenn er ein Kind aus der früheren Ehe zu pflegen oder zu erziehen hat. Ist die Pflege oder Erziehung beendet, so kann er Unterhalt nach den §§ 1571 bis 1573,1575 verlangen. (...)

§ 1586 b [Tod des Verpflichteten]
(1) Mit dem Tod des Verpflichteten geht die Unterhaltspflicht auf den Erben als Nachlaßver-

bindlichkeit über. (...) Der Erbe haftet jedoch nicht über den Betrag hinaus, der dem Pflichtteil entspricht (...)

§ 1587 [Versorgungsausgleich; Voraussetzungen]

(1) Zwischen den geschiedenen Ehegatten findet ein Versorgungsausgleich statt, soweit für sie oder einen von ihnen in der Ehezeit Anwartschaften oder Aussichten auf eine Versorgung wegen Alters oder Berufs- oder Erwerbsunfähigkeit der in §1587 a Abs. 2 genannten Art begründet oder aufrechterhalten worden sind. (...)

§ 1601 [Verwandte in gerader Linie]

Verwandte in gerader Linie sind verpflichtet, einander Unterhalt zu gewähren.

§ 1602 [Unterhaltsberechtigte]

(1) Unterhaltsberechtigt ist nur, wer außerstande ist, sich selbst zu unterhalten. (...)

§ 1603 [Voraussetzungen der Unterhaltsverpflichtung]

(1) Unterhaltspflichtig ist nicht, wer bei Berücksichtigung seiner sonstigen Verpflichtungen außerstande ist, ohne Gefährdung seines angemessenen Unterhalts den Unterhalt zu gewähren.

(2) Befinden sich Eltern in dieser Lage, so sind sie ihren minderjährigen unverheirateten Kindern gegenüber verpflichtet, alle verfügbaren Mittel zu ihrem und der Kinder Unterhalte gleichmäßig zu verwenden. Den minderjährigen unverheirateten Kindern stehen volljährige unverheiratete Kinder bis zur Vollendung des 21. Lebensjahres gleich, solange sie im Haushalt der Eltern oder eines Elternteils leben und sich in der allgemeinen Schulausbildung befinden. (...)

§ 1605 [Auskunftspflicht]

(1) Verwandte in gerader Linie sind einander verpflichtet, auf Verlangen über ihre Einkünfte und ihr Vermögen Auskunft zu erteilen, soweit dies zur Feststellung eines Unterhaltsanspruchs oder einer Unterhaltsverpflichtung erforderlich ist. Über die Höhe der Einkünfte sind auf Verlangen Belege, insbesondere Bescheinigungen des Arbeitgebers, vorzulegen. (...)

(2) Vor Ablauf von zwei Jahren kann Auskunft erneut nur verlangt werden, wenn glaubhaft gemacht wird, daß der zur Auskunft Verpflichtete später wesentlich höhere Einkünfte oder weiteres Vermögen erworben hat.

§ 1606 [Reihenfolge der Unterhaltsverpflichteten]

(1) Die Abkömmlinge sind vor den Verwandten der aufsteigenden Linie unterhaltspflichtig.

(2) Unter den Abkömmlingen und unter den Verwandten der aufsteigenden Linie haften die näheren vor den entfernteren.

(3) Mehrere gleich nahe Verwandte haften anteilig nach ihren Erwerbs- und Vermögensverhältnissen. Der Elternteil, der ein minderjähriges unverheiratetes Kind betreut, erfüllt seine Verpflichtung, zum Unterhalt des Kindes beizutragen, in der Regel durch die Pflege und die Erziehung des Kindes.

§§

§ 1608 [Vorrang der Haftung des Ehegatten]

Der Ehegatte des Bedürftigen haftet vor dessen Verwandten. (...)

§ 1609 [Reihenfolge bei mehreren Bedürftigen]

(1) Sind mehrere Bedürftige vorhanden und ist der Unterhaltspflichtige außerstande, allen Unterhalt zu gewähren, so gehen die Kinder im Sinne des §1603 Abs. 2 den anderen Kindern, die Kinder den übrigen Abkömmlingen, die Abkömmlinge den Verwandten der aufsteigenden Linie und unter den Verwandten der aufsteigenden Linie die näheren den entfernteren vor.

(2) Der Ehegatte steht den Kindern im Sinne des §1603 Abs. 2 gleich; er geht anderen Kin-

dern und den übrigen Verwandten vor. Ist die Ehe geschieden oder aufgehoben, so geht der unterhaltsberechtigte Ehegatte den anderen Kindern im Sinne des Satzes 1 sowie den übrigen Verwandten des Unterhaltspflichtigen vor.

§ 1610 [Angemessener Unterhalt]

(1) Das Maß des zu gewährenden Unterhalts bestimmt sich nach der Lebensstellung des Bedürftigen (angemessener Unterhalt).

(2) Der Unterhalt umfaßt den gesamten Lebensbedarf einschließlich der Kosten einer angemessenen Vorbildung zu einem Beruf, bei einer der Erziehung bedürftigen Person auch die Kosten der Erziehung.

§ 1612 [Art der Unterhaltsgewährung]

(1) Der Unterhalt ist durch Entrichtung einer Geldrente zu gewähren. (...)

(2) Haben Eltern einem unverheirateten Kinde Unterhalt zu gewähren, so können sie bestimmen, in welcher Art und für welche Zeit im voraus der Unterhalt gewährt werden soll, wobei auf die Belange des Kindes die gebotene Rücksicht zu nehmen ist. (...)
Ist das Kind minderjährig, so kann ein Elternteil, dem die Sorge für die Person des Kindes nicht zusteht, eine Bestimmung nur für die Zeit treffen, in der das Kind in seinen Haushalt aufgenommen ist. (...)

§ 1612 a [Regelbetrag]

(1) Ein minderjähriges Kind kann von einem Elternteil, mit dem es nicht in einem Haushalt lebt, den Unterhalt als Vom Hundertsatz eines oder des jeweiligen Regelbetrages nach der Regelbetrag-Verordnung verlangen. (...)

(3) Die Regelbeträge werden in der Regelbetrag-Verordnung nach dem Alter des Kindes für die Zeit bis zur Vollendung des sechsten Lebensjahres (erste Altersstufe), die Zeit vom siebten bis zur Vollendung des zwölften Lebensjahres (zweite Altersstufe) und für die Zeit vom dreizehnten Lebensjahr an (dritte Altersstufe) festgesetzt. Der Regelbetrag einer höheren Altersstufe ist ab dem Beginn des Monats maßgebend, in dem das Kind das betreffende Lebensjahr vollendet.

(4) Die Regelbeträge verändern sich erstmals zum 1. Juli 1999 und danach zum 1. Juli jeden zweiten Jahres.[1] (...).

§ 1612 b [Anrechnung vom Kindergeld]

(1) Das auf das Kind entfallende Kindergeld ist zur Hälfte anzurechnen, wenn an den barunterhaltspflichtigen Elternteil Kindergeld nicht ausgezahlt wird, weil ein anderer vorrangig berechtigt ist. (...)

(5) Eine Anrechnung des Kindergeldes unterbleibt, soweit der Unterhaltspflichtige außerstande ist, Unterhalt in Höhe des Regelbetrages nach der Regelbetrag-Verordnung zu leisten.

§ 1613 [Unterhalt für die Vergangenheit]

(1) Für die Vergangenheit kann der Berechtigte Erfüllung oder Schadensersatz wegen Nichterfüllung nur von dem Zeitpunkt an fordern, zu welchem der Verpflichtete zum Zwecke der Geltendmachung des Unterhaltsanspruchs aufgefordert worden ist, über

[1] Regelbeträge (Stand: 01.07.1999)

	West	Ost
1. Altersstufe	355	326
2. Altersstufe	431	394
3. Altersstufe	510	468

seine Einkünfte und sein Vermögen Auskunft zu erteilen, zu welchem der Verpflichtete in Verzug gekommen oder der Unterhaltsanspruch rechtshängig geworden ist. Der Unterhalt wird ab dem Ersten des Monats, in den die bezeichneten Ereignisse fallen, geschuldet, wenn der Unterhaltsanspruch dem Grunde nach zu diesem Zeitpunkt bestanden hat.

(2) Der Berechtigte kann für die Vergangenheit ohne die Einschränkung des Absatzes 1 Erfüllung verlangen
1. wegen eines unregelmäßigen außergewöhnlich hohen Bedarfs (Sonderbedarf); (...)
2. für den Zeitraum, in dem er
   a) aus rechtlichen Gründen oder
   b) aus tatsächlichen Gründen, die in den Verantwortungsbereich des Unterhaltspflichtigen fallen,

   an der Geltendmachung des Unterhaltsanspruchs gehindert war. (...)

§ 1614 [Verzicht auf den Unterhaltsanspruch; Vorausleistung]

(1) Für die Zukunft kann auf den Unterhalt nicht verzichtet werden. (...)

§ 1615 [Erlöschen des Unterhaltsanspruchs]

(1) Der Unterhaltsanspruch erlischt mit dem Tode des Berechtigten oder des Verpflichteten, (...)

§ 1615 l [Betreuungsunterhalt]

(1) Der Vater hat der Mutter für die Dauer von sechs Wochen vor und acht Wochen nach der Geburt des Kindes Unterhalt zu gewähren. Dies gilt auch hinsichtlich der Kosten, die infolge der Schwangerschaft oder der Entbindung außerhalb dieses Zeitraums entstehen.

(2) Soweit die Mutter einer Erwerbstätigkeit nicht nachgeht, weil sie infolge der Schwangerschaft oder einer durch die Schwangerschaft oder die Entbindung verursachten Krankheit dazu außerstande ist, ist der Vater verpflichtet, ihr über die in Absatz 1 Satz 1 bezeichnete Zeit hinaus Unterhalt zu gewähren. Das gleiche gilt, soweit von der Mutter wegen der Pflege oder Erziehung des Kindes eine Erwerbstätigkeit nicht erwartet werden kann. Die Unterhaltspflicht beginnt frühestens vier Monate vor der Geburt; sie endet drei Jahre nach der Geburt, sofern es nicht insbesondere unter Berücksichtigung der Belange des Kindes grob unbillig wäre, einen Unterhaltsanspruch nach Ablauf dieser Frist zu versagen.

(3) (...) Die Verpflichtung des Vaters geht der Verpflichtung der Verwandten der Mutter vor. Die Ehefrau und minderjährige unverheiratete Kinder des Vaters gehen bei Anwendung des § 1609 der Mutter vor; (...)

(4) Der Anspruch verjährt in vier Jahren. (...)

(5) Wenn der Vater das Kind betreut, steht ihm der Anspruch nach Absatz 2 Satz 2 gegen die Mutter zu. (...)

§ 1615 o [Einstweilige Verfügung gegen den Mann]

(1) Auf Antrag des Kindes kann durch einstweilige Verfügung angeordnet werden, daß der Mann, der die Vaterschaft anerkannt hat oder der nach §1600 d Abs. 2 als Vater vermutet wird, den für die ersten drei Monate dem Kinde zu gewährenden Unterhalt zu zahlen hat. Der Antrag kann bereits vor der Geburt des Kindes durch die Mutter oder einen für die Leibesfrucht bestellten Pfleger gestellt werden;(...)

(2) Auf Antrag der Mutter kann durch einstweilige Verfügung angeordnet werden, daß der Mann, der die Vaterschaft anerkannt hat oder der nach § 1600 d Abs. 2 als Vater vermutet wird, die nach §1615 1 Abs. 1 voraussichtlich zu leistenden Beträge an die Mutter zu zahlen hat; auch kann die Hinterlegung eines angemessenen Betrages angeordnet werden.

(3) Eine Gefährdung des Anspruchs braucht nicht glaubhaft gemacht zu werden.

§§

§ 1616 [Familienname des Kindes von Eltern, die einen Ehenamen führen]
Das Kind erhält den Ehenamen seiner Eltern als Geburtsnamen.

§ 1617 [Familienname des Kindes bei gemeinsamer Sorge von Eltern, die keinen Ehenamen führen]
(1) Führen die Eltern keinen Ehenamen und steht ihnen die Sorge gemeinsam zu, so bestimmen sie durch Erklärung gegenüber dem Standesbeamten den Namen, den der Vater oder die Mutter zur Zeit der Erklärung führt, zum Geburtsnamen des Kindes. (...)

§ 1617 a [Familienname bei Alleinsorge eines Elternteils]
(1) Führen die Eltern keinen Ehenamen und steht die elterliche Sorge nur einem Elternteil zu, so erhält das Kind den Namen, den dieser Elternteil im Zeitpunkt der Geburt des Kindes führt. (...)

§ 1618 a [Gegenseitige Pflicht zu Beistand und Rücksichtnahme]
Eltern und Kinder sind einander Beistand und Rücksicht schuldig.

§ 1626 [Elterliche Sorge; Leitlinien für Erziehung und Umgang]
(1) Die Eltern haben die Pflicht und das Recht, für das minderjährige Kind zu sorgen (elterliche Sorge). Die elterliche Sorge umfaßt die Sorge für die Person des Kindes (Personensorge) und das Vermögen des Kindes (Vermögenssorge).
(2) Bei der Pflege und Erziehung berücksichtigen die Eltern die wachsende Fähigkeit und das wachsende Bedürfnis des Kindes zu selbständigem verantwortungsbewußtem Handeln. Sie besprechen mit dem Kind, soweit es nach dessen Entwicklungsstand angezeigt ist, Fragen der elterlichen Sorge und streben Einvernehmen an.
(3) Zum Wohl des Kindes gehört in der Regel der Umgang mit beiden Elternteilen. Gleiches gilt für den Umgang mit anderen Personen, zu denen das Kind Bindungen besitzt, wenn ihre Aufrechterhaltung für seine Entwicklung förderlich ist.

§ 1626 a [Elterliche Sorge bei nicht miteinander verheirateten Eltern]
(1) Sind die Eltern bei der Geburt des Kindes nicht miteinander verheiratet, so steht ihnen die elterliche Sorge dann gemeinsam zu, wenn sie
1. erklären, daß sie die Sorge gemeinsam übernehmen wollen (Sorgeerklärungen), oder
2. einander heiraten.
(2) Im übrigen hat die Mutter die elterliche Sorge.

§ 1626 b [Sorgeerklärung]
(1) Eine Sorgeerklärung unter einer Bedingung oder einer Zeitbestimmung ist unwirksam.
(2) Die Sorgeerklärung kann schon vor der Geburt des Kindes abgegeben werden.
(3) Eine Sorgeerklärung ist unwirksam, soweit eine gerichtliche Entscheidung über die elterliche Sorge nach den §§1671, 1672 getroffen oder eine solche Entscheidung nach §1696 Abs. 1 geändert wurde.

§ 1626 c [Höchstpersönliche Sorgeerklärung; beschränkte Geschäftsfähigkeit]
(1) Die Eltern können die Sorgeerklärungen nur selbst abgeben. (...)

§ 1626 d [Öffentliche Beurkundung; Nachweis der Alleinsorge]
(1) Sorgeerklärungen und Zustimmungen müssen öffentlich beurkundet werden. (...)

§ 1626 e [Unwirksamkeit der Sorgeerklärung]
Sorgeerklärungen und Zustimmungen sind nur unwirksam, wenn sie den Erfordernissen der vorstehenden Vorschriften nicht genügen.

§ 1627 [Ausübung der elterlichen Sorge]
Die Eltern haben die elterliche Sorge in eigener Verantwortung und in gegenseitigem Ein-

vernehmen zum Wohle des Kindes auszuüben. Bei Meinungsverschiedenheiten müssen sie versuchen, sich zu einigen.

§ 1628 [Übertragung des Entscheidungsrechts auf einen Elternteil]
Können sich die Eltern in einer einzelnen Angelegenheit oder in einer bestimmten Art von Angelegenheiten der elterlichen Sorge, deren Regelung für das Kind von erheblicher Bedeutung ist, nicht einigen, so kann das Familiengericht auf Antrag eines Elternteils die Entscheidung einem Elternteil übertragen. Die Übertragung kann mit Beschränkungen oder mit Auflagen verbunden werden.

§ 1629 [Vertretung des Kindes]
(1) Die elterliche Sorge umfaßt die Vertretung des Kindes. (...) Ein Elternteil vertritt das Kind allein, soweit er die elterliche Sorge allein ausübt oder ihm die Entscheidung nach §1628 übertragen ist. Bei Gefahr im Verzug ist jeder Elternteil dazu berechtigt, alle Rechtshandlungen vorzunehmen, die zum Wohl des Kindes notwendig sind; der andere Elternteil ist unverzüglich zu unterrichten. (...)
(3) Sind die Eltern des Kindes miteinander verheiratet, so kann ein Elternteil, solange die Eltern getrennt leben oder eine Ehesache zwischen ihnen anhängig ist, Unterhaltsansprüche des Kindes gegen den anderen Elternteil nur im eigenen Namen geltend machen. (...)

§ 1630 [Einschränkung der elterlichen Sorge bei Pflegerbestellung; Familienpflege]
(1) Die elterliche Sorge erstreckt sich nicht auf Angelegenheiten des Kindes, für die ein Pfleger bestellt ist. (...)

§ 1631 [Inhalt der Personensorge]
(1) Die Personensorge umfaßt insbesondere die Pflicht und das Recht, das Kind zu pflegen, zu erziehen, zu beaufsichtigen und seinen Aufenthalt zu bestimmen.
(2) Entwürdigende Erziehungsmaßnahmen, insbesondere körperliche und seelische Mißhandlungen, sind unzulässig.
(3) Das Familiengericht hat die Eltern auf Antrag bei der Ausübung der Personensorge in geeigneten Fällen zu unterstützen.

§ 1631 b [Unterbringung des Kindes]
Eine Unterbringung des Kindes, die mit Freiheitsentziehung verbunden ist, ist nur mit Genehmigung des Familiengerichts zulässig. Ohne die Genehmigung ist die Unterbringung nur zulässig, wenn mit dem Aufschub Gefahr verbunden ist; die Genehmigung ist unverzüglich nachzuholen. Das Gericht hat die Genehmigung zurückzunehmen, wenn das Wohl des Kindes die Unterbringung nicht mehr erfordert.

§ 1631 c [Sterilisation]
Die Eltern können nicht in eine Sterilisation des Kindes einwilligen. Auch das Kind selbst kann nicht in die Sterilisation einwilligen. (...)

§ 1632 [Anspruch auf Herausgabe des Kindes; Bestimmung des Umgangs; Wegnahme von der Pflegeperson]
(1) Die Personensorge umfaßt das Recht, die Herausgabe des Kindes von jedem zu verlangen, der es den Eltern oder einem Elternteil widerrechtlich vorenthält.
(2) Die Personensorge umfaßt ferner das Recht, den Umgang des Kindes auch mit Wirkung für und gegen Dritte zu bestimmen. (...)

§ 1666 [Gefährdung des Kindeswohls oder seines Vermögens]
(1) Wird das körperliche, geistige oder seelische Wohl des Kindes oder sein Vermögen durch mißbräuchliche Ausübung der elterlichen Sorge, durch Vernachlässigung des Kindes, durch unverschuldetes Versagen der Eltern oder durch das Verhalten eines

Dritten gefährdet, so hat das Familiengericht, wenn die Eltern nicht gewillt oder nicht in der Lage sind, die Gefahr abzuwenden, die zur Abwendung der Gefahr erforderlichen Maßnahmen zu treffen. (...)

(3) Das Gericht kann Erklärungen des Inhabers der elterlichen Sorge ersetzen.

(4) In Angelegenheiten der Personensorge kann das Gericht auch Maßnahmen mit Wirkung gegen einen Dritten treffen.

§ 1666 a [Trennung des Kindes von der elterlichen Familie; Entziehung der Personensorge insgesamt]

(1) Maßnahmen, mit denen eine Trennung des Kindes von der elterlichen Familie verbunden ist, sind nur zulässig, wenn der Gefahr nicht auf andere Weise, auch nicht durch öffentliche Hilfen, begegnet werden kann.

(2) Die gesamte Personensorge darf nur entzogen werden, wenn andere Maßnahmen erfolglos geblieben sind oder wenn anzunehmen ist, daß sie zur Abwendung der Gefahr nicht ausreichen.

§ 1667 [Einzelne Maßnahmen bei Eingriffen in die Vermögenssorge]

(1) Das Familiengericht kann anordnen, daß die Eltern ein Verzeichnis des Vermögens des Kindes einreichen und über die Verwaltung Rechnung legen. (...)

§ 1671 [Elterliche Sorge nach Trennung und Scheidung der Eltern]

(1) Leben Eltern, denen die elterliche Sorge gemeinsam zusteht, nicht nur vorübergehend getrennt, so kann jeder Elternteil beantragen, daß ihm das Familiengericht die elterliche Sorge oder einen Teil der elterlichen Sorge allein überträgt.

(2) Dem Antrag ist stattzugeben, soweit

1. der andere Elternteil zustimmt, es sei denn, daß das Kind das vierzehnte Lebensjahr vollendet hat und der Übertragung widerspricht, oder
2. zu erwarten ist, daß die Aufhebung der gemeinsamen Sorge und die Übertragung auf den Antragsteller dem Wohl des Kindes am besten entspricht. (...)

§ 1674 [Ruhen der elterlichen Sorge bei tatsächlichem Hindernis]

(1) Die elterliche Sorge eines Elternteils ruht, wenn das Familiengericht feststellt, daß er auf längere Zeit die elterliche Sorge tatsächlich nicht ausüben kann.

(2) Die elterliche Sorge lebt wieder auf, wenn das Familiengericht feststellt, daß der Grund des Ruhens nicht mehr besteht.

§ 1678 [Alleinige Ausübung der Sorge bei tatsächlicher Verhinderung oder Ruhen]

(1) Ist ein Elternteil tatsächlich verhindert, die elterliche Sorge auszuüben, oder ruht seine elterliche Sorge, so übt der andere Teil die elterliche Sorge allein aus; (...).

§ 1680 [Elterliche Sorge nach Tod eines Elternteils oder nach Entziehung der Sorge]

(1) Stand die elterliche Sorge den Eltern gemeinsam zu und ist ein Elternteil gestorben, so steht die elterliche Sorge dem überlebenden Elternteil zu.

(2) Ist ein Elternteil, dem die elterliche Sorge gemäß §§1671 oder 1672 Abs. 1 allein zustand, gestorben, so hat das Familiengericht die elterliche Sorge dem überlebenden Elternteil zu übertragen, wenn dies dem Wohl des Kindes nicht widerspricht. Stand die elterliche Sorge der Mutter gemäß §1626 a Abs. 2 allein zu, so hat das Familiengericht die elterliche Sorge dem Vater zu übertragen, wenn dies dem Wohl des Kindes dient. (...)

§ 1684 [Umgang des Kindes mit seinen Eltern]

(1) Das Kind hat das Recht auf Umgang mit jedem Elternteil; jeder Elternteil ist zum Umgang mit dem Kind verpflichtet und berechtigt.

(2) Die Eltern haben alles zu unterlassen, was das Verhältnis des Kindes zum jeweils anderen Elternteil beeinträchtigt oder die Erziehung erschwert. Entsprechendes gilt, wenn sich das Kind in der Obhut einer anderen Person befindet.

(3) Das Familiengericht kann über den Umfang des Umgangsrechts entscheiden und seine Ausübung, auch gegenüber Dritten, näher regeln. Es kann die Beteiligten durch Anordnungen zur Erfüllung der in Absatz 2 geregelten Pflicht anhalten.

(4) Das Familiengericht kann das Umgangsrecht oder den Vollzug früherer Entscheidungen über das Umgangsrecht einschränken oder ausschließen, soweit dies zum Wohl des Kindes erforderlich ist. Eine Entscheidung, die das Umgangsrecht oder seinen Vollzug für längere Zeit oder auf Dauer einschränkt oder ausschließt, kann nur ergehen, wenn andernfalls das Wohl des Kindes gefährdet wäre. Das Familiengericht kann insbesondere anordnen, daß der Umgang nur stattfinden darf, wenn ein mitwirkungsbereiter Dritter anwesend ist. Dritter kann auch ein Träger der Jugendhilfe oder ein Verein sein; dieser bestimmt dann jeweils, welche Einzelperson die Aufgabe wahrnimmt.

§ 1685 [Umgangsrecht der Großeltern, Geschwister, Stief- und Pflegeeltern]

(1) Großeltern und Geschwister haben ein Recht auf Umgang mit dem Kind, wenn dieser dem Wohl des Kindes dient.

(2) Gleiches gilt für den Ehegatten oder früheren Ehegatten eines Elternteils, der mit dem Kind längere Zeit in häuslicher Gemeinschaft gelebt hat, und für Personen, bei denen das Kind längere Zeit in Familienpflege war. (…)

§ 1686 [Auskunftsrecht der Eltern]

Jeder Elternteil kann vom anderen Elternteil bei berechtigtem Interesse Auskunft über die persönlichen Verhältnisse des Kindes verlangen, soweit dies dem Wohl des Kindes nicht widerspricht. Über Streitigkeiten entscheidet das Familiengericht.

§ 1687 [Alleinentscheidungsbefugnisse bei gemeinsamer Sorge, wenn Eltern getrennt leben]

(1) Leben Eltern, denen die elterliche Sorge gemeinsam zusteht, nicht nur vorübergehend getrennt, so ist bei Entscheidungen in Angelegenheiten, deren Regelung für das Kind von erheblicher Bedeutung ist, ihr gegenseitiges Einvernehmen erforderlich. Der Elternteil, bei dem sich das Kind mit Einwilligung des anderen Elternteils oder auf Grund einer gerichtlichen Entscheidung gewöhnlich aufhält, hat die Befugnis zur alleinigen Entscheidung in Angelegenheiten des täglichen Lebens. Entscheidungen in Angelegenheiten des täglichen Lebens sind in der Regel solche, die häufig vorkommen und die keine schwer abzuändernden Auswirkungen auf die Entwicklung des Kindes haben. Solange sich das Kind mit Einwilligung dieses Elternteils oder auf Grund einer gerichtlichen Entscheidung bei dem anderen Elternteil aufhält, hat dieser die Befugnis zur alleinigen Entscheidung in Angelegenheiten der tatsächlichen Betreuung. (…)

(2) Das Familiengericht kann die Befugnisse nach Absatz 1 Satz 2 und 4 einschränken oder ausschließen, wenn dies zum Wohl des Kindes erforderlich ist.

§ 1909 [Ergänzungspflegschaft]

(1) Wer unter elterlicher Sorge (…) steht, erhält für Angelegenheiten, an deren Besorgung die Eltern (…) verhindert sind, einen Pfleger. (…)

§§

Zivilprozeßordnung

§ 606 a [Internationale Zuständigkeit]

(1) Für Ehesachen sind die deutschen Gerichte zuständig,
1. wenn ein Ehegatte Deutscher ist oder bei der Eheschließung war,
2. wenn beide Ehegatten ihren gewöhnlichen Aufenthalt im Inland haben,
3. wenn ein Ehegatte Staatenloser mit gewöhnlichem Aufenthalt im Inland ist oder
4. wenn ein Ehegatte seinen gewöhnlichen Aufenthalt im Inland hat, es sei denn, daß die zu fällende Entscheidung offensichtlich nach dem Recht keines der Staaten anerkannt würde, denen einer der Ehegatten angehört.

Diese Zuständigkeit ist nicht ausschließlich. (…)

§ 616 [Untersuchungsgrundsatz]

(1) Das Gericht kann auch von Amts wegen die Aufnahme von Beweisen anordnen und nach Anhörung der Ehegatten auch solche Tatsachen berücksichtigen, die von ihnen nicht vorgebracht sind. (...)

§ 620 [Einstweilige Anordnungen]

Das Gericht kann im Wege der einstweiligen Anordnung auf Antrag regeln:

1. die elterliche Sorge für ein gemeinschaftliches Kind;
2. den Umgang eines Elternteils mit dem Kind;
3. die Herausgabe des Kindes an den anderen Elternteil;
4. die Unterhaltspflicht gegenüber einem minderjährigen Kind;
5. das Getrenntleben der Ehegatten;
6. den Unterhalt eines Ehegatten;
7. die Benutzung der Ehewohnung und des Hausrats;
8. die Herausgabe oder Benutzung der zum persönlichen Gebrauch eines Ehegatten oder eines Kindes bestimmten Sachen;
9. die Verpflichtung zur Leistung eines Kostenvorschusses für die Ehesache und Folgesachen.

§ 621 [Zuständigkeit des Familiengerichts]

(1) Für Familiensachen, die

1. die elterliche Sorge für ein Kind, soweit nach den Vorschriften des Bürgerlichen Gesetzbuchs hierfür das Familiengericht zuständig ist,
2. die Regelung des Umgangs mit einem Kind, soweit nach den Vorschriften des Bürgerlichen Gesetzbuchs hierfür das Familiengericht zuständig ist,
3. die Herausgabe eines Kindes, für das die elterliche Sorge besteht,
4. die durch Verwandtschaft begründete gesetzliche Unterhaltspflicht,
5. die durch Ehe begründete Unterhaltspflicht,
6. den Versorgungsausgleich,
7. die Regelung der Rechtsverhältnisse an der Ehewohnung und am Hausrat
8. Ansprüche aus dem ehelichen Güterrecht, auch wenn Dritte an dem Verfahren beteiligt sind, (...)

10. Kindschaftssachen,
11. Ansprüche nach den §§1615 l, 1615 m des Bürgerlichen Gesetzbuchs betreffen, ist das Familiengericht ausschließlich zuständig. (...)

§ 630 [Einverständliche Scheidung]

(1) Für das Verfahren auf Scheidung nach §1565 in Verbindung mit §1566 Abs. 1 des Bürgerlichen Gesetzbuchs muß die Antragsschrift eines Ehegatten enthalten:

1. die Mitteilung, daß der andere Ehegatte der Scheidung zustimmen oder in gleicher Weise die Scheidung beantragen wird;
2. entweder übereinstimmende Erklärungen der Ehegatten, daß Anträge zur Übertragung der elterlichen Sorge oder eines Teils der elterlichen Sorge für die Kinder auf einen Elternteil und zur Regelung des Umgangs der Eltern mit den Kindern nicht gestellt werden, weil sich die Ehegatten über das Fortbestehen der Sorge und über den Umgang einig sind, oder, soweit eine gerichtliche Regelung erfolgen soll, die entsprechenden Anträge und jeweils die Zustimmung des anderen Ehegatten hierzu;
3. die Einigung der Ehegatten über die Regelung der Unterhaltspflicht gegenüber einem Kinde, die durch die Ehe begründete gesetzliche Unterhaltspflicht sowie die Rechtsverhältnisse an der Ehewohnung und am Hausrat.

(2) Die Zustimmung zur Scheidung kann bis zum Schluß der mündlichen Verhandlung, auf die das Urteil ergeht, widerrufen werden. Die Zustimmung und der Widerruf können zu Protokoll der Geschäftsstelle oder in der mündlichen Verhandlung zur Niederschrift des Gerichts erklärt werden.

(3) Das Gericht soll dem Scheidungsantrag erst stattgeben, wenn die Ehegatten über die in Absatz 1 Nr. 3 bezeichneten Gegenstände einen vollstreckbaren Schuldtitel herbeigeführt haben.

§ 642 [Gerichtsstand]

(1) Für Verfahren, die die gesetzliche Unterhaltspflicht eines Elternteils oder beider Elternteile gegenüber einem minderjährigen Kind betreffen, ist das Gericht ausschließlich zuständig, bei dem das Kind oder der Elternteil, der es gesetzlich vertritt, seinen allgemeinen Gerichtsstand hat. Dies gilt nicht, wenn das Kind oder ein Elternteil seinen allgemeinen Gerichtsstand im Ausland hat. (...)

(3) Die Klage eines Elternteils gegen den anderen Elternteil wegen eines Anspruchs, der die durch Ehe begründete gesetzliche Unterhaltspflicht betrifft, oder wegen eines Anspruchs nach § 1615 l des Bürgerlichen Gesetzbuchs kann auch bei dem Gericht erhoben werden, bei dem ein Verfahren über den Unterhalt des Kindes im ersten Rechtszug anhängig ist.

§ 643 [Prozessuale Auskunftspflicht]

(1) Das Gericht kann den Parteien in Unterhaltsstreitigkeiten des § 621 Abs. 1 Nr. 4, 5 und 11 aufgeben, unter Vorlage entsprechender Belege Auskunft zu erteilen über ihre Einkünfte und, soweit es für die Bemessung des Unterhalts von Bedeutung ist, über ihr Vermögen und ihre persönlichen und wirtschaftlichen Verhältnisse.

(2) Kommt eine Partei der Aufforderung des Gerichts nach Absatz 1 nicht oder nicht vollständig nach, so kann das Gericht, soweit es zur Aufklärung erforderlich ist, Auskunft einholen (...) Das Gericht hat die Partei hierauf spätestens bei der Aufforderung hinzuweisen. (...)

§ 644 [Einstweilige Anordnung]

Ist eine Klage nach § 621 Abs. 1 Nr. 4, 5 oder 11 anhängig oder ist ein Antrag auf Bewilligung von Prozeßkostenhilfe für eine solche Klage eingereicht, kann das Gericht den Unterhalt auf Antrag durch einstweilige Anordnung regeln. (...)

§ 645 [Statthaftigkeit des vereinfachten Verfahrens]

(1) Auf Antrag wird der Unterhalt eines minderjährigen Kindes, das mit dem in Anspruch genommenen Elternteil nicht in einem Haushalt lebt, im vereinfachten Verfahren festgesetzt, soweit der Unterhalt vor Anrechnung der nach §§1612 b, 1612 c des Bürgerlichen Gesetzbuchs zu berücksichtigenden Leistungen das Eineinhalbfache des Regelbetrages nach der Regelbetrag-Verordnung nicht übersteigt. (...)

§ 646 [Antrag]

(1) Der Antrag muß enthalten:

1. die Bezeichnung der Parteien, ihrer gesetzlichen Vertreter und der Prozeßbevollmächtigten;
2. die Bezeichnung des Gerichts, bei dem der Antrag gestellt wird;
3. die Angabe des Geburtsdatums des Kindes;
4. die Angabe, ab welchem Zeitpunkt Unterhalt verlangt wird;
5. für den Fall, daß Unterhalt für die Vergangenheit verlangt wird, die Angabe, wann die Voraussetzungen des §1613 Abs. 1 oder 2 Nr. 2 des Bürgerlichen Gesetzbuchs eingetreten sind;
6. die Angabe der Höhe des verlangten Unterhalts;
7. die Angaben über Kindergeld und andere anzurechnende Leistungen (§§ 1612 b, 1612 c des Bürgerlichen Gesetzbuchs);
8. die Erklärung, daß zwischen dem Kind und dem Antragsgegner ein Eltern-Kind-Verhältnis nach den §§1591 bis 1593 des Bürgerlichen Gesetzbuchs besteht;
9. die Erklärung, daß das Kind nicht mit dem Antragsgegner in einem Haushalt lebt;

§§

10. die Erklärung, daß Unterhalt nicht für Zeiträume verlangt wird, für die das Kind Hilfe nach dem Bundessozialhilfegesetz, Leistungen nach dem Unterhaltsvorschußgesetz oder Unterhalt nach §1607 Abs. 2, 3 des Bürgerlichen Gesetzbuchs erhalten hat, oder, soweit Unterhalt aus übergegangenem Recht oder nach § 91 Abs. 3 Satz 2 des Bundessozialhilfegesetzes verlangt wird, die Erklärung, daß der beantragte Unterhalt die Leistung an das Kind nicht übersteigt;
11. die Erklärung, daß die Festsetzung im vereinfachten Verfahren nicht nach § 645 Abs. 2 ausgeschlossen ist.

(2) Entspricht der Antrag nicht diesen und den in § 645 bezeichneten Voraussetzungen, ist er zurückzuweisen. Vor der Zurückweisung ist der Antragsteller zu hören. Die Zurückweisung ist nicht anfechtbar. (...)

§ 647 [Maßnahmen des Gerichts]

(1) Erscheint nach dem Vorbringen des Antragstellers das vereinfachte Verfahren zulässig, so verfügt das Gericht die Zustellung des Antrags oder einer Mitteilung über seinen Inhalt an den Antragsgegner. Zugleich weist es ihn darauf hin,
1. von wann an und in welcher Höhe der Unterhalt festgesetzt werden kann; (...)
2. daß über den Unterhalt ein Festsetzungsbeschluß ergehen kann, aus dem der Antragsteller die Zwangsvollstreckung betreiben kann, wenn er nicht innerhalb eines Monats Einwendungen in der vorgeschriebenen Form erhebt;
3. welche Einwendungen nach § 648 Abs. 1 und 2 erhoben werden können, insbesondere, daß der Einwand eingeschränkter oder fehlender Leistungsfähigkeit nur erhoben werden kann, wenn die Auskunft nach § 648 Abs. 2 Satz 3 in Form eines vollständig ausgefüllten Vordrucks erteilt wird und Belege über die Einkünfte beigefügt werden;
4. daß die Einwendungen, wenn Vordrucke eingeführt sind, mit einem Vordruck der beigefügten Art erhoben werden müssen, der auch bei jedem Amtsgericht erhältlich ist. (...)

§ 648 [Einwendungen des Antragsgegners]

(1) Der Antragsgegner kann Einwendungen geltend machen gegen
1. die Zulässigkeit des vereinfachten Verfahrens,
2. den Zeitpunkt, von dem an Unterhalt gezahlt werden soll,
3. die Höhe des Unterhalts, soweit er geltend macht, daß
   a) die nach dem Alter des Kindes zu bestimmenden Zeiträume, (...) nicht richtig berechnet sind (...);
   b) der Unterhalt nicht höher als beantragt festgesetzt werden darf;
   c) Leistungen der in den §§1612 b, 1612 c des Bürgerlichen Gesetzbuchs bezeichneten Art nicht oder nicht richtig angerechnet sind. (...)

(2) Andere Einwendungen kann der Antragsgegner nur erheben, wenn er zugleich erklärt, inwieweit er zur Unterhaltsleistung bereit ist und daß er sich insoweit zur Erfüllung des Unterhaltsanspruchs verpflichtet. Den Einwand der Erfüllung kann der Antragsgegner nur erheben, wenn er zugleich erklärt, inwieweit er geleistet hat und daß er sich verpflichtet, einen darüber hinausgehenden Unterhaltsrückstand zu begleichen. Den Einwand eingeschränkter oder fehlender Leistungsfähigkeit kann der Antragsgegner nur erheben, wenn er zugleich unter Verwendung des eingeführten Vordrucks Auskunft über
1. seine Einkünfte,
2. sein Vermögen und
3. seine persönlichen und wirtschaftlichen Verhältnisse im übrigen erteilt und über seine Einkünfte Belege vorlegt.

(3) Die Einwendungen sind zu berücksichtigen, solange der Festsetzungsbeschluß nicht verfügt ist.

§ 649 [Festsetzung des Unterhalts]

(1) Werden keine oder lediglich nach § 648 Abs. 1 Satz 3 zurückzuweisende oder nach § 648 Abs. 2 unzulässige Einwendungen erhoben, wird der Unterhalt nach Ablauf der in § 647 Abs. 1 Satz 2 Nr. 2 bezeichneten Frist durch Beschluß festgesetzt. In dem Beschluß ist auszusprechen, daß der Antragsgegner den festgesetzten Unterhalt an den Unterhaltsberechtigten zu zahlen hat. (...)

§ 651 [Streitiges Verfahren]

(1) Auf Antrag einer Partei wird das streitige Verfahren durchgeführt. (...)

§ 653 [Verbindung mit Kindschaftsprozeß]

(1) Wird auf Klage des Kindes die Vaterschaft festgestellt, so hat das Gericht auf Antrag den Beklagten zugleich zu verurteilen, dem Kind Unterhalt in Höhe der Regelbeträge und gemäß den Altersstufen der Regelbetrag-Verordnung, vermindert oder erhöht um die nach den §§1612 b, 1612 c des Bürgerlichen Gesetzbuchs anzurechnenden Leistungen, zu zahlen. (...)

(2) Vor Rechtskraft des Urteils, das die Vaterschaft feststellt, wird die Verurteilung zur Leistung des Unterhalts nicht wirksam.

§ 657 [Besondere Verfahrensvorschriften]

In vereinfachten Verfahren können die Anträge und Erklärungen vor dem Urkundsbeamten der Geschäftsstelle abgegeben werden. Soweit Vordrucke eingeführt sind, werden diese ausgefüllt; (...)

§ 659 [Vordrucke]

(1) Das Bundesministerium der Justiz wird ermächtigt, zur Vereinfachung und Vereinheitlichung der Verfahren (...) Vordrucke für die vereinfachten Verfahren einzuführen. (...)

(2) Soweit nach Absatz 1 Vordrucke für Anträge und Erklärungen der Parteien eingeführt sind, müssen sich die Parteien ihrer bedienen.

Einführungsgesetz zum Bürgerlichen Gesetzbuch

Artikel 14 Allgemeine Ehewirkungen

(1) Die allgemeinen Wirkungen der Ehe unterliegen
  1. dem Recht des Staates, dem beide Ehegatten angehören oder während der Ehe zuletzt angehörten, wenn einer von ihnen diesem Staat noch angehört, sonst
  2. dem Recht des Staates, in dem beide Ehegatten ihren gewöhnlichen Aufenthalt haben oder während der Ehe zuletzt hatten, wenn einer von ihnen dort noch seinen gewöhnlichen Aufenthalt hat, hilfsweise
  3. dem Recht des Staates, mit dem die Ehegatten auf andere Weise gemeinsam am engsten verbunden sind.

§§

Artikel 15 Güterstand

(1) Die güterrechtlichen Wirkungen da Ehe unterliegen dem bei der Eheschließung für die allgemeinen Wirkungen der Ehe maßgebenden Recht.

(2) Die Ehegatten können für die güterrechtlichen Wirkungen ihrer Ehe wählen
  1. das Recht des Staates, dem einer von ihnen angehört,
  2. das Recht des Staates, in dem einer von ihnen seinen gewöhnlichen Aufenthalt hat, (...)

Artikel 17 Scheidung

(1) Die Scheidung unterliegt dem Recht, das im Zeitpunkt des Eintritts der Rechtshängigkeit des Scheidungsantrags für die allgemeinen Wirkungen der Ehe maßgebend ist. Kann die Ehe hiernach nicht geschieden werden, so unterliegt die Scheidung dem deut-

schen Recht, wenn der die Scheidung begehrende Ehegatte in diesem Zeitpunkt Deutscher ist oder dies bei der Eheschließung war. (...)

(3) Der Versorgungsausgleich unterliegt dem nach Absatz 1 Satz 1 anzuwenden den Recht; (...). Kann ein Versorgungsausgleich danach nicht stattfinden, so ist er auf Antrag eines Ehegatten nach deutschem Recht durchzuführen,

1. wenn der andere Ehegatte in der Ehezeit eine inländische Versorgungsanwartschaft erworben hat (...)

Artikel 18 Unterhalt

(l) Auf Unterhaltspflichten sind die Sachvorschriften des am jeweiligen gewöhnlichen Aufenthalt des Unterhaltsberechtigten geltenden Rechts anzuwenden. (...)

(2) Kann der Berechtigte nach dem gemäß Absatz 1 Satz 1 oder 2 anzuwendenden Recht vom Verpflichteten keinen Unterhalt erhalten, so ist deutsches Recht anzuwenden. (...)

(4) Wenn eine Ehescheidung hier ausgesprochen oder anerkannt worden ist, so ist für die Unterhaltspflichten zwischen den geschiedenen Ehegatten und die Änderung von Entscheidungen über diese Pflichten das auf die Ehescheidung angewandte Recht maßgebend. (...)

(5) Deutsches Recht ist anzuwenden, wenn sowohl der Berechtigte als auch der Verpflichtete Deutsche sind und der Verpflichtete seinen gewöhnlichen Aufenthalt im Inland hat. (...)

(7) Bei der Bemessung des Unterhaltsbetrags sind die Bedürfnisse des Berechtigten und die wirtschaftlichen Verhältnisse des Unterhaltsverpflichteten zu berücksichtigen, selbst wenn das anzuwendende Recht etwas anderes bestimmt.

Artikel 21 Wirkungen des Eltern-Kind-Verhältnisses

Das Rechtsverhältnis zwischen einem Kind und seinen Eltern unterliegt dem Recht des Staates, in dem das Kind seinen gewöhnlichen Aufenthalt hat.

Haager Übereinkommen zum Unterhalt

Artikel 1

Dieses Übereinkommen ist anzuwenden auf Entscheidungen über Unterhaltspflichten aus Beziehungen der Familie, Verwandtschaft, Ehe oder Schwägerschaft, einschließlich der Unterhaltspflicht gegenüber einem nichtehelichen Kind, die von Gerichten oder Verwaltungsbehörden eines Vertragsstaats erlassen worden sind (...)

Artikel 4

Die in einem Vertragsstaat ergangene Entscheidung ist in einem anderen Vertragsstaat anzuerkennen oder für vollstreckbar zu erklären/zu vollstrecken,

1. wenn sie von einer Behörde erlassen worden ist, die nach Artikel 7 oder 8 als zuständig anzusehen ist, und
2. wenn gegen sie im Ursprungsstaat kein ordentliches Rechtsmittel mehr zulässig ist. (...)

Artikel 7

Eine Behörde des Ursprungsstaats ist als zuständig im Sinn des Übereinkommens anzusehen,

1. wenn der Unterhaltsverpflichtete oder der Unterhaltsberechtigte zur Zeit der Einleitung des Verfahrens seinen gewöhnlichen Aufenthalt im Ursprungsstaat hatte oder wenn der Unterhaltsverpflichtete und der Unterhaltsberechtigte zur Zeit der Einleitung des Verfahrens Staatsangehörige des Ursprungsstaats waren oder
2. wenn sich der Beklagte der Zuständigkeit dieser Behörde entweder ausdrücklich oder dadurch unterworfen hat, daß er sich, ohne die Unzuständigkeit geltend zu machen, auf das Verfahren in der Sache selbst eingelassen hat.

Artikel 15
Der Unterhaltsberechtigte, der im Ursprungsstaat ganz oder teilweise Prozeßkostenhilfe oder Befreiung von Verfahrenskosten genossen hat, genießt in jedem Anerkennungs- oder Vollstreckungsverfahren die günstigste Prozeßkostenhilfe oder die weitestgehende Befreiung, die im Recht des Vollstreckungsstaats vorgesehen ist.

Artikel 17
Die Partei, die die Anerkennung einer Entscheidung geltend macht oder ihre Vollstreckung beantragt, hat folgende Unterlagen beizubringen:
1. eine vollständige, mit der Urschrift übereinstimmende Ausfertigung der Entscheidung;
2. die Urkunden, aus denen sich ergibt, daß gegen die Entscheidung im Ursprungsstaat kein ordentliches Rechtsmittel mehr zulässig ist und, gegebenenfalls, daß die Entscheidung dort vollstreckbar ist;
3. wenn es sich um eine Versäumnisentscheidung handelt, die Urschrift oder eine beglaubigte Abschrift der Urkunde, aus der sich ergibt, daß das Verfahren einleitende Schriftstück mit den wesentlichen Klagegründen der säumigen Partei nach dem Recht des Ursprungsstaats ordnungsgemäß zugestellt worden ist;
4. gegebenenfalls jedes Schriftstück, aus dem sich ergibt, daß die Partei im Ursprungsstaat Prozeßkostenhilfe oder Befreiung von Verfahrenskosten erhalten hat;
5. eine beglaubigte Übersetzung der genannten Urkunden, wenn die Behörde des Vollstreckungsstaats nicht darauf verzichtet. (...)

Haager Übereinkommen zum Sorgerecht

Artikel 1
Ziel dieses Übereinkommens ist es,
a) die sofortige Rückgabe widerrechtlich in einen Vertragsstaat verbrachter oder dort zurückgehaltener Kinder sicherzustellen und
b) zu gewährleisten, daß das in einem Vertragsstaat bestehende Sorgerecht und Recht zum persönlichen Umgang in den anderen Vertragsstaaten tatsächlich beachtet wird.

Artikel 3
Das Verbringen oder Zurückhalten eines Kindes gilt als widerrechtlich, wenn
a) dadurch das Sorgerecht verletzt wird, (...) und
b) dieses Recht im Zeitpunkt des Verbringens oder Zurückhaltens allein oder gemeinsam tatsächlich ausgeübt wurde oder ausgeübt worden wäre, falls das Verbringen oder Zurückhalten nicht stattgefunden hätte. (...)

Artikel 4
Das Übereinkommen wird auf jedes Kind angewendet, das unmittelbar vor einer Verletzung des Sorgerechts oder des Rechts zum persönlichen Umgang seinen gewöhnlichen Aufenthalt in einem Vertragsstaat hatte. Das Übereinkommen wird nicht mehr angewendet, sobald das Kind das 16. Lebensjahr vollendet hat.

§§

Artikel 6
Jeder Vertragsstaat bestimmt eine zentrale Behörde, welche die ihr durch dieses Übereinkommen übertragenen Aufgaben wahrnimmt.

Artikel 8
Macht eine Person, Behörde oder sonstige Stelle geltend, ein Kind sei unter Verletzung des Sorgerechts verbracht oder zurückgehalten worden, so kann sie sich entweder an die für den gewöhnlichen Aufenthalt des Kinds zuständige zentrale Behörde oder an die zentrale Behörde eines anderen Vertragsstaates wenden, um mit deren Unterstützung die Rückgabe des Kindes sicherzustellen.

Der Antrag muß enthalten

a) Angaben über die Identität des Antragstellers, des Kindes und der Person, die das Kind angeblich verbracht oder zurückgehalten hat;
b) das Geburtsdatum des Kindes, soweit es festgestellt werden kann;
c) die Gründe, die der Antragsteller für seinen Anspruch auf Rückgabe des Kindes geltend macht;
d) alle verfügbaren Angaben über den Aufenthaltsort des Kindes und die Identität der Person, bei der sich das Kind vermutlich befindet.

Der Antrag kann wie folgt ergänzt oder es können ihm folgende Anlagen beigefügt werden:

e) eine beglaubigte Ausfertigung einer für die Sache erheblichen Entscheidung oder Vereinbarung;
f) eine Bescheinigung oder eidesstattliche Erklärung (Affidavit) über die einschlägigen Rechtsvorschriften des betreffenden Staates; sie muß von der zentralen Behörde oder einer sonstigen zuständigen Behörde des Staates, in dem sich das Kind gewöhnlich aufhält, oder von einer dazu befugten Person ausgehen;
g) jedes sonstige für die Sache erhebliche Schriftstück.

Artikel 12

Ist ein Kind im Sinn des Artikels 3 widerrechtlich verbracht oder zurückgehalten worden und ist bei Eingang des Antrags bei dem Gericht oder der Verwaltungsbehörde des Vertragsstaats, in dem sich das Kind befindet, eine Frist von weniger als einem Jahr seit dem Verbringen oder Zurückhalten verstrichen, so ordnet das zuständige Gericht oder die zuständige Verwaltungsbehörde die sofortige Rückgabe des Kindes an.

Ist der Antrag erst nach Ablauf der in Absatz 1 bezeichneten Jahresfrist eingegangen, so ordnet das Gericht oder die Verwaltungsbehörde die Rückgabe des Kindes ebenfalls an, sofern nicht erwiesen ist, daß das Kind sich in seine neue Umgebung eingelebt hat.

Artikel 13

Ungeachtet des Artikels 12 ist das Gericht oder die Verwaltungsbehörde des ersuchten Staates nicht verpflichtet, die Rückgabe des Kindes anzuordnen, wenn die Person, Behörde oder sonstige Stelle, die sich der Rückgabe des Kindes widersetzt, nachweist,

a) daß die Person, Behörde oder sonstige Stelle, der die Sorge für die Person des Kindes zustand, das Sorgerecht zur Zeit des Verbringens oder Zurückhaltens tatsächlich nicht ausgeübt, dem Verbringen oder Zurückhalten zugestimmt hat oder
b) daß die Rückgabe mit der schwerwiegenden Gefahr eines körperlichen oder seelischen Schadens für das Kind verbunden ist oder das Kind auf andere Weise in eine unzumutbare Lage bringt.

Das Gericht oder die Verwaltungsbebörde kann es ferner ablehnen, die Rückgabe des Kindes anzuordnen, wenn festgestellt wird, daß sich das Kind der Rückgabe widersetzt und daß es ein Alter und eine Reife erreicht hat, angesichts deren es angebracht erscheint, seine Meinung zu berücksichtigen. (...)

Hausratsverordnung

§ 1 Aufgabe des Richters

(1) Können sich die Ehegatten anläßlich der Scheidung[1] nicht darüber einigen, wer von ihnen die Ehewohnung künftig bewohnen und wer die Wohnungseinrichtung und den sonstigen Hausrat erhalten soll, so regelt auf Antrag der Richter die Rechtsverhältnisse an der Wohnung und am Hausrat. (...)

§ 2 Grundsätze für die rechtsgestaltende Entscheidung

Soweit der Richter nach dieser Verordnung Rechtsverhältnisse zu gestalten hat, entscheidet

[1] Gilt auch für die Dauer des Getrenntlebens (§ 18a HausratsVO)

er nach billigem Ermessen. Dabei hat er alle Umstände des Einzelfalls, insbesondere das Wohl der Kinder und die Erfordernisse des Gemeinschaftslebens, zu berücksichtigen.

§ 3 Wohnung im eigenen Haus eines Ehegatten

(1) Ist einer der Ehegatten allein oder gemeinsam mit einem Dritten Eigentümer des Hauses, in dem sich die Ehewohnung befindet, so soll der Richter die Wohnung dem anderen Ehegatten nur zuweisen, wenn dies notwendig ist, um eine unbillige Härte zu vermeiden. (...)

§ 4 Dienst- und Werkwohnung

Eine Wohnung, die die Ehegatten auf Grund eines Dienst- oder Arbeitsverhältnisses innehaben, das zwischen einem von ihnen und einem Dritten besteht, soll der Richter dem anderen Ehegatten nur zuweisen, wenn der Dritte einverstanden ist.

§ 5 Gestaltung der Rechtsverhältnisse

(1) Für eine Mietwohnung kann der Richter bestimmen, daß ein von beiden Ehegatten eingegangenes Mietverhältnis von einem Ehegatten allein fortgesetzt wird oder daß ein Ehegatte an Stelle des anderen in ein von diesem eingegangenes Mietverhältnis eintritt. (...)

(2) Besteht kein Mietverhältnis an der Ehewohnung, so kann der Richter zugunsten eines Ehegatten ein Mietverhältnis an der Wohnung begründen. Hierbei setzt der Richter den Mietzins fest. Ist dieser neu zu bilden, so soll der Richter vorher die Preisbehörde hören.

§ 6 Teilung der Wohnung

(1) Ist eine Teilung der Wohnung möglich und zweckmäßig, so kann der Richter auch anordnen, daß die Wohnung zwischen den Ehegatten geteilt wird. Dabei kann er bestimmen, wer die Kosten zu tragen hat, die durch die Teilung und ihre etwaige spätere Wiederbeseitigung entstehen. (...)

§ 8 Gemeinsames Eigentum beider Ehegatten

(1) Hausrat, der beiden Ehegatten gemeinsam gehört, verteilt der Richter gerecht und zweckmäßig. (...)

(3) Die Gegenstände gehen in das Alleineigentum des Ehegatten über, dem sie der Richter zuteilt. Der Richter soll diesem Ehegatten zugunsten des anderen eine Ausgleichszahlung auferlegen, wenn dies der Billigkeit entspricht.

§ 9 Alleineigentum eines Ehegatten

(1) Notwendige Gegenstände, die im Alleineigentum eines Ehegatten stehen, kann der Richter dem anderen Ehegatten zuweisen, wenn dieser auf ihre Weiterbenutzung angewiesen ist und es dem Eigentümer zugemutet werden kann, sie dem anderen zu überlassen. (...)

§§

§ 10 Gläubigerrechte

(1) Haftet ein Ehegatte allein oder haften beide Ehegatten als Gesamtschuldner für Schulden, die mit dem Hausrat zusammenhängen, so kann der Richter bestimmen, welcher Ehegatte im Innenverhältnis zur Bezahlung der Schuld verpflichtet ist. (...)

Gesetz über die freiwillige Gerichtsbarkeit

§ 12

Das Gericht hat von Amts wegen die zur Feststellung der Tatsachen erforderlichen Ermittlungen zu veranstalten und die geeignet erscheinenden Beweise aufzunehmen.

§ 49a

(1) Das Familiengericht hört das Jugendamt vor einer Entscheidung nach folgenden Vorschriften des Bürgerlichen Gesetzbuchs
1. Übertragung von Angelegenheiten der elterlichen Sorge auf die Pflegeperson (§ 1630 Abs. 3),
2. Unterstützung der Eltern bei der Ausübung der Personensorge (§ 1631 Abs. 3),
2a. Unterbringung, die mit Freiheitsentziehung verbunden ist (§§ 1631b, 1800, 1915),
3. Herausgabe des Kindes, Wegnahme von der Pflegeperson (§ 1632 Abs. 1, 4) oder von dem Ehegatten oder Umgangsberechtigten (§ 1682),
4. Umgang mit dem Kind (§ 1632 Abs. 2, §§ 1684 und 1685),
5. Gefährdung des Kindeswohls (§ 1666),
6. elterliche Sorge bei Getrenntleben der Eltern (§§ 1671, 1672 Abs. 1),
7. Ruhen der elterlichen Sorge (§ 1678 Abs. 2),
8. elterliche Sorge nach Tod eines Elternteils (§ 1680 Abs. 2, § 1681),
9. elterliche Sorge nach Entziehung (§ 1680 Abs. 3). (...)

§ 50

(1) Das Gericht kann dem minderjährigen Kind einen Pfleger bestellen, wenn dies für Wahrnehmung seiner Interessen erforderlich ist. (...)

(3) Die Bestellung soll unterbleiben oder aufgehoben werden, wenn die Interessen des Kindes von einem Rechtsanwalt oder einem anderen geeigneten Verfahrensbevollmächtigten angemessen vertreten werden. (...)

§ 50a

(1) Das Gericht hört in einem Verfahren, das die Personen- oder Vermögenssorge für ein Kind betrifft, die Eltern an. In Angelegenheiten der Personensorge soll das Gericht die Eltern in der Regel persönlich anhören. (...)

(3) Das Gericht darf von der Anhörung nur aus schwerwiegenden Gründen absehen. Unterbleibt die Anhörung allein wegen Gefahr im Verzug, so ist sie unverzüglich nachzuholen. (...)

§ 50b

(1) Das Gericht hört in einem Verfahren, das die Personen- oder Vermögenssorge betrifft, das Kind persönlich an, wenn die Neigungen, Bindungen oder der Wille des Kindes für die Entscheidung von Bedeutung sind oder wenn es zur Feststellung des Sachverhalts angezeigt erscheint, daß sich das Gericht von dem Kind einen unmittelbaren Eindruck verschafft. (...)

(3) In den Fällen des Absatzes 1 und des Absatzes 2 Satz 1 darf das Gericht von der Anhörung nur aus schwerwiegenden Gründen absehen. Unterbleibt die Anhörung allein wegen Gefahr im Verzug, so ist sie unverzüglich nachzuholen. (...)

Kinder- und Jugendhilfegesetz (Sozialgesetzbuch VIII)

§ 1 Recht auf Erziehung, Elternverantwortung, Jugendhilfe

(1) Jeder junge Mensch hat ein Recht auf Förderung seiner Entwicklung und auf Erziehung zu einer eigenverantwortlichen und gemeinschaftsfähigen Persönlichkeit.

(2) Pflege und Erziehung der Kinder sind das natürliche Recht der Eltern und die zuvörderst ihnen obliegende Pflicht. Über ihre Betätigung wacht die staatliche Gemeinschaft.

(3) Jugendhilfe soll zur Verwirklichung des Rechts nach Absatz 1 insbesondere
1. junge Menschen in ihrer individuellen und sozialen Entwicklung fördern und dazu beitragen, Benachteiligungen zu vermeiden oder abzubauen,
2. Eltern und andere Erziehungsberechtigte bei der Erziehung beraten und unterstützen,
3. Kinder und Jugendliche vor Gefahren für ihr Wohl schützen,

4. dazu beitragen, positive Lebensbedingungen für junge Menschen und ihre Familien sowie eine kinder- und familienfreundliche Umwelt zu erhalten oder zu schaffen.

§ 2 Aufgaben der Jugendhilfe

(1) Die Jugendhilfe umfaßt Leistungen und andere Aufgaben zugunsten junger Menschen und Familien.

(2) Leistungen der Jugendhilfe sind:

1. Angebote der Jugendarbeit, der Jugendsozialarbeit und des erzieherischen Kinder- und Jugendschutzes (§§ 11 bis 14),
2. Angebote zur Förderung der Erziehung in der Familie (§§ 16 bis 21),
3. Angebote zur Förderung von Kindern in Tageseinrichtungen und in Tagespflege (§§ 22 bis 25),
4. Hilfe zur Erziehung und ergänzende Leistungen (§§ 27 bis 35, 36, 37, 39, 40),
5. Hilfe für seelisch behinderte Kinder und Jugendliche und ergänzende Leistungen (§§ 35a bis 37, 39, 40),
6. Hilfe für junge Volljährige und Nachbetreuung (§ 41).

(3) Andere Aufgaben der Jugendhilfe sind

1. die Inobhutnahme von Kindern und Jugendlichen (§ 42),
2. die Herausnahme des Kindes oder des Jugendlichen ohne Zustimmung des Personensorgeberechtigten (§ 43),
3. die Erteilung, der Widerruf und die Zurücknahme der Pflegeerlaubnis (§ 44),
4. die Erteilung, der Widerruf und die Zurücknahme der Erlaubnis für den Betrieb einer Einrichtung (...)
6. die Mitwirkung in Verfahren vor den Vormundschafts- und den Familiengerichten (§ 50), (...)
8. die Mitwirkung in Verfahren nach dem Jugendgerichtsgesetz (§ 52),
9. die Beratung und Unterstützung von Müttern bei Vaterschaftsfeststellung und Geltendmachung von Unterhaltsansprüchen sowie von Pflegern und Vormündern (§§ 52a, 53), (...)
12. Beurkundung und Beglaubigung (§ 59),
13. die Aufnahme von vollstreckbaren Urkunden (§ 60).

§ 5 Wunsch- und Wahlrecht

Die Leistungsberechtigten haben das Recht, zwischen Einrichtungen und Diensten verschiedener Träger zu wählen und Wünsche hinsichtlich der Gestaltung der Hilfe zu äußern. Der Wahl und den Wünschen soll entsprochen werden, sofern dies nicht mit unverhältnismäßigen Mehrkosten verbunden ist. Die Leistungsberechtigten sind auf dieses Recht hinzuweisen.

§ 8 Beteiligung von Kindern und Jugendlichen

(1) Kinder und Jugendliche sind entsprechend ihrem Entwicklungsstand an allen sie betreffenden Entscheidungen der öffentlichen Jugendhilfe zu beteiligen. (...)

(2) Kinder und Jugendliche haben das Recht, sich in allen Angelegenheiten der Erziehung und Entwicklung an das Jugendamt zu wenden.

(3) Kinder und Jugendliche können ohne Kenntnis des Personensorgeberechtigten beraten werden, wenn die Beratung aufgrund einer Not- und Konfliktlage erforderlich ist und solange durch die Mitteilung an den Personensorgeberechtigten der Beratungszweck vereitelt würde.

§§

§ 9 Grundrichtung der Erziehung, Gleichberechtigung von Mädchen und Jungen

Bei der Ausgestaltung der Leistungen und der Erfüllung der Aufgaben sind

1. die von den Personensorgeberechtigten bestimmte Grundrichtung der Erziehung (...) zu beachten,
2. die wachsende Fähigkeit und das wachsende Bedürfnis des Kindes oder des Jugend-

lichen zu selbständigem, verantwortungsbewußtem Handeln sowie die jeweiligen besonderen sozialen und kulturellen Bedürfnisse und Eigenarten junger Menschen und ihrer Familien zu berücksichtigen,
3. die unterschiedlichen Lebenslagen von Mädchen und Jungen zu berücksichtigen, Benachteiligungen abzubauen und die Gleichberechtigung von Mädchen und Jungen zu fördern.

§ 16 Allgemeine Förderung der Erziehung in der Familie

(1) Müttern, Vätern, anderen Erziehungsberechtigten und jungen Menschen sollen Leistungen der allgemeinen Förderung der Erziehung in der Familie angeboten werden. Sie sollen dazu beitragen, daß Mütter, Väter und andere Erziehungsberechtigte ihre Erziehungsverantwortung besser wahrnehmen können.

(2) Leistungen zur Förderung der Erziehung in der Familie sind insbesondere
1. Angebote der Familienbildung, (...)
2. Angebote der Beratung in allgemeinen Fragen der Erziehung und Entwicklung junger Menschen,
3. Angebote der Familienfreizeit und der Familienerholung (...)

§ 17 Beratung in Fragen der Partnerschaft, Trennung und Scheidung

(1) Mütter und Väter haben im Rahmen der Jugendhilfe Anspruch auf Beratung in Fragen der Partnerschaft, wenn sie für ein Kind oder einen Jugendlichen zu sorgen haben oder tatsächlich sorgen. Die Beratung soll helfen,
1. ein partnerschaftliches Zusammenleben in der Familie aufzubauen,
2. Konflikte und Krisen in der Familie zu bewältigen,
3. im Falle der Trennung oder Scheidung die Bedingungen für eine dem Wohl des Kindes oder des Jugendlichen förderliche Wahrnehmung der Elternverantwortung zu schaffen.

(2) Im Falle der Trennung oder Scheidung sind Eltern unter angemessener Beteiligung des betroffenen Kindes oder Jugendlichen bei der Entwicklung eines einvernehmlichen Konzepts für die Wahrnehmung der elterlichen Sorge zu unterstützen; dieses Konzept kann auch als Grundlage für die richterliche Entscheidung über die elterliche Sorge nach der Trennung oder Scheidung dienen. (...)

§ 18 Beratung und Unterstützung bei der Ausübung der Personensorge

(1) Mütter und Väter, die allein für ein Kind oder einen Jugendlichen zu sorgen haben oder tatsächlich sorgen, haben Anspruch auf Beratung und Unterstützung bei der Ausübung der Personensorge einschließlich der Geltendmachung von Unterhalts- oder Unterhaltsersatzansprüchen des Kindes oder Jugendlichen.

(2) Die Mutter, der die elterliche Sorge nach § 1626a Abs. 2 des Bürgerlichen Gesetzbuchs zusteht, hat Anspruch auf Beratung und Unterstützung bei der Geltendmachung ihrer Unterhaltsansprüche nach § 1615l des Bürgerlichen Gesetzbuchs.

(3) Kinder und Jugendliche haben Anspruch auf Beratung und Unterstützung bei der Ausübung des Umgangsrechts nach § 1684 Abs. 1 des Bürgerlichen Gesetzbuchs. (...) Eltern, andere Umgangsberechtigte sowie Personen, in deren Obhut sich das Kind befindet, haben Anspruch auf Beratung und Unterstützung bei der Ausübung des Umgangsrechts. (...)

(4) Ein junger Volljähriger hat bis zur Vollendung des 21. Lebensjahres Anspruch auf Beratung und Unterstützung bei der Geltendmachung von Unterhalts- oder Unterhaltsersatzansprüchen.

§ 19 Gemeinsame Wohnformen für Mütter/Väter und Kinder

(1) Mütter oder Väter, die allein für ein Kind unter sechs Jahren zu sorgen haben, sollen gemeinsam mit dem Kind in einer geeigneten Wohnform betreut werden, wenn und solange sie aufgrund ihrer Persönlichkeitsentwicklung dieser Form der Unterstützung bei der Pflege und Erziehung des Kindes bedürfen. (...)

§ 20 Betreuung und Versorgung des Kindes in Notsituationen

(1) Fällt der Elternteil, der die überwiegende Betreuung des Kindes übernommen hat, für die Wahrnehmung dieser Aufgabe aus gesundheitlichen oder anderen zwingenden Gründen aus, so soll der andere Elternteil bei der Betreuung und Versorgung des im Haushalt lebenden Kindes unterstützt werden, (...)

§ 24 Ausgestaltung des Förderungsangebots in Tageseinrichtungen

Ein Kind hat vom vollendeten dritten Lebensjahr bis zum Schuleintritt Anspruch auf den Besuch eines Kindergartens. Für Kinder im Alter unter drei Jahren und für Kinder im schulpflichtigen Alter sind nach Bedarf Plätze in Tageseinrichtungen vorzuhalten. (...)

§ 27 Hilfe zur Erziehung

(1) Ein Personensorgeberechtigter hat bei der Erziehung eines Kindes oder eines Jugendlichen Anspruch auf Hilfe (Hilfe zur Erziehung), wenn eine dem Wohl des Kindes oder des Jugendlichen entsprechende Erziehung nicht gewährleistet ist und die Hilfe für seine Entwicklung geeignet und notwendig ist.

(2) Hilfe zur Erziehung wird insbesondere nach Maßgabe der §§ 28 bis 35[1] gewährt. Art und Umfang der Hilfe richten sich nach dem erzieherischen Bedarf im Einzelfall; dabei soll das engere soziale Umfeld des Kindes oder des Jugendlichen einbezogen werden.

(3) Hilfe zur Erziehung umfaßt insbesondere die Gewährung pädagogischer und damit verbundener therapeutischer Leistungen. Sie soll bei Bedarf Ausbildungs- und Beschäftigungsmaßnahmen im Sinne des § 13 Abs. 2 einschließen.

§ 42 Inobhutnahme von Kindern und Jugendlichen

(1) Inobhutnahme eines Kindes der eines Jugendlichen ist die vorläufige Unterbringung des Kindes oder des Jugendlichen bei
   1. einer geeigneten Person oder
   2. in einer Einrichtung oder
   3. in einer sonstigen betreuten Wohnform.

   Während der Inobhutnahme sind der notwendige Unterhalt des Kindes oder des Jugendlichen und die Krankenhilfe sicherzustellen. Mit der Inobhutnahme ist dem Kind oder dem Jugendlichen unverzüglich Gelegenheit zu geben, eine Person seines Vertrauens zu benachrichtigen. Während der Inobhutnahme übt das Jugendamt das Recht der Beaufsichtigung, Erziehung und Aufenthaltsbestimmung aus; der mutmaßliche Wille des Personensorgeberechtigten oder des Erziehungsberechtigten ist dabei angemessen zu berücksichtigen. Es hat für das Wohl des Kindes oder des Jugendlichen zu sorgen, das Kind oder den Jugendlichen in seiner gegenwärtigen Lage zu beraten und Möglichkeiten der Hilfe und Unterstützung aufzuzeigen.

(2) Das Jugendamt ist verpflichtet, ein Kind oder einen Jugendlichen in seine Obhut zu nehmen, wenn das Kind oder der Jugendliche um Obhut bittet. Das Jugendamt hat den Personensorge- oder Erziehungsberechtigten unverzüglich von der Inobhutnahme zu unterrichten. Widerspricht der Personensorge- oder Erziehungsberechtigte der Inobhutnahme, so hat das Jugendamt unverzüglich
   1. das Kind oder den Jugendlichen dem Personensorge- oder Erziehungsberechtigten zu übergeben oder
   2. eine Entscheidung des Familiengerichts über die erforderlichen Maßnahmen zum Wohl des Kindes oder des Jugendlichen herbeizuführen.

---

[1] Erziehungsberatung (§ 28), Soziale Gruppenarbeit (§ 29), Erziehungsbeistand, Betreuungshelfer (§ 30), Sozialpädagogische Familienhilfe (§ 31), Erziehung in einer Tagesgruppe (§ 32), Vollzeitpflege (§ 33), Heimerziehung, sonstige betreute Wohnform (§ 34),Intensive sozialpädagogische Einzelbetreuung (§ 35), Eingliederungshilfe für seelisch behinderte Kinder und Jugendliche (§ 35a).

Ist der Personensorge- oder Erziehungsberechtigte nicht erreichbar, so gilt Satz 3 Nr. 2 entsprechend.

(3) Das Jugendamt ist verpflichtet, ein Kind oder einen Jugendlichen in seine Obhut zu nehmen, wenn eine dringende Gefahr für das Wohl des Kindes oder des Jugendlichen die Inobhutnahme erfordert. (...)

§ 43 Herausnahme des Kindes oder des Jugendlichen ohne Zustimmung des Personensorgeberechtigten

(1) Hält sich ein Kind oder ein Jugendlicher mit Zustimmung des Personensorgeberechtigten bei einer anderen Person oder in einer Einrichtung auf und werden Tatsachen bekannt, die die Annahme rechtfertigen, daß die Voraussetzungen des § 1666 des Bürgerlichen Gesetzbuchs vorliegen, so ist das Jugendamt bei Gefahr im Verzug befugt, das Kind oder den Jugendlichen von dort zu entfernen und bei einer geeigneten Person, in einer Einrichtung oder in einer sonstigen betreuten Wohnform vorläufig unterzubringen. (...)

UN-Kinderkonvention

Artikel 19

(1) Die Vertragsstaaten treffen alle geeigneten Gesetzgebungs-, Verwaltungs-, Sozial- und Bildungsmaßnahmen, um das Kind vor jeder Form körperlicher oder geistiger Gewaltanwendung, Schadenszufügung oder Mißhandlung, vor Verwahrlosung oder Vernachlässigung, vor schlechter Behandlung oder Ausbeutung einschließlich des sexuellen Mißbrauchs zu schützen, solange es sich in der Obhut der Eltern oder eines Elternteils, eines Vormunds oder anderen gesetzlichen Vertreters oder einer anderen Person befindet, die das Kind betreut.

(2) Diese Schutzmaßnahmen sollen je nach den Gegebenheiten wirksame Verfahren zur Aufstellung von Sozialprogrammen enthalten. die dem Kind und denen, die es betreuen, die erforderliche Unterstützung gewähren und andere Formen der Vorbeugung vorsehen sowie Maßnahmen zur Aufdeckung, Meldung, Weiterverweisung, Untersuchung, Behandlung und Nachbetreuung in den in Absatz 1 beschriebenen Fällen schlechter Behandlung von Kindern und gegebenenfalls für das Einschreiten der Gerichte.

Artikel 22

(1) Die Vertragsstaaten treffen geeignete Maßnahmen, um sicherzustellen, daß ein Kind, das die Rechtsstellung eines Flüchtlings begehrt (...) angemessenen Schutz und humanitäre Hilfe bei der Wahrnehmung der Rechte erhält, (...)

ANWALTS- UND GERICHTSKOSTEN

Beratungshilfegesetz

§ 1

(1) Hilfe für die Wahrnehmung von Rechten außerhalb eines gerichtlichen Verfahrens (Beratungshilfe) wird auf Antrag gewährt, wenn

1. der Rechtsuchende die erforderlichen Mittel nach seinen persönlichen und wirtschaftlichen Verhältnissen nicht aufbringen kann,
2. nicht andere Möglichkeiten für eine Hilfe zur Verfügung stehen, deren Inanspruchnahme dem Rechtsuchenden zuzumuten ist,
3. die Wahrnehmung der Rechte nicht mutwillig ist.

(2) Die Voraussetzungen des Absatzes 1 Nr. 1 sind gegeben, wenn dem Rechtsuchenden Prozeßkostenhilfe nach den Vorschriften der Zivilprozeßordnung ohne einen eigenen Beitrag zu den Kosten zu gewähren wäre.

§ 2

(1) Die Beratungshilfe besteht in Beratung und, soweit erforderlich, in Vertretung.

(2) Beratungshilfe nach diesem Gesetz wird gewährt in Angelegenheiten

1. des Zivilrechts einschließlich der Angelegenheiten, für deren Entscheidung die Gerichte für Arbeitssachen zuständig sind,
2. des Verwaltungsrechts, (...)
4. des Sozialrechts.

In Angelegenheiten des Strafrechts und des Ordnungswidrigkeitenrechts wird nur Beratung gewährt. (...)

§ 3

(1) Die Beratungshilfe wird durch Rechtsanwälte gewährt, (...)

(2) Die Beratungshilfe kann auch durch das Amtsgericht gewährt werden, soweit dem Anliegen durch eine sofortige Auskunft, einen Hinweis auf andere Möglichkeiten für Hilfe oder die Aufnahme eines Antrags oder einer Erklärung entsprochen werden kann.

§ 4

(1) Über den Antrag auf Beratungshilfe entscheidet das Amtsgericht, in dessen Bezirk der Rechtsuchende seinen allgemeinen Gerichtsstand hat. (...)

(2) Der Antrag kann mündlich oder schriftlich gestellt werden. Der Sachverhalt, für den Beratungshilfe beantragt wird, ist anzugeben. Die persönlichen und wirtschaftlichen Verhältnisse des Rechtsuchenden sind glaubhaft zu machen. Wenn sich der Rechtsuchende wegen Beratungshilfe unmittelbar an einen Rechtsanwalt wendet, kann der Antrag nachträglich gestellt werden. (...)

§ 6

(1) Sind die Voraussetzungen für die Gewährung von Beratungshilfe gegeben (...) stellt das Amtsgericht dem Rechtsuchenden unter genauer Bezeichnung der Angelegenheit einen Berechtigungsschein für Beratungshilfe durch einen Rechtsanwalt seiner Wahl aus. (...)

§ 7

Der Rechtsuchende, der unmittelbar einen Rechtsanwalt aufsucht, hat seine persönlichen und wirtschaftlichen Verhältnisse glaubhaft zu machen und zu versichern, daß ihm in derselben Angelegenheit Beratungshilfe bisher weder gewährt noch durch das Amtsgericht versagt worden ist.

§ 8

(1) Dem Rechtsanwalt steht gegen den Rechtsuchenden, dem er Beratungshilfe gewährt, eine Gebühr von 20 Deutsche Mark zu, (...)

(2) Vereinbarungen über eine Vergütung sind nichtig.

§§

Prozeßkostenhilfe (Zivilprozeßordnung)

§ 114 [Bewilligungsvoraussetzungen]

Eine Partei, die nach ihren persönlichen und wirtschaftlichen Verhältnissen die Kosten der Prozeßführung nicht, nur zum Teil oder nur in Raten aufbringen kann, erhält auf Antrag Prozeßkostenhilfe, wenn die beabsichtigte Rechtsverfolgung oder Rechtsverteidigung hinreichende Aussicht auf Erfolg bietet und nicht mutwillig erscheint.

§ 115 [Bemessungsrichtlinien]

(1) Die Partei hat ihr Einkommen einzusetzen. Zum Einkommen gehören alle Einkünfte in Geld oder Geldeswert. Von ihm sind abzusetzen:

1. die in § 76 Abs. 2, 2 a des Bundessozialhilfegesetzes bezeichneten Beträge;
2. für die Partei und ihren Ehegatten jeweils 64 vom Hundert und (...) für jede unter-

haltsberechtigte Person 45 vom Hundert des Grundbetrags nach § 79 Abs. I Nr. 1, § 82 des Bundessozialhilfegesetzes, der im Zeitpunkt der Bewilligung der Prozeßkostenhilfe gilt;(...).[1]
3. die Kosten der Unterkunft und Heizung, (...)
4. weitere Beträge, soweit dies mit Rücksicht auf besondere Belastungen angemessen ist. (...)

Von dem nach den Abzügen verbleibenden, auf volle Deutsche Mark abzurundenden Teil des monatlichen Einkommens (einzusetzendes Einkommen) sind unabhängig von der Zahl der Rechtszüge höchstens achtundvierzig Monatsraten aufzubringen, und zwar bei einem

einzusetzenden Einkommen (DM)	eine Monatsrate von (DM)	einzusetzenden Einkommen (DM)	eine Monatsrate von (DM)
bis 30	0	900	310
100	30	1000	350
200	60	1100	400
300	90	1200	450
400	120	1300	500
500	150	1400	550
600	190	1500	600
700	230	über 1500	600*
800	270		

(2) Die Partei hat ihr Vermögen einzusetzen, soweit dies zumutbar ist. (...)
(3) Prozeßkostenhilfe wird nicht bewilligt, wenn die Kosten der Prozeßführung der Partei vier Monatsraten und die aus dem Vermögen aufzubringenden Teilbeträge voraussichtlich nicht übersteigen.

§ 117 [Antrag]

(1) Der Antrag auf Bewilligung der Prozeßkostenhilfe ist bei dem Prozeßgericht zu stellen; er kann vor der Geschäftsstelle zu Protokoll erklärt werden. In dem Antrag ist das Streitverhältnis unter Angabe der Beweismittel darzustellen. (...)
(2) Dem Antrag sind eine Erklärung der Partei über ihre persönlichen und wirtschaftlichen Verhältnisse (Familienverhältnisse, Beruf, Vermögen, Einkommen und Lasten) sowie entsprechende Belege beizufügen. Die Erklärung und die Belege dürfen dem Gegner nur mit Zustimmung der Partei zugänglich gemacht werden. (...)
(4) Soweit Vordrucke für die Erklärung eingeführt sind, muß sich die Partei ihrer bedienen.

§ 124 [Aufhebung der Bewilligung]

Das Gericht kann die Bewilligung der Prozeßkostenhilfe aufheben, wenn
1. die Partei durch unrichtige Darstellung des Streitverhältnisses die für die Bewilligung der Prozeßkostenhilfe maßgebenden Voraussetzungen vorgetäuscht hat;

---

[1] Die maßgebenden Beiträge betragen
1. für die Partei 672 Deutsche Mark,
2. für den Ehegatten 672 Deutsche Mark,
3. für jede weitere Person, der die Partei aufgrund gesetzlicher Unterhaltspflicht Unterhalt leistet, 473 Deutsche Mark

2. die Partei absichtlich oder aus grober Nachlässigkeit unrichtige Angaben über die persönlichen oder wirtschaftlichen Verhältnisse gemacht oder eine Erklärung nach § 120 Abs. 4 Satz 2 nicht abgegeben hat;
3. die persönlichen oder wirtschaftlichen Voraussetzungen für die Prozeßkostenhilfe nicht vorgelegen haben; (...)[1]
4 die Partei länger als drei Monate mit der Zahlung einer Monatsrate oder mit der Zahlung eines sonstigen Betrages im Rückstand ist.

SOZIALLEISTUNGSRECHT

Allgemeine Vorschriften (Sozialgesetzbuch I)

§ 11 Leistungsarten
Gegenstand der sozialen Rechte sind die in diesem Gesetzbuch vorgesehenen Dienst-, Sach- und Geldleistungen (Sozialleistungen). Die persönliche und erzieherische Hilfe gehört zu den Dienstleistungen.

§ 14 Beratung
Jeder hat Anspruch auf Beratung über seine Rechte und Pflichten nach diesem Gesetzbuch. Zuständig für die Beratung sind die Leistungsträger, denen gegenüber die Rechte geltend zu machen oder die Pflichten zu erfüllen sind.

§ 16 Antragstellung
(1) Anträge auf Sozialleistungen sind beim zuständigen Leistungsträger zu stellen. Sie werden auch von allen anderen Leistungsträgern, von allen Gemeinden und bei Personen, die sich im Ausland aufhalten, auch von den amtlichen Vertretungen der Bundesrepublik Deutschland im Ausland entgegengenommen. (...)

§ 17 Ausführung der Sozialleistungen
(1) Die Leistungsträger sind verpflichtet, darauf hinzuwirken, daß
1. jeder Berechtigte die ihm zustehenden Sozialleistungen in zeitgemäßer Weise, umfassend und schnell erhält,
2. die zur Ausführung von Sozialleistungen erforderlichen sozialen Dienste und Einrichtungen rechtzeitig und ausreichend zur Verfügung stehen und
3. der Zugang zu den Sozialleistungen möglichst einfach gestaltet wird. (...)

§ 30 Geltungsbereich
(1) Die Vorschriften dieses Gesetzbuchs gelten für alle Personen, die ihren Wohnsitz oder gewöhnlichen Aufenthalt in seinem Geltungsbereich haben. (...)
(3) Einen Wohnsitz hat jemand dort, wo er eine Wohnung unter Umständen innehat, die darauf schließen lassen, daß er die Wohnung beibehalten und benutzen wird. Den gewöhnlichen Aufenthalt hat jemand dort, wo er sich unter Umständen aufhält, die erkennen lassen, daß er an diesem Ort oder in diesem Gebiet nicht nur vorübergehend verweilt.

§§

§ 35 Sozialgeheimnis
(1) Jeder hat Anspruch darauf, daß die ihn betreffenden Sozialdaten (§ 67 Abs. 1 Zehntes Buch) von den Leistungsträgern nicht unbefugt erhoben, verarbeitet oder genutzt werden (Sozialgeheimnis). Die Wahrung des Sozialgeheimnisses umfaßt die Verpflichtung, auch innerhalb des Leistungsträgers sicherzustellen, daß die Sozialdaten nur Befugten zugänglich sind oder nur an diese weitergegeben werden. (...) Die Beschäftigten haben auch nach Beendigung ihrer Tätigkeit bei den genannten Stellen das Sozialgeheimnis zu wahren. (...)

---

[1] bis 4 Jahre nach Beendigung des Verfahrens

(3) Soweit eine Übermittlung nicht zulässig ist, besteht keine Auskunftspflicht, keine Zeugnispflicht und keine Pflicht zur Vorlegung oder Auslieferung von Schriftstücken, Akten, Dateien. (...)

§ 36 Handlungsfähigkeit

(1) Wer das fünfzehnte Lebensjahr vollendet hat, kann Anträge auf Sozialleistungen stellen und verfolgen sowie Sozialleistungen entgegennehmen. Der Leistungsträger soll den gesetzlichen Vertreter über die Antragstellung und die erbrachten Sozialleistungen unterrichten. (...)

§ 46 Verzicht

(1) Auf Ansprüche auf Sozialleistungen kann durch schriftliche Erklärung gegenüber dem Leistungsträger verzichtet werden; der Verzicht kann jederzeit mit Wirkung für die Zukunft widerrufen werden.

(2) Der Verzicht ist unwirksam, soweit durch ihn andere Personen oder Leistungsträger belastet oder Rechtsvorschriften umgangen werden.

§ 47 Auszahlung von Geldleistungen

Soweit die besonderen Teile dieses Gesetzbuchs keine Regelung enthalten, sollen Geldleistungen kostenfrei auf ein Konto des Empfängers bei einem Geldinstitut überwiesen oder, wenn der Empfänger es verlangt, kostenfrei an seinen Wohnsitz übermittelt werden.

§ 48 Auszahlung bei Verletzung der Unterhaltspflicht

(1) Laufende Geldleistungen, die der Sicherung des Lebensunterhalts zu dienen bestimmt sind, können in angemessener Höhe an den Ehegatten oder die Kinder des Leistungsberechtigten ausgezahlt werden, wenn er ihnen gegenüber seiner gesetzlichen Unterhaltspflicht nicht nachkommt. (...)

§ 60 Angabe von Tatsachen

(1) Wer Sozialleistungen beantragt oder erhält, hat
   1. alle Tatsachen anzugeben, die für die Leistung erheblich sind, und auf Verlangen des zuständigen Leistungsträgers der Erteilung der erforderlichen Auskünfte durch Dritte zuzustimmen,
   2. Änderungen in den Verhältnissen, die für die Leistung erheblich sind oder über die im Zusammenhang mit der Leistung Erklärungen abgegeben worden sind, unverzüglich mitzuteilen,
   3. Beweismittel zu bezeichnen und auf Verlangen des zuständigen Leistungsträgers Beweisurkunden vorzulegen oder ihrer Vorlage zuzustimmen.

   Satz 1 gilt entsprechend für denjenigen, der Leistungen zu erstatten hat. (...)

§ 61 Persönliches Erscheinen

Wer Sozialleistungen beantragt oder erhält, soll auf Verlangen des zuständigen Leistungsträgers zur mündlichen Erörterung des Antrags oder zur Vornahme anderer für die Entscheidung über die Leistung notwendiger Maßnahmen persönlich erscheinen.

§ 62 Untersuchungen

Wer Sozialleistungen beantragt oder erhält, soll sich auf Verlangen des zuständigen Leistungsträgers ärztlichen und psychologischen Untersuchungsmaßnahmen unterziehen, soweit diese für die Entscheidung über die Leistung erforderlich sind.

§ 63 Heilbehandlung

Wer wegen Krankheit oder Behinderung Sozialleistungen beantragt oder erhält, soll sich auf Verlangen des zuständigen Leistungsträgers einer Heilbehandlung unterziehen, wenn zu erwarten ist, daß sie eine Besserung seines Gesundheitszustands herbeiführen oder eine Verschlechterung verhindern wird.

§ 64 Berufsfördernde Maßnahmen

Wer wegen Minderung der Erwerbsfähigkeit oder wegen Arbeitslosigkeit Sozialleistungen beantragt oder erhält, soll auf Verlangen des zuständigen Leistungsträgers an berufsfördernden Maßnahmen teilnehmen, wenn bei angemessener Berücksichtigung seiner beruflichen Neigung und seiner Leistungsfähigkeit zu erwarten ist, daß sie seine Erwerbs- oder Vermittlungsfähigkeit auf Dauer fördern oder erhalten werden.

§ 65 Grenzen der Mitwirkung

(1) Die Mitwirkungspflichten nach den §§ 60 bis 64 bestehen nicht, soweit
   1. ihre Erfüllung nicht in einem angemessenen Verhältnis zu der in Anspruch genommenen Sozialleistung oder ihrer Erstattung steht oder
   2. ihre Erfüllung dem Betroffenen aus einem wichtigen Grund nicht zugemutet werden kann oder (...)

(2) Behandlungen und Untersuchungen,
   1. bei denen im Einzelfall ein Schaden für Leben oder Gesundheit nicht mit hoher Wahrscheinlichkeit ausgeschlossen werden kann,
   2. die mit erheblichen Schmerzen verbunden sind oder
   3. die einen erheblichen Eingriff in die körperliche Unversehrtheit bedeuten, können abgelehnt werden.

(3) Angaben, die dem Antragsteller, dem Leistungsberechtigten oder ihnen nahestehende Personen (§ 383 Abs. 1 Nr. 1 bis 3 der Zivilprozeßordnung) die Gefahr zuziehen würden, wegen einer Straftat oder einer Ordnungswidrigkeit verfolgt zu werden, können verweigert werden.

§ 66 Folgen fehlender Mitwirkung

(1) Kommt derjenige, der eine Sozialleistung beantragt oder erhält, seinen Mitwirkungspflichten nach den §§ 60 bis 62, 65 nicht nach und wird hierdurch die Aufklärung des Sachverhalts erheblich erschwert, kann der Leistungsträger ohne weitere Ermittlungen die Leistung bis zur Nachholung der Mitwirkung ganz oder teilweise versagen oder entziehen, soweit die Voraussetzungen der Leistung nicht nachgewiesen sind. Dies gilt entsprechend, wenn der Antragsteller oder Leistungsberechtigte in anderer Weise absichtlich die Aufklärung des Sachverhalts erheblich erschwert. (...)

(3) Sozialleistungen dürfen wegen fehlender Mitwirkung nur versagt oder entzogen werden, nachdem der Leistungsberechtigte auf diese Folge schriftlich hingewiesen worden ist und seiner Mitwirkungspflicht nicht innerhalb einer ihm gesetzten angemessenen Frist nachgekommen ist.

§ 67 Nachholung der Mitwirkung

Wird die Mitwirkung nachgeholt und liegen die Leistungsvoraussetzungen vor, kann der Leistungsträger Sozialleistungen, die er nach § 66 versagt oder entzogen hat, nachträglich ganz oder teilweise erbringen.

§§

Arbeitsförderung (☞ Arbeits- und Arbeitslosenrecht, Seite 134)

Bundeserziehungsgeldgesetz

§ 1 Berechtigte

(1) Anspruch auf Erziehungsgeld hat, wer
   1. einen Wohnsitz oder seinen gewöhnlichen Aufenthalt im Geltungsbereich dieses Gesetzes hat,
   2. mit einem Kind, für das ihm die Personensorge zusteht, in einem Haushalt lebt,
   3. dieses Kind selbst betreut und erzieht und
   4. keine oder keine volle Erwerbstätigkeit ausübt.

(1a) Für den Anspruch eines Ausländers ist Voraussetzung, daß er im Besitz einer Aufenthaltsberechtigung oder Aufenthaltserlaubnis ist. (...)

(4) Anspruch auf Erziehungsgeld hat auch, wer als
1. Angehöriger eines Mitgliedstaates der Europäischen Gemeinschaften oder
2. Grenzgänger (...)

ein Arbeitsverhältnis im Geltungsbereich dieses Gesetzes hat, bei dem die wöchentliche Arbeitszeit die Grenze für geringfügige Beschäftigungen gemäß § 8 des Vierten Buches Sozialgesetzbuch übersteigt, und die Voraussetzungen des Absatzes 1 Nr. 2 bis 4 erfüllt.

(5) Der Anspruch auf Erziehungsgeld bleibt unberührt, wenn der Antragsteller aus einem wichtigen Grund die Betreuung und Erziehung des Kindes nicht sofort aufnehmen kann oder sie unterbrechen muß. (...)

§ 2 Nicht volle Erwerbstätigkeit

(1) Der Antragsteller übt keine volle Erwerbstätigkeit aus, wenn
1. die wöchentliche Arbeitszeit 19 Stunden nicht übersteigt,
2. bei einer Beschäftigung, die nicht die Versicherungspflicht nach dem Dritten Buch Sozialgesetzbuch begründet, die durch Gesetz oder auf Grund eines Gesetzes festgelegte Mindestdauer einer Teilzeitbeschäftigung nicht überschritten wird, oder
3. eine Beschäftigung zur Berufsbildung ausgeübt wird.

(2) Einer vollen Erwerbstätigkeit stehen gleich:
1. der Bezug von Arbeitslosengeld, Arbeitslosenbeihilfe und Eingliederungsgeld,
2. der Bezug von Krankengeld, Verletztengeld, Versorgungskrankengeld, Übergangsgeld und Unterhaltsgeld, wenn der Bemessung dieser Leistung ein Arbeitsentgelt für eine Beschäftigung mit einer wöchentlichen Arbeitszeit von mehr als 19 Stunden oder ein entsprechendes Arbeitseinkommen zugrunde liegt; diese Regelung gilt nicht für die zu ihrer Berufsbildung Beschäftigten.

(3) Während des Bezugs von Arbeitslosengeld wird Erziehungsgeld gewährt, wenn dem Arbeitnehmer nach der Geburt eines Kindes aus einem Grund gekündigt worden ist, den er nicht zu vertreten hat, die Kündigung nach § 9 des Mutterschutzgesetzes oder § 18 zulässig war und der Wegfall des Erziehungsgeldes für ihn eine unbillige Härte bedeuten würde.

§ 4 Beginn und Ende des Anspruchs

(1) Erziehungsgeld wird vom Tag der Geburt bis zur Vollendung des achtzehnten Lebensmonats gewährt. (...)

(2) Erziehungsgeld ist schriftlich für jeweils ein Lebensjahr zu beantragen. Der Antrag für das zweite Lebensjahr kann frühestens ab dem neunten Lebensmonat des Kindes gestellt werden. Rückwirkend wird Erziehungsgeld höchstens für sechs Monate vor der Antragstellung bewilligt. (...)

§ 5 Höhe des Erziehungsgeldes, Einkommensgrenze

(1) Das Erziehungsgeld beträgt 600 Deutsche Mark monatlich.

(2) In den ersten sechs Lebensmonaten des Kindes entfällt das Erziehungsgeld, wenn das Einkommen nach § 6 bei Verheirateten, die von ihrem Ehepartner nicht dauernd getrennt leben, 100.000 Deutsche Mark und bei anderen Berechtigten 75.000 Deutsche Mark Übersteigt. Vom Beginn des siebten Lebensmonats an wird das Erziehungsgeld gemindert, wenn das Einkommen nach § 6 bei Verheirateten, die von ihrem Ehegatten nicht dauernd getrennt leben, 29.400 Deutsche Mark und bei anderen Berechtigten 23.700 Deutsche Mark übersteigt. Die Beträge der Einkommensgrenzen in Satz 1 und Satz 2 erhöhen sich um 4.200 Deutsche Mark für jedes weitere Kind des Berechtigten oder seines nicht dauernd von ihm getrennt lebenden Ehegatten, für das ihm oder seinem Ehegatten Kindergeld gewährt wird oder ohne die Anwendung des § 65 Abs. 1 des Einkommensteuergesetzes oder des § 4 Abs. 1 des Bundeskindergeldgesetzes gewährt würde. Maßgeblich sind die Verhältnisse zum Zeitpunkt der Antragstellung. Leben die

Eltern in einer eheähnlichen Gemeinschaft, gilt die Einkommensgrenze für Verheiratete, die nicht dauernd getrennt leben. (...)

§ 6 Einkommen

(1) Als Einkommen gilt die nicht um Verluste in einzelnen Einkommensarten zu vermindernde Summe der positiven Einkünfte im Sinne des § 2 Abs. 1 und 2 des Einkommensteuergesetzes abzüglich folgender Beträge: (...)

(2) Für die Minderung im ersten bis zwölften Lebensmonat des Kindes ist das voraussichtliche Einkommen im Kalenderjahr der Geburt des Kindes maßgebend, für die Minderung im dreizehnten bis vierundzwanzigsten Lebensmonat des Kindes das voraussichtliche Einkommen des folgenden Jahres. (...)

(3) Zu berücksichtigen ist das Einkommen des Berechtigten und seines Ehepartners, soweit sie nicht dauernd getrennt leben. Leben die Eltern in einer eheähnlichen Gemeinschaft, ist auch das Einkommen des Partners zu berücksichtigen.

(4) Soweit ein ausreichender Nachweis der voraussichtlichen Einkünfte in dem maßgebenden Kalenderjahr nicht möglich ist, werden der Ermittlung die Einkünfte in dem Kalenderjahr davor zugrunde gelegt. Dabei können die Einkünfte des vorletzten Jahres berücksichtigt werden. (...)

(6) Ist der Berechtigte in der Zeit des Erziehungsgeldbezugs nicht erwerbstätig, werden seine vorher erzielten Einkünfte aus Erwerbstätigkeit nicht berücksichtigt. Bei Aufnahme einer Teilzeittätigkeit werden die Einkünfte, soweit sie im Bescheid noch nicht berücksichtigt sind, neu ermittelt.

(7) Sind die voraussichtlichen Einkünfte auf Grund eines Härtefalles geringer als in der Bewilligung zugrunde gelegt, werden sie auf Antrag berücksichtigt.

§ 8 Andere Sozialleistungen

(1) Das Erziehungsgeld und vergleichbare Leistungen der Länder sowie das Mutterschaftsgeld nach § 7 Abs. 1 Satz 1 und vergleichbare Leistungen nach § 7 Abs. 1 Satz 2, soweit sie auf das Erziehungsgeld angerechnet worden sind, bleiben als Einkommen bei Sozialleistungen, deren Gewährung von anderen Einkommen abhängig ist, unberücksichtigt. Bei gleichzeitiger Gewährung von Erziehungsgeld und vergleichbaren Leistungen der Länder sowie von Sozialhilfe findet § 15b des Bundessozialhilfegesetzes kleine Anwendung.

(2) Auf Rechtsvorshriften beruhende Leistungen anderer, auf die kein Anspruch besteht, dürfen nicht deshalb versagt werden, weil in diesem Gesetz Leistungen vorgesehen sind.

(3) Leistungen, die außerhalb des Geltungsbereiches dieses Gesetzes in Anspruch genommen werden und dem Erziehungsgeld oder dem Mutterschaftsgeld vergleichbar sind, schließen Erziehungsgeld aus.

§ 9 Unterhaltspflichten

Unterhaltsverpflichtungen werden durch die Gewährung des Erziehungsgeldes und anderer vergleichbarer Leistungen der Länder nicht berührt. Dies gilt nicht in den Fällen des § 1361 Abs. 3, der §§ 1579, 1603 Abs. 2 und des § 1611 Abs. 1 des Bürgerlichen Gesetzbuches.

§ 15 Anspruch auf Erziehungsurlaub

(1) Arbeitnehmer haben Anspruch auf Erziehungsurlaub bis zur Vollendung des dritten Lebensjahres eines Kindes, das nach dem 31. Dezember 1991 geboren ist, wenn sie

1. mit einem Kind, für das ihnen die Personensorge zusteht, einem Kind des Ehepartners, einem Kind, das sie mit dem Ziel der Annahme als Kind in ihre Obhut aufgenommen haben, einem Kind, für das sie ohne Personensorgerecht in einem Härtefall Erziehungsgeld gemäß § 1 Abs. 7 Satz 2 beziehen können, oder als Nichtsorgeberechtigte mit ihrem leiblichen Kind in einem Haushalt leben und
2. dieses Kind selbst betreuen und erziehen. (...)

(2) Ein Anspruch auf Erziehungsurlaub besteht nicht, solange
1. die Mutter als Wöchnerin (...) nicht beschäftigt werden darf,
2. der mit dem Arbeitnehmer in einem Haushalt lebende andere Elternteil nicht erwerbstätig ist, es sei denn, dieser ist arbeitslos oder befindet sich in Ausbildung, oder
3. der andere Elternteil Erziehungsurlaub in Anspruch nimmt, (...)

(4) Während des Erziehungsurlaubs ist Erwerbstätigkeit zulässig, wenn die wöchentliche Arbeitszeit 19 Stunden nicht übersteigt. (...)

§ 16 Inanspruchnahme des Erziehungsurlaubs

(1) Der Arbeitnehmer muß den Erziehungsurlaub spätestens vier Wochen vor dem Zeitpunkt, von dem ab er ihn in Anspruch nehmen will, vom Arbeitgeber verlangen und gleichzeitig erklären, für welchen Zeitraum oder für welche Zeiträume er Erziehungsurlaub in Anspruch nehmen will. Eine Inanspruchnahme von Erziehungsurlaub oder ein Wechsel unter den Berechtigten ist dreimal zulässig.(...)

(3) Der Erziehungsurlaub kann vorzeitig beendet oder im Rahmen des § 15 Abs. 1 verlängert werden, wenn der Arbeitgeber zustimmt. Eine Verlängerung kann verlangt werden, wenn ein vorgesehener Wechsel in der Anspruchsberechtigung aus einem wichtigen Grund nicht erfolgen kann. (...)

(5) Eine Änderung in der Anspruchsberechtigung hat der Arbeitnehmer dem Arbeitgeber unverzüglich mitzuteilen.

§ 18 Kündigungsschutz

(1) Der Arbeitgeber darf das Arbeitsverhältnis ab dem Zeitpunkt, von dem an Erziehungsurlaub verlangt worden ist, höchstens jedoch sechs Wochen vor Beginn des Erziehungsurlaubs, und während des Erziehungsurlaubs nicht kündigen. In besonderen Fällen kann ausnahmsweise eine Kündigung für zulässig erklärt werden. Die Zulässigkeitserklärung erfolgt durch die für den Arbeitsschutz zuständige oberste Landesbehörde oder die von ihr bestimmte Stelle. (...)

(2) Absatz 1 gilt entsprechend, wenn der Arbeitnehmer
1. während des Erziehungsurlaubs bei seinem Arbeitgeber Teilzeitarbeit leistet oder
2. ohne Erziehungsurlaub in Anspruch zu nehmen, bei seinem Arbeitgeber Teilzeitarbeit leistet und Anspruch auf Erziehungsgeld hat oder nur deshalb nicht hat, weil das Einkommen (§ 6) die Einkommensgrenzen (§ 5 Abs. 2) übersteigt. (...)

Bundeskindergeldgesetz

§ 1 Anspruchsberechtigte

(1) Kindergeld nach diesem Gesetz für seine Kinder erhält, wer nach § 1 Abs. 1 und 2 des Einkommensteuergesetzes nicht unbeschränkt steuerpflichtig ist (...)

(3) Ein Ausländer erhält Kindergeld nur, wenn er im Besitz einer Aufenthaltsberechtigung oder Aufenthaltserlaubnis ist. (...)

§ 2 Kinder

(1) Als Kinder werden auch berücksichtigt
1. vom Berechtigten in seinem Haushalt aufgenommene Kinder seines Ehegatten,
2. Pflegekinder,
3. vom Berechtigten in seinem Haushalt aufgenommene Enkel

(2) Ein Kind, das das 18. Lebensjahr vollendet hat, wird berücksichtigt, wenn es
1. noch nicht das 21. Lebensjahr vollendet hat und arbeitslos im Sinne des Dritten Buches Sozialgesetzbuch ist oder
2. noch nicht das 27. Lebensjahr vollendet hat und
   a) für einen Beruf ausgebildet wird oder
   b) sich in einer Übergangszeit zwischen zwei Ausbildungsabschnitten von höchstens vier Monaten befindet oder

c) eine Berufsausbildung mangels Ausbildungsplatzes nicht beginnen oder fortsetzen kann
d) ein freiwilliges soziales Jahr (im Sinne des Gesetzes zur Förderung eines freiwilligen sozialen Jahres), ein freiwilliges ökologisches Jahr oder einen Freiwilligendienst leistet oder
3. wegen körperlicher, geistiger oder seelischer Behinderung außerstande ist (...)

§ 3 Zusammentreffen mehrerer Ansprüche

(1) Für jedes Kind wird nur einer Person Kindergeld gewährt.
(2) Erfüllen für ein Kind mehrere Personen die Anspruchsvoraussetzungen, so wird das Kindergeld derjenigen Person gewährt, die das Kind in ihren Haushalt aufgenommen hat. Ist ein Kind in den gemeinsamen Haushalt von Eltern, einem Elternteil und dessen Ehegatten, Pflegeeltern oder Großeltern aufgenommen worden, bestimmen diese untereinander den Berechtigten. Wird eine Bestimmung nicht getroffen, bestimmt das Vormundschaftsgericht auf Antrag den Berechtigten. Antragsberechtigt ist, wer ein berechtigtes Interesse an der Leistung des Kindergeldes hat. (...)
(3) Ist das Kind nicht in den Haushalt einer der Personen aufgenommen, die die Anspruchsvoraussetzungen erfüllen, wird das Kindergeld derjenigen Person gewährt, die dem Kind eine Unterhaltsrente zahlt. (...)

§ 6 Höhe des Kindergeldes

(1) Das Kindergeld beträgt für das erste und zweite Kind jeweils 270 Deutsche Mark, für das dritte Kind 300 Deutsche Mark und für das vierte und jedes weitere Kind jeweils 350 Deutsche Mark monatlich. (...)

Einkommensteuergesetz

§ 31 Familienleistungsausgleich

(1) Die steuerliche Freistellung eines Einkommensbetrags in Höhe des Existenzminimums eines Kindes wird durch den Kinderfreibetrag nach § 32 oder durch Kindergeld nach dem X. Abschnitt bewirkt. (...)
(3) Im laufenden Kalenderjahr wird Kindergeld als Steuervergütung monatlich gezahlt.
(4) Wird die gebotene steuerliche Freistellung durch das Kindergeld nicht in vollem Umfang bewirkt, ist bei der Veranlagung zur Einkommensteuer der Kinderfreibetrag abzuziehen.
(5) In diesen Fällen sind das Kindergeld oder vergleichbare Leistungen nach § 36 Abs. 2 zu verrechnen, (...)
(6) Wird nach ausländischem Recht ein höheres Kindergeld als nach § 66 gezahlt, so beschränkt sich die Verrechnung auf die Höhe des inländischen Kindergeldes.

§ 32 Kinder, Kinderfreibetrag, Haushaltsfreibetrag

(1) Kinder sind
1. im ersten Grad mit dem Steuerpflichtigen verwandte Kinder,
2. Pflegekinder (...)
(6) 1. Bei der Veranlagung zur Einkommensteuer wird für jedes zu berücksichtigende Kind des Steuerpflichtigen ein Freibetrag von 3.456 Deutsche Mark für jedes Kind, welches das 16. Lebensjahr noch nicht vollendet hat oder behindert im Sinne des Absatz 4 Satz 1 Nr. 3 ist, zusätzlich ein Betreuungsfreibetrag von 1.512 Deutsche Mark vom Einkommen abgezogen. (...) Bei Ehegatten, die nach den §§ 26, 26b zusammen zur Einkommensteuer veranlagt werden, verdoppeln sich die Beträge nach Satz 1 oder 2, wenn das Kind zu beiden Ehegatten in einem Kindschaftsverhältnis steht.
(7) Ein Haushaltsfreibetrag von 5.616 Mark wird bei einem Steuerpflichtigen, für den das Splitting-Verfahren (§ 32a Abs. 5 und 6) nicht anzuwenden und der auch nicht als Ehegatte (§ 26 Abs. 1) getrennt zur Einkommensteuer zu verlangen ist, von Einkommen ab-

gezogen, wenn er einen Freibetrag nach Absatz 6 oder Kindergeld für mindestens ein Kind erhält, das in seiner Wohnung im Inland gemeldet ist. (...)

§ 33a Außergewöhnliche Belastung in besonderen Fällen

(1) Erwachsen einem Steuerpflichtigen Aufwendungen für den Unterhalt und eine etwaige Berufsausbildung einer Steuerpflichtigen oder einem Ehegatten gegenüber gesetzlich unterhaltsberechtigten Person, so wird auf Antrag die Einkommensteuer dadurch ermäßigt, daß die Aufwendungen bis zu 13.500 Deutsche Mark im Kalenderjahr vom Gesamtbetrag der Einkünfte abgezogen werden. (...)

(2) Erwachen einem Steuerpflichtigen Aufwendungen für die Berufsausbildung eines Kindes, für das er einen Freibetrag nach § 32 Abs. 6 oder Kindergeld erhält, so wird auf Antrag vom Gesamtbetrag der Einkünfte je Kalenderjahr ein Ausbildungsfreibetrag wie folgt abgezogen:
1. für ein Kind, das das 18. Lebensjahr noch nicht vollendet hat, in Höhe von 1.800 Deutsche Mark, wenn das Kind auswärtig untergebracht ist;
2. für ein Kind, das das 18. Lebensjahr vollendet hat, in Höhe von 2.400 Deutsche Mark. Dieser Betrag erhöht sich auf 4.200Deutsche Mark, wenn das Kind auswärtig untergebracht ist. (...)

(3) Erwachsen einem Steuerpflichtigen Aufwendungen durch die Beschäftigung einer Hilfe im Haushalt, so können sie bis zu den folgenden Höchstbeträgen vom Gesamtbetrag der Einkünfte abgezogen werden:
1. 1.200 Deutsche Mark im Kalenderjahr, wenn (...)
   b) wegen Krankheit des Steuerpflichtigen oder seines nicht dauernd getrennt lebenden Ehegatten oder eines zu seinem Haushalt gehörigen Kindes im Sinne des § 32 Abs. 1 oder 6 Satz 8 die Beschäftigung einer Hilfe im Haushalt erforderlich ist, (...)

§ 76 Pfändung

(1) Der Anspruch auf Kindergeld (...) kann nur wegen gesetzlicher Unterhaltsansprüche eines Kindes, das bei der Festsetzung des Kindesgeldes berücksichtigt wird, gepfändet werden. (...)

Bundessozialhilfegesetz

§ 1 Inhalt und Aufgabe der Sozialhilfe

(1) Die Sozialhilfe umfaßt Hilfe zum Lebensunterhalt und Hilfe in besonderen Lebenslagen.

(2) Aufgabe der Sozialhilfe ist es, dem Empfänger der Hilfe die Führung eines Lebens zu ermöglichen, das der Würde des Menschen entspricht. Die Hilfe soll ihn soweit wie möglich befähigen, unabhängig von ihr zu leben; hierbei muß er nach seinen Kräften mitwirken.

§ 2 Nachrang der Sozialhilfe

(1) Sozialhilfe erhält nicht, wer sich selbst helfen kann oder wer die erforderliche Hilfe von anderen, besonders von Angehörigen oder von Trägern anderer Sozialleistungen, erhält. (...)

§ 3 Sozialhilfe nach der Besonderheit des Einzelfalles

(1) Art, Form und Maß der Sozialhilfe richten sich nach der Besonderheit des Einzelfalles, vor allem nach der Person des Hilfeempfängers, der Art seines Bedarfs und den örtlichen Verhältnissen.

(2) Wünschen des Hilfeempfängers, die sich auf die Gestaltung der Hilfe richten, soll entsprochen werden, soweit sie angemessen sind. (...) Der Träger der Sozialhilfe braucht Wünschen nicht zu entsprechen, deren Erfüllung mit unverhältnismäßigen Mehrkosten verbunden wäre. (...)

§ 5 Einsetzen der Sozialhilfe

(1) Die Sozialhilfe setzt ein, sobald dem Träger der Sozialhilfe oder den von ihm beauftragten Stellen bekannt wird, daß die Voraussetzungen für die Gewährung vorliegen.

(2) Wird einem nicht zuständigen Träger der Sozialhilfe oder einer nicht zuständigen Gemeinde im Einzelfall bekannt, daß Sozialhilfe beansprucht wird, so sind die darüber bekannten Umstände dem zuständigen Träger der Sozialhilfe oder der von ihm beauftragten Stelle unverzüglich mitzuteilen und vorhandene Unterlagen zu übersenden. Ergeben sich daraus die Voraussetzungen für die Gewährung, ist für das Einsetzen der Sozialhilfe die Kenntnis der nicht zuständigen Stelle maßgebend.

§ 7 Familiengerechte Hilfe

Bei Gewährung der Sozialhilfe sollen die besonderen Verhältnisse in der Familie des Hilfesuchenden berücksichtigt werden. Die Sozialhilfe soll die Kräfte der Familie zur Selbsthilfe anregen und den Zusammenhalt der Familie festigen.

§ 8 Formen der Sozialhilfe

(1) Formen der Sozialhilfe sind persönliche Hilfe, Geldleistung oder Sachleistung.

(2) Zur persönlichen Hilfe gehört außer der Beratung in Fragen der Sozialhilfe (§ 14 des Ersten Buches Sozialgesetzbuch) auch die Beratung in sonstigen sozialen Angelegenheiten, soweit letztere nicht von anderen Stellen oder Personen wahrzunehmen ist. Wird Beratung in sonstigen sozialen Angelegenheiten auch von Verbänden der freien Wohlfahrtspflege wahrgenommen, ist der Ratsuchende zunächst hierauf hinzuweisen.

§ 11 Personenkreis

(1) Hilfe zum Lebensunterhalt ist dem zu gewähren, der seinen notwendigen Lebensunterhalt nicht oder nicht ausreichend aus eigenen Kräften und Mitteln, vor allem aus seinem Einkommen und Vermögen, beschaffen kann. Bei nicht getrennt lebenden Ehegatten sind das Einkommen und das Vermögen beider Ehegatten zu berücksichtigen; soweit minderjährige unverheiratete Kinder, die dem Haushalt ihrer Eltern oder eines Elternteiles angehören, den notwendigen Lebensunterhalt aus ihrem Einkommen und Vermögen nicht beschaffen können, sind auch das Einkommen und das Vermögen der Eltern oder des Elternteiles zu berücksichtigen. Das Einkommen und Vermögen der Eltern oder des Elternteils sind nicht zu berücksichtigen, wenn eine Hilfesuchende schwanger ist oder ihr leibliches Kind bis zur Vollendung seines 6. Lebensjahres betreut.

(2) Hilfe zum Lebensunterhalt kann in begründeten Fällen auch insoweit gewährt werden, als der notwendige Lebensunterhalt aus dem nach Absatz 1 zu berücksichtigenden Einkommen und Vermögen beschafft werden kann. In diesem Umfange haben die in Absatz 1 genannten Personen dem Träger der Sozialhilfe die Aufwendungen zu ersetzen; mehrere Verpflichtete haften als Gesamtschuldner.

(3) Hilfe zum Lebensunterhalt kann auch dem gewährt werden, der ein für den notwendigen Lebensunterhalt ausreichendes Einkommen oder Vermögen hat, jedoch einzelne für seinen Lebensunterhalt erforderliche Tätigkeiten nicht verrichten kann; von dem Hilfeempfänger kann ein angemessener Kostenbeitrag verlangt werden.

§ 12 Notwendiger Lebensunterhalt

(1) Der notwendige Lebensunterhalt umfaßt besonders Ernährung, Unterkunft, Kleidung, Körperpflege, Hausrat, Heizung und persönliche Bedürfnisse des täglichen Lebens. Zu den persönlichen Bedürfnissen des täglichen Lebens gehören in vertretbarem Umfange auch Beziehungen zur Umwelt und eine Teilnahme am kulturellen Leben.

(2) Bei Kindern und Jugendlichen umfaßt der notwendige Lebensunterhalt auch den besonderen, vor allem den durch ihre Entwicklung und ihr Heranwachsen bedingten Bedarf.

§ 13 Übernahme von Kranken- und Pflegeversicherungsbeiträgen

(1) Für Weiterversicherte im Sinne des § 9 Abs. 1 Nr. 1 des Fünften Buches Sozialgesetzbuch (...) sind die Krankenversicherungsbeiträge zu übernehmen, (...)

(2) In sonstigen Fällen können Beiträge für eine freiwillige Krankenversicherung übernommen werden, soweit sie angemessen sind; (...)

(3) Soweit nach den Absätzen 1 und 2 Krankenversicherungsbeiträge übernommen werden, sind auch die damit zusammenhängenden Beiträge zur Pflegeversicherung zu übernehmen.

§ 14 Alterssicherung

Als Hilfe zum Lebensunterhalt können auch die Kosten übernommen werden, die erforderlich sind, um die Voraussetzungen eines Anspruchs auf eine angemessene Alterssicherung (...) zu erfüllen.

§ 16 Haushaltsgemeinschaft

Lebt ein Hilfesuchender in Haushaltsgemeinschaft mit Verwandten oder Verschwägerten, so wird vermutet, daß er von ihnen Leistungen zum Lebensunterhalt erhält, soweit dies nach ihrem Einkommen und Vermögen erwartet werden kann. Soweit jedoch der Hilfesuchende von den in Satz 1 genannten Personen Leistungen zum Lebensunterhalt nicht erhält, ist ihm Hilfe zum Lebensunterhalt zu gewähren.

§ 17 Beratung und Unterstützung

(1) Die Vermeidung und Überwindung von Lebenslagen, in denen Leistungen der Hilfe zum Lebensunterhalt erforderlich oder zu erwarten sind, soll durch Beratung und Unterstützung gefördert werden; dazu gehört auch der Hinweis auf das Beratungsangebot von Verbänden der freien Wohlfahrtspflege, von Angehörigen der rechtsberatenden Berufe und von sonstigen Stellen. Ist die weitere Beratung durch eine Schuldnerberatungsstelle oder andere Fachberatungsstellen geboten, ist auf ihre Inanspruchnahme hinzuwirken. Angemessene Kosten einer Beratung nach Satz 2 sollen übernommen werden, wenn eine Lebenslage im Sinne des Satzes 1 sonst nicht überwunden werden kann; in anderen Fällen können Kosten übernommen werden. Die Kostenübernahme kann auch in Form einer pauschalierten Abgeltung der Leistung der Schuldnerberatungsstelle oder anderer Fachberatungsstellen erfolgen.

(2) Wenn zur Überwindung von Hilfebedürftigkeit ein besonderes Zusammenwirken des Hilfebedürftigen und des Trägers der Sozialhilfe erforderlich ist, soll hierüber in geeigneten Fällen eine schriftliche Vereinbarung abgeschlossen werden.

§ 18 Beschaffung des Lebensunterhalts durch Arbeit

(1) Jeder Hilfesuchende muß seine Arbeitskraft zur Beschaffung des Lebensunterhalts für sich und seine unterhaltsberechtigten Angehörigen einsetzen.

(2) Es ist darauf hinzuwirken, daß der Hilfesuchende sich um Arbeit bemüht und Arbeit findet. Hilfesuchende, die keine Arbeit finden können, sind zur Annahme einer für sie zumutbaren Arbeitsgelegenheit nach § 19 oder § 20 verpflichtet. (...)

(3) Dem Hilfesuchenden darf eine Arbeit oder eine Arbeitsgelegenheit nicht zugemutet werden, wenn er körperlich oder geistig hierzu nicht in der Lage ist oder wenn ihm die künftige Ausübung seiner bisherigen überwiegenden Tätigkeit wesentlich erschwert würde oder wenn der Arbeit oder der Arbeitsgelegenheit ein sonstiger wichtiger Grund entgegensteht. Ihm darf eine Arbeit oder Arbeitsgelegenheit vor allem nicht zugemutet werden, soweit dadurch die geordnete Erziehung eines Kindes gefährdet würde. Die geordnete Erziehung eines Kindes, das das dritte Lebensjahr vollendet hat, ist in der Regel dann nicht gefährdet, wenn und soweit unter Berücksichtigung der besonderen Verhältnisse in der Familie des Hilfesuchenden die Betreuung des Kindes in einer Tageseinrichtung oder in Tagespflege im Sinne der Vorschriften des Achten Buches Sozialgesetzbuch sichergestellt ist; die Träger der Sozialhilfe sollen darauf hinwirken, daß Alleinerziehen-

den vorrangig ein Platz zur Tagesbetreuung des Kindes angeboten wird. Auch sonst sind die Pflichten zu berücksichtigen, die dem Hilfesuchenden die Führung eines Haushalts oder die Pflege eines Angehörigen auferlegt. (...)

(4) Soweit es im Einzelfall geboten ist, kann auch durch Zuschüsse an den Arbeitgeber sowie durch sonstige geeignete Maßnahmen darauf hingewirkt werden, daß der Hilfeempfänger Arbeit findet. (...)

(5) Der Träger der Sozialhilfe soll Hilfeempfänger zur Überwindung von Hilfebedürftigkeit bei der Eingliederung in den allgemeinen Arbeitsmarkt fördern. Zu diesem Zweck kann dem Hilfeempfänger bei Aufnahme einer sozialversicherungspflichtigen oder selbständigen Erwerbstätigkeit ein Zuschuß bis zur Höhe des Regelsatzes für einen Haushaltsvorstand und bis zur Dauer von 12 Monaten gewährt werden. (...)

§ 19 Schaffung von Arbeitsgelegenheiten

(1) Für Hilfesuchende, insbesondere für junge Menschen, die keine Arbeit finden können, sollen Arbeitsgelegenheiten geschaffen werden. Zur Schaffung und Erhaltung von Arbeitsgelegenheiten können auch Kosten übernommen werden. (...)

(2) Wird für den Hilfesuchenden Gelegenheit zu gemeinnütziger und zusätzlicher Arbeit geschaffen, kann ihm entweder das übliche Arbeitsentgelt oder Hilfe zum Lebensunterhalt zuzüglich einer angemessenen Entschädigung für Mehraufwendungen gewährt werden; (...)

(3) Wird im Falle des Absatzes 2 Hilfe zum Lebensunterhalt gewährt, so wird kein Arbeitsverhältnis im Sinne des Arbeitsrechts und kein Beschäftigungsverhältnis im Sinne der gesetzlichen Kranken- und Rentenversicherung begründet. Die Vorschriften über den Arbeitsschutz finden jedoch Anwendung. (...)

§ 20 Besondere Arbeitsgelegenheiten

(1) Ist es im Einzelfall erforderlich, die Gewöhnung eines Hilfesuchenden an eine berufliche Tätigkeit besonders zu fördern oder seine Bereitschaft zur Arbeit zu prüfen, soll ihm für eine notwendige Dauer eine hierfür geeignete Tätigkeit oder Maßnahme angeboten werden. (...)

(2) Während dieser Tätigkeit werden dem Hilfesuchenden Hilfe zum Lebensunterhalt und eine angemessene Entschädigung für Mehraufwendungen gewährt. (...)

§ 21 Laufende und einmalige Leistungen

(1) Hilfe zum Lebensunterhalt kann durch laufende und einmalige Leistungen gewährt werden.

(1a) Einmalige Leistungen werden insbesondere zur

1. Instandsetzung von Bekleidung, Wäsche und Schuhen in nicht kleinem Umfang und deren Beschaffung von nicht geringem Anschaffungspreis,
2. Beschaffung von Brennstoffen für Einzelheizungen,
3. Beschaffung von besonderen Lernmitteln für Schüler,
4. Instandsetzung von Hausrat in nicht kleinem Umfang,
5. Instandhaltung der Wohnung,
6. Beschaffung von Gebrauchsgütern von längerer Gebrauchsdauer und von höherem Anschaffungswert sowie
7. für besondere Anlässe gewährt. (...)

(2) Einmalige Leistungen sind auch zu gewähren, wenn der Hilfesuchende zwar keine laufenden Leistungen zum Lebensunterhalt benötigt, den Lebensunterhalt jedoch aus eigenen Kräften und Mitteln nicht voll beschaffen kann. (...)

(3) Die Hilfe zum Lebensunterhalt in einer Anstalt, einem Heim oder einer gleichartigen Einrichtung umfaßt auch einen angemessenen Barbetrag zur persönlichen Verfügung, (...)

§§

§ 22 Regelbedarf[1]

(1) Laufende Leistungen zum Lebensunterhalt außerhalb von Anstalten, Heimen und gleichartigen Einrichtungen werden nach Regelsätzen gewährt. Sie sind abweichend von den Regelsätzen zu bemessen, soweit dies nach der Besonderheit des Einzelfalles geboten ist.

(2) Die Landesregierungen setzen durch Rechtsverordnung zum 1. Juli eines Jahres die Höhe der Regelsätze im Rahmen der Rechtsverordnung nach Absatz 5 fest. (...)

(3) Die Regelsätze sind so zu bemessen, daß der laufende Bedarf dadurch gedeckt werden kann. Die Regelsatzbemessung hat Stand und Entwicklung von Nettoeinkommen, Verbraucherverhalten und Lebenshaltungskosten zu berücksichtigen. Grundlage sind die tatsächlichen, statistisch ermittelten Verbrauchsausgaben von Haushalten in unteren Einkommensgruppen. Datengrundlage ist die Einkommens- und Verbrauchsstichprobe. Die Bemessung ist zu überprüfen und gegebenenfalls weiterzuentwickeln, sobald die Ergebnisse einer neuen Einkommens- und Verbrauchsstichprobe vorliegen.

(4) Die Regelsatzbemessung hat zu gewährleisten, daß bei Haushaltsgemeinschaften von Ehepaaren mit drei Kindern die Regelsätze zusammen mit Durchschnittsbeträgen für Kosten von Unterkunft und Heizung sowie für einmalige Leistungen und unter Berück-

---

1 Verordnung zur Durchführung des § 22 des Bundessozialhilfegesetzes (Regelsatzverordnung)
§ 1 [Umfang der Regelsätze]
(1) Die Regelsätze umfassen die laufenden Leistungen für Ernährung, hauswirtschaftlichen Bedarf einschließlich Haushaltsenergie sowie für persönliche Bedürfnisse des täglichen Lebens. Dazu gehören auch die laufenden Leistungen für die Beschaffung von Wäsche und Hausrat von geringem Anschaffungswert, für die Instandsetzung von Kleidung, Schuhen und Hausrat in kleinerem Umfang sowie für Körperpflege und für Reinigung.
(2) Laufende Leistungen der in Absatz I genannten Art sind nach Regelsätzen zu gewähren, soweit nicht das Gesetz oder diese Verordnung anderes bestimmt.
§ 2 [Festsetzung der Regelsätze]
(1) Regelsätze sind für den Haushaltsvorstand und für sonstige Haushaltsangehörige festzusetzen. Die Regelsätze für den Haushaltsvorstand gelten auch für den Alleinstehenden.
(3) Die Regelsätze für sonstige Haushaltsangehörige betragen
1. bis zur Vollendung des 7. Lebensjahres 50 vom Hundert, beim Zusammenleben mit einer Person, die allein für die Pflege und Erziehung des Kindes sorgt, 55 vom Hundert,
2. vom Beginn des 8. bis zur Vollendung des 14. Lebensjahres 65 vom Hundert,
3. vom Beginn des 15. bis zur Vollendung des 18. Lebensjahres 90 vom Hundert und 4. vom Beginn des 19. Lebensjahres an 80 vom Hundert des Regelsatzes für einen Haushaltsvorstand.
(4) Beträge nach den Absätzen I und 3, die nicht volle Deutsche Mark ergeben, sind bis zu 0,49 Deutsche Mark abzurunden und von 0,50 Deutsche Mark an aufzurunden.
§ 3 [Laufende Leistung für Unterkunft]
(1) Laufende Leistungen für die Unterkunft werden in Höhe der tatsächlichen Aufwendungen gewährt. Soweit die Aufwendungen für die Unterkunft den der Besonderheit des Einzelfalles angemessenen Umfang übersteigen, sind sie als Bedarf der Personen, deren Einkommen und Vermögen nach § 11 Abs. I des Gesetzes zu berücksichtigen sind, so lange anzuerkennen, als es diesen Personen nicht möglich oder nicht zuzumuten ist, durch einen Wohnungswechsel, durch Vermieten oder auf andere Weise die Aufwendungen zu senken. Vor Abschluß eines Vertrages über eine neue Unterkunft hat der Hilfeempfänger den dort zuständigen Träger der Sozialhilfe über die nach Satz 2 maßgeblichen Umstände in Kenntnis zu setzen; sind die Aufwendungen für die neue Unterkunft unangemessen hoch, ist der Träger der Sozialhilfe nur zur Übernahme angemessener Aufwendungen verpflichtet, es sei denn, er hat den darüber hinausgehenden Aufwendungen vorher zugestimmt. § 15 a Abs. I Satz 3 des Gesetzes ist auf die Gewährung von Leistungen für die Unterkunft entsprechend anzuwenden. Wohnungsbeschaffungskosten und Mietkautionen können bei vorheriger Zustimmung übernommen werden. Eine Zustimmung soll erteilt werden, wenn der Umzug durch den Träger der Sozialhilfe veranlaßt wird oder aus anderen Gründen notwendig ist und wenn ohne die Zustimmung eine Unterkunft in einem angemessenen Zeitraum nicht gefunden werden kann.
(2) Sind laufende Leistungen für Heizung zu gewähren, gilt Absatz I entsprechend. (...)

sichtigung des abzusetzenden Betrages nach § 76 Abs 2a Nr. 1 unter den erzielten monatlichen durchschnittlichen Nettoarbeitsentgelten unterer Lohn- und Gehaltsgruppen einschließlich anteiliger einmaliger Zahlungen zuzüglich Kindergeld und Wohngeld in einer entsprechenden Haushaltsgemeinschaft mit einem alleinverdienenden Vollzeitbeschäftigten bleiben. (...)

§ 23 Mehrbedarf

(1a) Für werdende Mütter nach der 12. Schwangerschaftswoche ist ein Mehrbedarf von 20 vom Hundert des maßgebenden Regelsatzes anzuerkennen, soweit nicht im Einzelfall ein abweichender Bedarf besteht.

(2) Für Personen, die mit einem Kind unter 7 Jahren oder die mit 2 oder 3 Kindern unter 16 Jahren zusammenleben und allein für deren Pflege und Erziehung sorgen, ist ein Mehrbedarf von 40 vom Hundert des maßgebenden Regelsatzes anzuerkennen, soweit nicht im Einzelfall ein abweichender Bedarf besteht; bei 4 oder mehr Kindern erhöht sich der Mehrbedarf auf 60 vom Hundert des maßgebenden Regelsatzes. (...)

§ 27 Arten der Hilfe

(1) Die Hilfe in besonderen Lebenslagen umfaßt

1. Hilfe zum Aufbau oder zur Sicherung der Lebensgrundlage, (...)
3. vorbeugende Gesundheitshilfe,
4. Krankenhilfe, sonstige Hilfe,
4a. Hilfe zur Familienplanung,
5. Hilfe für werdende Mütter und Wöchnerinnen, (...)
10. Hilfe zur Weiterführung des Haushalts,
11. Hilfe zur Überwindung besonderer sozialer Schwierigkeiten, (...)

(2) Hilfe kann auch in anderen besonderen Lebenslagen gewährt werden, wenn sie den Einsatz öffentlicher Mittel rechtfertigen. Geldleistungen können als Beihilfe oder als Darlehen gewährt werden. (...)

§ 72 Hilfe zur Überwindung besonderer sozialer Schwierigkeiten[1] (Fußnote nächste Seite)

(1) Personen, bei denen besondere Lebensverhältnisse mit sozialen Schwierigkeiten verbunden sind, ist Hilfe zur Überwindung dieser Schwierigkeiten zu gewähren, wenn sie aus eigener Kraft hierzu nicht fähig sind. Soweit der Hilfebedarf durch Leistungen nach anderen Bestimmungen dieses Gesetzes oder nach dem Achten Buch Sozialgesetzbuch (Kinder- und Jugendhilfe) gedeckt wird, gehen diese der Hilfe nach Satz 1 vor.

(2) Die Hilfe umfaßt alle Maßnahmen, die notwendig sind, um die Schwierigkeiten abzuwenden, zu beseitigen, zu mildern oder ihre Verschlimmerung zu verhüten, vor allem Beratung und persönliche Betreuung für den Hilfesuchenden und seine Angehörigen, Hilfen zur Ausbildung, Erlangung und Sicherung eines Arbeitsplatzes sowie Maßnahmen bei der Erhaltung und Beschaffung einer Wohnung. Zur Durchführung der erforderlichen Maßnahmen ist in geeigneten Fällen ein Gesamtplan zu erstellen.

(3) Die Hilfe wird ohne Rücksicht auf Einkommen und Vermögen gewährt, soweit im Einzelfalle persönliche Hilfe erforderlich ist; im übrigen ist Einkommen und Vermögen der in § 28 genannten Personen nicht zu berücksichtigen sowie von der Inanspruchnahme nach bürgerlichem Recht Unterhaltspflichtiger abzusehen, soweit dies den Erfolg der Hilfe gefährden würde.

(4) Die Träger der Sozialhilfe sollen mit den Vereinigungen, die sich die gleichen Aufgaben zum Ziel gesetzt haben, und mit den sonst beteiligten Stellen zusammenarbeiten und darauf hinwirken, daß sich die Sozialhilfe und die Tätigkeit dieser Vereinigungen und Stellen wirksam ergänzen.

(5) Das Bundesministerium für Gesundheit kann durch Rechtsverordnung mit Zustimmung des Bundesrates Bestimmungen über die Abgrenzung des Personenkreises sowie über Art und Umfang der Maßnahmen nach Absatz 2 erlassen.

§ 76 Begriff des Einkommens[1] (Fußnote nächste Seite)

(1) Zum Einkommen im Sinne dieses Gesetzes gehören alle Einkünfte in Geld oder Geldeswert mit Ausnahme der Leistungen nach diesem Gesetz, der Grundrente nach dem Bundesversorgungsgesetz und der Renten oder Beihilfen, die nach dem Bundesentschädigungsgesetz für Schaden an Leben sowie an Körper oder Gesundheit gewährt werden, bis zur Höhe der vergleichbaren Grundrente nach dem Bundesversorgungsgesetz.

(2) Von dem Einkommen sind abzusetzen

1. auf das Einkommen entrichtete Steuern,
2. Pflichtbeiträge zur Sozialversicherung einschließlich der Arbeitslosenversicherung,
3. Beiträge zu öffentlichen oder privaten Versicherungen oder ähnlichen Einrichtungen, soweit diese Beiträge gesetzlich vorgeschrieben oder nach Grund und Höhe angemessen sind,
4. die mit der Erzielung des Einkommens verbundenen notwendigen Ausgaben,
5. bis zum 30. Juni 2002 für minderjährige, unverheiratete Kinder ein Betrag in Höhe

---

[1] Verordnung zur Durchführung des § 72 des Bundessozialhilfegesetzes

§ 1 Allgemeine Abgrenzung

(1) Personen im Sinne des § 72 Abs. 1 Satz 1 des Gesetzes sind Hilfesuchende, deren besondere Lebensverhältnisse zu sozialen Schwierigkeiten, vor allem in der Familie, in der Nachbarschaft oder am Arbeitsplatz, führen, so daß eine Teilnahme am Leben in der Gemeinschaft nicht möglich oder erheblich beeinträchtigt ist, und die diese Schwierigkeiten aus eigenen Kräften und Mitteln nicht überwinden können. Besondere Lebensverhältnisse im Sinne des Satzes 1 können ihre Ursache in nachteiligen äußeren Umständen oder in der Person des Hilfesuchenden haben. (...)

§ 7 Beratung, persönliche Betreuung

(1) Zur Beratung im Sinne des § 72 Abs. 2 des Gesetzes gehört es vor allem, den Hilfeempfänger über die zur Überwindung seiner sozialen Schwierigkeiten in Betracht kommenden Maßnahmen zu unterrichten.

(2) Die persönliche Betreuung im Sinne des § 72 Abs. 2 des Gesetzes umfaßt vor allem Maßnahmen, die darauf gerichtet sind,

1. die Ursachen der Schwierigkeiten des Hilfeempfängers festzustellen, sie ihm bewußt zu machen und auf die Inanspruchnahme der für ihn in Betracht kommenden Sozialleistungen hinzuwirken,

2. die Bereitschaft und Fähigkeit des Hilfeempfängers zu entwickeln und zu festigen, bei der Überwindung seiner Schwierigkeiten nach seinen Kräften mitzuwirken und soweit wie möglich unabhängig von der Hilfe am Leben in der Gemeinschaft teilzunehmen.

(3) Soweit es im Einzelfall erforderlich ist, erstreckt sich die persönliche Betreuung auch darauf, in der Umgebung des Hilfeempfängers

1. Verständnis für seine Schwierigkeiten zu wecken und Vorurteilen entgegenzuwirken,

2. Einflüssen zu begegnen, die seine Bereitschaft oder Fähigkeit zur Teilnahme am Leben in der Gemeinschaft beeinträchtigen.

(4) Hilfeempfänger können auch in Gruppen betreut werden, wenn diese Art der Hilfegewährung besonders geeignet ist, den Erfolg der Maßnahmen herbeizuführen.

§ 8 Beschaffung und Erhaltung einer Wohnung

Zu den Maßnahmen bei der Beschaffung und Erhaltung einer Wohnung im Sinne des § 72 Abs. 2 des Gesetzes gehören auch die Übernahme der Kosten für den Umzug in eine ausreichende Wohnung ... Kommen als Maßnahme bei der Beschaffung und Erhaltung einer Wohnung im Sinne des § 72 Abs. 2 des Gesetzes Geldleistungen in Betracht, können sie als Beihilfe oder als Darlehen gewährt werden.

§ 9 Erlangung und Sicherung eines Platzes im Arbeitsleben

Zu den Maßnahmen im Sinne des § 72 Abs. 2 des Gesetzes gehört auch die Hilfe zur Erlangung und Sicherung eines Platzes im Arbeitsleben. Die Hilfe umfaßt vor allem Maßnahmen, die darauf gerichtet sind, (...)

2. einen geeigneten Arbeits- oder Ausbildungsplatz zu erlangen und zu sichern, (...)

§ 11 Hilfe zur Begegnung und zur Gestaltung der Freizeit

Zu den Maßnahmen im Sinne des § 72 Abs. 2 des Gesetzes gehört auch die Hilfe zur Begegnung und zur Gestaltung der Freizeit. ...

(...)

von monatlich 20 Deutsche Mark bei einem Kind und von monatlich 40 Deutsche Mark bei zwei oder mehr Kindern in einem Haushalt.

(2a) Bei Personen, die Leistungen der Hilfe zum Lebensunterhalt erhalten, sind von dem Einkommen ferner Beträge in jeweils angemessener Höhe abzusetzen

1. für Erwerbstätige, (...)

§ 88 Einzusetzendes Vermögen

(1) Zum Vermögen im Sinne dieses Gesetzes gehört das gesamte verwertbare Vermögen.

(2) Die Sozialhilfe darf nicht abhängig gemacht werden vom Einsatz oder von der Verwertung (...)

3. eines angemessenen Hausrats; dabei sind die bisherigen Lebensverhältnisse des Hilfesuchenden zu berücksichtigen,
4. von Gegenständen, die zur Aufnahme oder Fortsetzung der Berufsausbildung oder der Erwerbstätigkeit unentbehrlich sind,
5. von Familien- und Erbstücken, deren Veräußerung für den Hilfesuchenden oder seine Familie eine besondere Härte bedeuten würde,
6. von Gegenständen, die zur Befriedigung geistiger, besonders wissenschaftlicher oder künstlerischer Bedürfnisse dienen und deren Besitz nicht Luxus ist,
7. eines angemessenen Hausgrundstücks, (...)
8. kleinerer Barbeträge oder sonstiger Geldwerte; dabei ist eine besondere Notlage des Hilfesuchenden zu berücksichtigen.

(3) Die Sozialhilfe darf ferner nicht vom Einsatz oder von der Verwertung eines Vermögens abhängig gemacht werden, soweit dies für den, der das Vermögen einzusetzen hat, und für seine unterhaltsberechtigten Angehörigen eine Härte bedeuten würde. (...)

§ 93 Einrichtungen

(1) Zur Gewährung von Sozialhilfe sollen die Träger der Sozialhilfe eigene Einrichtungen einschließlich Dienste nicht neu schaffen, soweit geeignete Einrichtungen anderer Träger vorhanden sind, ausgebaut oder geschaffen werden können. ...

(2) Wird die Leistung von einer Einrichtung erbracht, ist der Träger der Sozialhilfe zur Übernahme der Vergütung für die Leistung nur verpflichtet, wenn mit dem Träger der Einrichtung oder seinem Verband eine Vereinbarung über

---

[1] Verordnung zur Durchführung des § 76 des BSHG
§ 3 Einkünfte aus nichtselbständiger Arbeit
(...)
(2) Als nichtselbständige Arbeit gilt auch die Arbeit, die in einer Familiengemeinschaft von einem Familienangehörigen des Betriebsinhabers gegen eine Vergütung geleistet wird. Wird die Arbeit nicht nur vorübergehend geleistet, so ist in Zweifelsfällen anzunehmen, daß der Familienangehörige eine Vergütung erhält, wie sie einem Gleichaltrigen für eine gleichartige Arbeit gleichen Umfangs in einem fremden Betrieb ortsüblich gewährt wird.
(3) Bei der Berechnung der Einkünfte ist von den monatlichen Bruttoeinnahmen Einmalige Einnahmen sind von dem Monat an zu berücksichtigen, in dem sie
(4) Zu den mit der Erzielung der Einkünfte aus nichtselbständiger Arbeit verbundenen Ausgaben im Sinne des § 76 Abs. 2 Nr. 4 des Gesetzes gehören vor allem
1.notwendige Aufwendungen für Arbeitsmittel,
2.notwendige Aufwendungen für Fahrten zwischen Wohnung und Arbeitsstätte,
3.notwendige Beitrage für Berufsverbände,
4.notwendige Mehraufwendungen infolge Führung eines doppelten Haushalts nach näherer Bestimmung des Absatzes 7.
Ausgaben im Sinne des Satzes 1 sind nur insoweit zu berücksichtigen, als sie von dem Bezieher des Einkommens selbst getragen werden.
(5) Als Aufwendungen für Arbeitsmittel (Absatz 4 Nr. 1) kann ein monatlicher Pauschbetrag von zehn Deutsche Mark berücksichtigt werden, wenn nicht im Einzelfall höhere Aufwendungen nachgewiesen werden.

§§

1. Inhalt, Umfang und Qualität der Leistungen (Leistungsvereinbarung),
2. die Vergütung, die sich aus pauschalen und Beträgen für einzelne Leistungsbereiche zusammensetzt (Vergütungsvereinbarung), und
3. die Prüfung der Wirtschaftlichkeit und Qualität der Leistungen (Prüfungsvereinbarung)

besteht. Die Vereinbarungen müssen den Grundsätzen der Wirtschaftlichkeit, Sparsamkeit und Leistungsfähigkeit entsprechen.

(3) Ist eine der in Absatz 2 genannten Vereinbarungen nicht abgeschlossen, kann der Träger der Sozialhilfe Hilfe durch diese Einrichtungen nur gewähren, wenn dies nach der Besonderheit des Einzelfalles geboten ist. Hierzu hat der Träger der Einrichtung ein Leistungsgebot vorzulegen, das die Voraussetzung des § 93a Abs. 1 erfüllt, und sich schriftlich zu verpflichten, Leistungen entsprechend diesem Angebot zu erbringen. (...)

§ 93d Verordnungsermächtigung, Rahmenverträge

(2) Die überörtlichen Träger der Sozialhilfe und die kommunalen Spitzenverbände auf Landesebene schließen mit den Vereinigungen der Träger der Einrichtungen auf Landesebene gemeinsam und einheitlich Rahmenverträge zu den Leistungs-, Vergütungs- und Prüfungsvereinbarungen nach § 93 Abs. 2 in der ab 1. Januar 1999 geltenden Fassung ab. (...)

Kinder- und Jugendhilfegesetz

(☞ Familienrecht und Jugendhilferecht, Seite 148)

Opferentschädigungsgesetz

(☞ Strafrecht und Opferentschädigung, Seite 195;

Unterhaltsvorschußgesetz

§ 1 Berechtigte

(1) Anspruch auf Unterhaltsvorschuß oder -ausfalleistung nach diesem Gesetz (Unterhaltsleistung) hat, wer
1. das zwölfte Lebensjahr noch nicht vollendet hat,
2. im Geltungsbereich dieses Gesetzes bei einem seiner Elternteile lebt, der ledig, verwitwet oder geschieden ist oder von seinem Ehegatten dauernd getrennt lebt, und
3. nicht oder nicht regelmäßig
   a) Unterhalt von dem anderen Elternteil oder,
   b) (...) Waisenbezüge (...) erhält.

(3) Anspruch auf Unterhaltsleistung nach diesem Gesetz besteht nicht, wenn der in Absatz 1 Nr. 2 bezeichnete Elternteil mit dem anderen Elternteil zusammenlebt oder sich weigert, die Auskünfte, die zur Durchführung dieses Gesetzes erforderlich sind, zu erteilen oder bei der Feststellung der Vaterschaft oder des Aufenthalts des anderen Elternteils mitzuwirken.

(4) Anspruch auf Unterhaltsleistung nach diesem Gesetz besteht nicht für Monate, für die der andere Elternteil seine Unterhaltspflicht gegenüber dem Berechtigten durch Vorausleistung erfüllt hat.

§ 2 Umfang der Unterhaltsleistung

(1) Die Unterhaltsleistung wird vorbehaltlich der Absätze 2 und 3 monatlich in Höhe der für Kinder der ersten und zweiten Altersstufe jeweils geltenden Regelbeträge (§ 1612 a des Bürgerlichen Gesetzbuchs) gezahlt. Liegen die Voraussetzungen des § 1 Abs. 1 Nr. 1 bis 3, Abs. 2 bis 4 nur für den Teil eines Monats vor, wird die Unterhaltsleistung anteilig gezahlt.

(2) Wenn der Elternteil, bei dem der Berechtigte lebt, für den Berechtigten Anspruch auf volles Kindergeld (...) hat, mindert sich die Unterhaltsleistung um die Hälfte des für ein erstes Kind zu zahlenden Kindergeldes nach (...)

(3) Auf die sich nach den Absätzen 1 und 2 ergebende Unterhaltsleistung werden folgende in demselben Monat erzielte Einkünfte des Berechtigten angerechnet:
1. Unterhaltszahlungen des Elternteils, bei dem der Berechtigte nicht lebt,
2. Waisenbezüge (...)

§ 3 Dauer der Unterhaltsleistung

Die Unterhaltsleistung wird längstens für insgesamt 72 Monate gezahlt.

§ 6 Auskunfts- und Anzeigeplicht

(1) Der Elternteil, bei dem der Berechtigte lebt, und der gesetzliche Vertreter des Berechtigten sind verpflichtet, der zuständigen Stelle die Änderungen in den Verhältnissen, die für die Leistung erheblich sind oder über die im Zusammenhang mit der Leistung Erklärungen abgegeben worden sind, unverzüglich mitzuteilen. (...)

§ 7 Übergang von Ansprüchen des Berechtigten

(1) Hat der Berechtigte für die Zeit, für die ihm die Unterhaltsleistung nach diesem Gesetz gezahlt wird, einen Unterhaltsanspruch gegen den Elternteil, bei dem er nicht lebt (...) so geht dieser Anspruch in Höhe der Unterhaltsleistung nach diesem Gesetz auf das Land über. (...)

Sozialversicherung (Gemeinsame Vorschriften – SGB IV)

§ 2 Versicherter Personenkreis

(1) Die Sozialversicherung umfaßt Personen, die kraft Gesetzes und Satzung (Versicherungspflicht) oder auf Grund freiwilligen Beitritts oder freiwilliger Fortsetzung der Versicherung (Versicherungsberechtigung) versichert sind. (...)

(2) In allen Zweigen der Sozialversicherung sind (...) versichert
1. Personen, die gegen Arbeitsentgelt oder zu ihrer Berufsausbildung beschäftigt sind, (...)

§ 7 Beschäftigung

(1) Beschäftigung ist die nichtselbständige Arbeit, insbesondere in einem Arbeitsverhältnis. (...)

(4) Bei Personen, die erwerbsmäßig tätig sind und
1. im Zusammenhang mit ihrer Tätigkeit mit Ausnahme von Familienangehörigen keinen versicherungspflichtigen Arbeitnehmer beschäftigen,
2. regelmäßig und im wesentlichen nur für einen Auftraggeber tätig sind,
3. für Beschäftigte typische Arbeitsleistungen erbringen, insbesondere Weisungen des Auftraggebers unterliegen und in die Arbeitsorganisation des Auftraggebers eingegliedert sind, oder
4. nicht aufgrund unternehmerischer Tätigkeit am Markt auftreten,

wird vermutet, daß sie gegen Arbeitsentgelt beschäftigt sind, wenn mindestens zwei der genannten Merkmale vorliegen. (...)

§§

§ 8 Geringfügige Beschäftigung

(1) Eine geringfügige Beschäftigung liegt vor, wenn
1. die Beschäftigung regelmäßig weniger als 15 Stunden in der Woche ausgeübt wird und das Arbeitsentgelt regelmäßig im Monat 630 Deutsche Mark nicht übersteigt,
2. die Beschäftigung innerhalb eines Jahres seit ihrem Beginn auf längstens 2 Monate oder fünfzig Arbeitstage nach ihrer Eigenart begrenzt zu sein pflegt oder im voraus

vertraglich begrenzt ist, es sei denn, daß die Beschäftigung berufsmäßig ausgeübt wird und ihr Entgelt 630 Deutsche Mark im Monat übersteigt.

(2) Bei der Anwendung des Absatzes 1 sind mehrere geringfügige Beschäftigungen nach Nummer 1 oder Nummer 2 sowie geringfügige Beschäftigungen nach Nummer 1 und nicht geringfügige Beschäftigungen zusammenzurechnen. Eine geringfügige Beschäftigung liegt nicht mehr vor, sobald die Voraussetzungen des Absatzes 1 entfallen.

(3) Die Absätze 1 und 2 gelten entsprechend, soweit anstelle einer Beschäftigung eine selbständige Tätigkeit ausgeübt wird. Dies gilt nicht für das Recht der Arbeitsförderung. (...)

Gesetzliche Krankenversicherung (Sozialgesetzbuch V)

§ 5 Versicherungspflicht

(1) Versicherungspflichtig sind
1. Arbeiter, Angestellte und zu ihrer Berufsausbildung beschäftigte, die gegen Arbeitsentgelt beschäftigt sind,
2. Personen in der Zeit, für die sie Arbeitslosengeld, Arbeitslosenhilfe (...) beziehen (...)

§ 7 Versicherungsfreiheit bei geringfügiger Beschäftigung

Wer eine geringfügige Beschäftigung nach § 8 des Vierten Buches ausübt, ist in dieser Beschäftigung versicherungsfrei; dies gilt nicht für eine Beschäftigung
(1) im Rahmen betrieblicher Berufsausbildung,
(2) nach dem Gesetz zur Förderung eines freiwilligen sozialen Jahres,
(3) nach dem Gesetz zur Förderung eines freiwilligen ökologischen Jahres.

§ 8 Abs. 2 des Vierten Buches ist mit der Maßgabe anzuwenden, daß eine Zusammenrechnung mit einer geringfügigen Beschäftigung nur erfolgt, wenn diese Versicherungspflicht begründet.

§ 9 Freiwillige Versicherung

(1) Der Versicherung können beitreten,
2. Personen, deren Versicherung nach § 10 erlischt (...)

(2) Der Beitritt ist der Krankenkasse innerhalb von drei Monaten anzuzeigen, (...)

§ 10 Familienversicherung

(1) Versichert sind der Ehegatte und die Kinder von Mitgliedern, wenn diese Familienangehörigen
1. ihren Wohnsitz oder gewöhnlichen Aufenthalt im Inland haben,
2. nicht (...) versichert sind, (...)

(2) Kinder sind versichert
1. bis zur Vollendung des achtzehnten Lebensjahres
2. bis zur Vollendung des dreiundzwanzigsten Lebensjahres, wenn sie nicht erwerbstätig sind,
3. bis zur Vollendung des fünfundzwanzigsten Lebensjahres, wenn sie sich in Schul- oder Berufsausbildung befinden (...)
4. ohne Altersgrenze, wenn sie wegen körperlicher, geistiger oder seelischer Behinderung außerstande sind, sich selbst zu unterhalten; (...)

§ 19 Erlöschen des Leistungsanspruchs

(1) Der Anspruch auf Leistung erlischt mit dem Ende der Mitgliedschaft (...).

(2) Endet die Mitgliedschaft Versicherungspflichtiger, besteht ein Anspruch auf Leistungen längstens für einen Monat nach dem Ende der Mitgliedschaft, solange keine Erwerbstätigkeit ausgeübt wird. (...)

Gesetzliche Rentenversicherung (Sozialgesetzbuch VI)

§ 1 Beschäftigte
Versicherungspflichtig sind
1. Personen, die gegen Arbeitsentgelt oder zu ihrer Berufsausübung beschäftigt sind, (...)

§ 3 Sonstige Versicherte
Versicherungspflichtig sind Personen in der Zeit,
1. für die ihnen Kindererziehungszeiten anzurechnen sind (§ 56),

1a. in der sie Pflegebedürftige im Sinne des § 14 SGB XI nicht erwerbsmäßig mindestens 14 Stunden wöchentlich in seiner häuslichen Umgebung pflegen, wenn der Pflegebedürftige Anspruch auf Leistungen aus der sozialen oder einer privaten Pflegeversicherung hat (...)

3. für die sie von einem Leistungsträger (...) Arbeitslosengeld oder Arbeitslosenhilfe beziehen (...)

§ 5 Versicherungsfreiheit
(...)
(2) Versicherungsfrei sind Personen, die
1. eine geringfügige Beschäftigung (§ 8 Abs. 1 Viertes Buch),
2. eine geringfügige selbständige Tätigkeit (§ 8 Abs. 3 Viertes Buch) oder
3. eine geringfügige nicht erwerbsmäßige Pflegetätigkeit

ausüben; § 8 Abs. 2 Viertes Buch ist mit der Maßgabe anzuwenden, daß eine Zusammenrechnung mit einer nicht geringfügigen Beschäftigung oder nicht geringfügigen selbständigen Tätigkeit nur erfolgt, wenn diese versicherungspflichtig ist. Satz 1 Nr. 1 gilt nicht für geringfügig Beschäftigte nach § 8 Abs. 1 Nr. 1 des Vierten Buches, die durch schriftliche Erklärung gegenüber dem Arbeitgeber auf die Versicherungsfreiheit verzichten; der Verzicht kann nur mit Wirkung für die Zukunft und bei mehreren geringfügigen Beschäftigungen nur einheitlich erklärt werden und ist für die Dauer der Beschäftigungen bindend. (...)

§ 7 Freiwillige Versicherung
(1) Personen, die nicht versicherungspflichtig sind, können sich (...) freiwillig versichern (...)
(2) Personen, die versicherungsfrei oder von der Versicherung befreit sind, können sich nur freiwillig versichern, wenn sie die allgemeine Wartezeit[1] erfüllt haben. Dies gilt nicht für Personen, die wegen Geringfügigkeit einer Beschäftigung (...) versicherungsfrei sind. (...)

§ 8 Nachversicherung und Versorgungsausgleich
(1) Versichert sind auch Personen, (...)
2. für die aufgrund eines Versorgungsausgleichs Rentenanwartschaft übertragen oder begründet sind. (...)

§§

STRAFRECHT UND OPFERENTSCHÄDIGUNG

Strafgesetzbuch

§ 5 Auslandstaten gegen inländische Rechtsgüter
Das deutsche Strafrecht gilt, unabhängig vom Recht des Tatorts, für folgende Taten, die im Ausland begangen werden: (...)

6a. Entziehung eines Kindes in den Fällen des § 235 Abs. 2 Nr. 2, wenn die Tat sich gegen

[1] sie entspricht 5 Jahre Beitragszeiten (§ 50).

eine Person richtet, die im Inland ihren Wohnsitz oder gewöhnlichen Aufenthalt hat;(...)

8. Straftaten gegen die sexuelle Selbstbestimmung
   a) in den Fällen des § 174 Abs. 1 und 3, wenn der Täter und der, gegen den die Tat begangen wird, zur Zeit der Tat Deutsche sind und ihre Lebensgrundlage im Inland haben, und
   b) in den Fällen der §§ 176 bis 176b und 182, wenn der Täter Deutscher ist;
9. Abbruch der Schwangerschaft (§ 218), wenn der Täter zur Zeit der Tat Deutscher ist und seine Lebensgrundlage im räumlichen Geltungsbereich dieses Gesetzes hat; (...)

§ 77 Antragsberechtigte

(1) Ist die Tat nur auf Antrag verfolgbar, so kann, soweit das Gesetz nichts anderes bestimmt, der Verletzte den Antrag stellen. (...)

(3) Ist der Antragsberechtigte geschäftsunfähig oder beschränkt geschäftsfähig, so können der gesetzliche Vertreter in den persönlichen Angelegenheiten und derjenige, dem die Sorge für die Person des Antragsberechtigten zusteht, den Antrag stellen. (...)

§ 77b Antragsfrist

(1) Eine Tat, die nur auf Antrag verfolgbar ist, wird nicht verfolgt, wenn der Antragsberechtigte es unterläßt, den Antrag bis zum Ablauf einer Frist von drei Monaten zu stellen. (...)

(2) Die Frist beginnt mit Ablauf des Tages, an dem der Berechtigte von der Tat und der Person des Täters Kenntnis erlangt. (...)

§ 77d Zurücknahme des Antrags

(1) Der Antrag kann zurückgenommen werden. (...) Ein zurückgenommener Antrag kann nicht nochmals gestellt werden. (...)

§ 78 Verjährungsfrist

(1) Die Verjährung schließt die Ahndung der Tat und die Anordnung von Maßnahmen (§ 11 Abs. I Nr. 8) aus. § 76a Abs. 2 Satz I Nr. 1 bleibt unberührt.

(2) Verbrechen (...) nach § 211 (Mord) verjähren nicht.

(3) Soweit die Verfolgung verjährt,[1] beträgt die Verjährungsfrist
   1. dreißig Jahre bei Taten, die mit lebenslanger Freiheitsstrafe bedroht sind,
   2. zwanzig Jahre bei Taten, die im Höchstmaß mit Freiheitsstrafe von mehr als zehn Jahren bedroht sind,
   3. zehn Jahre bei Taten, die im Höchstmaß mit Freiheitsstrafe von mehr als fünf Jahren bis zu zehn Jahren bedroht sind,
   4. fünf Jahre bei Taten, die im Höchstmaß mit Freiheitsstrafe von mehr als einem Jahr bis zu fünf Jahren bedroht sind,
   5. drei Jahre bei den übrigen Taten.

(4) Die Frist richtet sich nach der Strafdrohung des Gesetzes, dessen Tatbestand die Tat verwirklicht, ohne Rücksicht auf Schärfungen oder Milderungen, die nach den Vorschriften des Allgemeinen Teils oder für besonders schwere oder minder schwere Fälle vorgesehen sind.

§ 78b Ruhen

(1) Die Verjährung ruht
   1. bis zur Vollendung des achtzehnten Lebensjahres des Opfers bei Straftaten nach den §§ 176 bis 179, (...)

---

[1] § 78 Abs. 2 gilt auch für früher begangene Taten, wenn die Verfolgung beim Inkrafttreten dieses Gesetzes noch nicht verjährt ist.

§ 123 Hausfriedensbruch

(1) Wer in die Wohnung, in die Geschäftsräume oder in das befriedete Besitztum eines anderen oder in abgeschlossene Räume, welche zum öffentlichen Dienst oder Verkehr bestimmt sind, widerrechtlich eindringt, oder wer, wenn er ohne Befugnis darin verweilt, auf die Aufforderung des Berechtigten sich nicht entfernt, wird mit Freiheitsstrafe bis zu einem Jahr oder mit Geldstrafe bestraft.

(2) Die Tat wird nur auf Antrag verfolgt.

§ 170 Verletzung der Unterhaltspflicht

(1) Wer sich einer gesetzlichen Unterhaltspflicht entzieht, so daß der Lebensbedarf des Unterhaltsberechtigten gefährdet ist oder ohne die Hilfe anderer gefährdet wäre, wird mit Freiheitsstrafe bis zu drei Jahren oder mit Geldstrafe bestraft.

(2) Wer einer Schwangeren zum Unterhalt verpflichtet ist und ihr diesen Unterhalt in verwerflicher Weise vorenthält und dadurch den Schwangerschaftsabbruch bewirkt, wird mit Freiheitsstrafe bis zu fünf Jahren oder mit Geldstrafe bestraft.

§ 171 Verletzung der Fürsorge- oder Erziehungspflicht

Wer seine Fürsorge- und Erziehungspflicht gegenüber einer Person unter sechzehn Jahren gröblich verletzt und dadurch den Schutzbefohlenen in die Gefahr bringt, in seiner körperlichen oder psychischen Entwicklung erheblich geschädigt zu werden (...), wird mit Freiheitsstrafe bis zu drei Jahren oder mit Geldstrafe bestraft.

§ 173 Beischlaf zwischen Verwandten

(1) Wer mit einem leiblichen Abkömmling den Beischlaf vollzieht, wird mit Freiheitsstrafe bis zu drei Jahren oder mit Geldstrafe bestraft.

(2) Wer mit einem leiblichen Verwandten aufsteigender Linie den Beischlaf vollzieht, wird mit Freiheitsstrafe bis zu zwei Jahren oder mit Geldstrafe bestraft;(...)

§ 174 Sexueller Mißbrauch von Schutzbefohlenen[1]

(1) Wer sexuelle Handlungen

1. an einer Person unter sechzehn Jahren, die ihm zur Erziehung, zur Ausbildung oder zur Betreuung in der Lebensführung anvertraut ist,
2. an einer Person unter achtzehn Jahren, die ihm zur Erziehung, zur Ausbildung oder zur Betreuung in der Lebensführung anvertraut oder im Rahmen eines Dienst- oder Arbeitsverhältnisses untergeordnet ist, unter Mißbrauch einer mit dem Erziehungs-, Ausbildungs-, Betreuungs-, Dienst oder Arbeitsverhältnis verbundenen Abhängigkeit oder
3. an seinem noch nicht achtzehn Jahre alten leiblichen oder angenommenen Kind vornimmt oder an sich von dem Schutzbefohlenen vornehmen läßt, wird mit Freiheitsstrafe bis zu fünf Jahren oder mit Geldstrafe bestraft.

(2) Wer unter den Voraussetzungen des Absatzes I Nr. I bis 3

1. sexuelle Handlungen vor dem Schutzbefohlenen vornimmt oder
2. den Schutzbefohlenen dazu bestimmt, daß er sexuelle Handlungen vor ihm vornimmt,

um sich oder den Schutzbefohlenen hierdurch sexuell zu erregen, wird mit Freiheitsstrafe bis zu drei Jahren oder mit Geldstrafe bestraft. (...)

(4) In den Fällen des Absatzes 1 Nr. 1 oder des Absatzes 2 in Verbindung mit Absatz I Nr. 1 kann das Gericht von einer Bestrafung nach dieser Vorschrift absehen, wenn bei Berücksichtigung des Verhaltens des Schutzbefohlenen das Unrecht der Tat gering ist.

§§

---

1 Bei den Sexual- und Körperverletzungsdelikten ist i.d.R. der bloße Versuch der genannten Handlungen bereits strafbar; eine Ausnahme bidet der sexuelle Mißbrauch von Jugendlichen (§ 182)

§ 174a Sexueller Mißbrauch von Gefangenen, behördlich Verwandten oder Kranken und Hilfsbedürftigen in Einrichtungen

(...)

(2) Ebenso[1] wird bestraft wer eine Person die in einer Einrichtung für kranke oder hilfsbedürftige Menschen stationär aufgenommen und ihm zur Beaufsichtigung oder Betreuung anvertraut ist, dadurch mißbraucht, daß er unter Ausnutzung der Krankheit oder Hilfsbedürftigkeit dieser Person sexuelle Handlungen an ihr vornimmt oder an sich von ihr vornehmen läßt. (...)

§ 174c Sexueller Mißbrauch unter Ausnutzung eines Beratungs-, Behandlungs- oder Betreuungsverhältnisses

(1) Wer sexuelle Handlungen an einer Person, die ihm wegen einer geistigen oder seelischen Krankheit oder Behinderung einschließlich einer Suchtkrankheit zur Beratung, Behandlung oder Betreuung anvertraut ist, unter Mißbrauch des Beratungs-, Behandlungs- oder Betreuungsverhältnisses vornimmt oder an sich von ihr vornehmen läßt, wird mit Freiheitsstrafe bis zu fünf Jahren oder mit Geldstrafe bestraft.

(2) Ebenso wird bestraft, wer sexuelle Handlungen an einer Person, die ihm zur psychotherapeutischen Behandlung anvertraut ist, unter Mißbrauch des Behandlungsverhältnisses vornimmt oder an sich von ihr vornehmen läßt.

§ 176 Sexueller Mißbrauch von Kindern

(1) Wer sexuelle Handlungen an einer Person unter vierzehn Jahren (Kind) vornimmt oder an sich von dem Kind vornehmen läßt, wird mit Freiheitsstrafe von sechs Monaten bis zu zehn Jahren, in minder schweren Fällen mit Freiheitsstrafe bis zu fünf Jahren oder mit Geldstrafe bestraft.

(2) Ebenso wird bestraft, wer ein Kind dazu bestimmt, daß es sexuelle Handlungen an einem Dritten vornimmt oder von einem Dritten an sich vornehmen läßt.

(3) Mit Freiheitsstrafe bis zu fünf Jahren oder mit Geldstrafe wird bestraft, wer

1. sexuelle Handlungen vor einem Kind vornimmt,
2. ein Kind dazu bestimmt, daß es sexuelle Handlungen an sich vornimmt, oder
3. auf ein Kind durch Vorzeigen pornographischer Abbildungen oder Darstellungen, durch Abspielen von Tonträgern pornographischen Inhalts oder durch entsprechende Reden einwirkt.

§ 176a Schwerer sexueller Mißbrauch von Kindern

(1) Der sexuelle Mißbrauch von Kindern wird in den Fällen des § 176 Abs. I und 2 mit Freiheitsstrafe nicht unter einem Jahr bestraft, wenn

1. eine Person über achtzehn Jahren mit dem Kind den Beischlaf vollzieht oder ähnliche sexuelle Handlungen an ihm vornimmt oder an sich von ihm vornehmen läßt, die mit einem Eindringen in den Körper verbunden sind,
2. die Tat von mehreren gemeinschaftlich begangen wird,
3. der Täter das Kind durch die Tat in die Gefahr einer schweren Gesundheitsschädigung oder einer erheblichen Schädigung der körperlichen oder seelischen Entwicklung bringt oder
4. der Täter innerhalb der letzten fünf Jahre wegen einer solchen Straftat rechtskräftig verurteilt worden ist.

(2) Mit Freiheitsstrafe nicht unter zwei Jahren wird bestraft, wer in den Fällen des § 176 Abs. 1 bis 4 als Täter oder anderer Beteiligter in der Absicht handelt, die Tat zum Gegenstand einer pornographischen Schrift (§ 11 Abs. 3) zu machen, die nach § 184 Abs. 3 oder 4 verbreitet werden soll.

(3) In minder schweren Fällen des Absatzes 1 ist auf Freiheitsstrafe von drei Monaten bis zu fünf Jahren, in minder schweren Fällen des Absatzes 2 auf Freiheitsstrafe von einem Jahr bis zu zehn Jahren zu erkennen.

---

[1] Freiheitsstrafe bis zu fünf Jahren oder Geldstrafe (Abs. 1)

(4) Mit Freiheitsstrafe nicht unter fünf Jahren wird bestraft, wer das Kind in den Fällen des § 176 Abs. 1 und 2
1. bei der Tat körperlich schwer mißhandelt oder
2. durch die Tat in die Gefahr des Todes bringt.(...)

§ 176b Sexueller Mißbrauch von Kindern mit Todesfolge
Verursacht der Täter durch den sexuellen Mißbrauch (§§ 176 und 176a) wenigstens leichtfertig den Tod des Kindes, so ist die Strafe lebenslange Freiheitsstrafe oder Freiheitsstrafe nicht unter zehn Jahren.

§ 177 Sexuelle Nötigung; Vergewaltigung
(1) Wer eine andere Person
1. mit Gewalt,
2. durch Drohung mit gegenwärtiger Gefahr für Leib oder Leben oder
3. unter Ausnutzung einer Lage, in der das Opfer der Einwirkung des Täters
schutzlos ausgeliefert ist, nötigt, sexuelle Handlungen des Täters oder eines Dritten an sich zu dulden oder an dem Täter oder einem Dritten vorzunehmen, wird mit Freiheitsstrafe nicht unter einem Jahr bestraft.
(2) In besonders schweren Fällen ist die Strafe Freiheitsstrafe nicht unter zwei Jahren. Ein besonders schwerer Fall liegt in der Regel vor, wenn
1. der Täter mit dem Opfer den Beischlaf vollzieht oder ähnliche sexuelle Handlungen an dem Opfer vornimmt oder an sich von ihm vornehmen läßt, die dieses besonders erniedrigen, insbesondere, wenn sie mit einem Eindringen in den Körper verbunden sind (Vergewaltigung), oder
2. die Tat von mehreren gemeinschaftlich begangen wird.
(3) Auf Freiheitsstrafe nicht unter drei Jahren ist zu erkennen, wenn der Täter
1. eine Waffe oder ein anderes gefährliches Werkzeug bei sich führt,
2. sonst ein Werkzeug oder Mittel bei sich führt, um den Widerstand einer anderen Person durch Gewalt oder Drohung mit Gewalt zu verhindern oder zu überwinden, oder
3. das Opfer durch die Tat in die Gefahr einer schweren Gesundheitsschädigung bringt.
(4) Auf Freiheitsstrafe nicht unter fünf Jahren ist zu erkennen, wenn der Täter
1. bei der Tat eine Waffe oder ein anderes gefährliches Werkzeug verwendet oder
2. das Opfer
a) bei der Tat körperlich schwer mißhandelt oder
b) durch die Tat in die Gefahr des Todes bringt.
(5) In minder schweren Fällen des Absatzes 1 ist auf Freiheitsstrafe von sechs Monaten bis zu fünf Jahren, in minder schweren Fällen der Absätze 3 und 4 auf Freiheitsstrafe von einem Jahr bis zu zehn Jahren zu erkennen.

§ 178 Sexuelle Nötigung und Vergewaltigung mit Todesfolge
Verursacht der Täter durch die sexuelle Nötigung oder Vergewaltigung (§ 177) wenigstens leichtfertig den Tod des Opfers, so ist die Strafe lebenslange Freiheitsstrafe oder Freiheitsstrafe nicht unter zehn Jahren.

§§

§ 179 Sexueller Mißbrauch widerstandsunfähiger Personen
(1) Wer eine andere Person, die
1. wegen einer geistigen oder seelischen Krankheit oder Behinderung einschließlich einer Suchtkrankheit oder wegen einer tiefgreifenden Bewußtseinsstörung oder
2. körperlich zum Widerstand unfähig ist, dadurch mißbraucht, daß er unter Ausnutzung der Widerstandsunfähigkeit sexuelle Handlungen an ihr vornimmt oder an sich von ihr vornehmen läßt, wird mit Freiheitsstrafe von sechs Monaten bis zu zehn Jahren bestraft.
(2) Ebenso wird bestraft, wer eine widerstandsunfähige Person (Absatz 1) dadurch mißbraucht, daß er sie unter Ausnutzung der Widerstandsunfähigkeit dazu bestimmt, sexuelle Handlungen an einem Dritten vorzunehmen oder von einem Dritten an sich vornehmen zu lassen. (...)

(4) Auf Freiheitsstrafe nicht unter einem Jahr ist zu erkennen, wenn
1. der Täter mit dem Opfer den Beischlaf vollzieht oder ähnliche sexuelle Handlungen an ihm vornimmt oder an sich von ihm vornehmen läßt, die mit einem Eindringen in den Körper verbunden sind,
2. die Tat von mehreren gemeinschaftlich begangen wird oder
3. der Täter das Opfer durch die Tat in die Gefahr einer schweren Gesundheitsschädigung oder einer erheblichen Schädigung der körperlichen oder seelischen Entwicklung bringt.

(5) In minder schweren Fällen der Absätze 1, 2 und 4 ist auf Freiheitsstrafe von drei Monaten bis zu fünf Jahren zu erkennen. (...)

§ 180 Förderung sexueller Handlungen Minderjähriger (...)

§ 180a Förderung der Prostitution (...)

§ 180b Menschenhandel

(...)

(2) Mit Freiheitsstrafe von sechs Monaten bis zu zehn Jahren wird bestraft, wer
1. auf eine andere Person in Kenntnis der Hilflosigkeit, die mit ihrem Aufenthalt in einem fremden Land verbunden ist, oder
2. auf eine Person unter einundzwanzig Jahren einwirkt, um sie zur Aufnahme oder Fortsetzung der Prostitution zu bestimmen, oder sie dazu bringt, diese aufzunehmen oder fortzusetzen. (...)

§ 181 Schwerer Menschenhandel

(1) Wer eine andere Person
1. mit Gewalt, durch Drohung mit einem empfindlichen Übel oder durch List zur Aufnahme oder Fortsetzung der Prostitution bestimmt,
2. durch List anwirbt oder gegen ihren Willen mit Gewalt, durch Drohung mit einem empfindlichen Übel oder durch List entführt, um sie in Kenntnis der Hilflosigkeit, die mit ihrem Aufenthalt in einem fremden Land verbunden ist, zu sexuellen Handlungen zu bringen, die sie an oder vor einer dritten Person vornehmen oder von einer dritten Person an sich vornehmen lassen soll, oder
3. gewerbsmäßig anwirbt, um sie in Kenntnis der Hilflosigkeit, die mit ihrem Aufenthalt in einem fremden Land verbunden ist, zur Aufnahme oder Fortsetzung der Prostitution zu bestimmen, wird mit Freiheitsstrafe von einem Jahr bis zu zehn Jahren bestraft.

(2) In minder schweren Fällen ist die Strafe Freiheitsstrafe von sechs Monaten bis zu fünf Jahren.

§ 181 a Zuhälterei (...)

§ 181 b Führungsaufsicht

In den Fällen der §§ 174 bis 174c, 175 bis 180, 180b bis 181a und 182 kann das Gericht Führungsaufsicht anordnen (§ 68 Abs. 1).

§ 182 Sexueller Mißbrauch von Jugendlichen

(1) Eine Person über achtzehn Jahre, die eine Person unter sechzehn Jahren dadurch mißbraucht, daß sie
1. unter Ausnutzung einer Zwangslage oder gegen Entgelt sexuelle Handlungen an ihr vornimmt oder an sich von ihr vornehmen läßt oder
2. diese unter Ausnutzung eine Zwangslage dazu bestimmt, sexuelle Handlungen an einem Dritten vorzunehmen oder von einem Dritten an sich vor nehmen zu lassen,

wird mit Freiheitsstrafe bis zu fünf Jahren oder mit Geldstrafe bestraft.

(2) Eine Person über einundzwanzig Jahre, die eine Person unter sechzehn Jahren dadurch mißbraucht, daß sie
   1. sexuelle Handlungen an ihr vornimmt oder an sich von ihr vornehmen läßt oder
   2. diese dazu bestimmt, sexuelle Handlungen an einem Dritten vorzunehmen oder von einem Dritten an sich vornehmen zu lassen, und dabei die fehlende Fähigkeit des Opfers zur sexuellen Selbstbestimmung ausnutzt, wird mit Freiheitsstrafe bis zu drei Jahren oder mit Geldstrafe bestraft.

(3) In den Fällen des Absatzes 2 wird die Tat nur auf Antrag verfolgt, es sei denn, daß die Strafverfolgungsbehörde wegen des besonderen öffentlichen Interesses an der Strafverfolgung ein Einschreiten von Amts wegen für geboten hält.

(4) In den Fällen der Absätze 1 und 2 kann das Gericht von Strafe nach diesen Vorschriften absehen, wenn bei Berücksichtigung des Verhaltens der Person, gegen die sich die Tat richtet, das Unrecht der Tat gering ist.

§ 183 Exhibitionistische Handlungen (...)

§ 183 a Erregung öffentlichen Ärgernisses (...)

§ 184 Verbreitung pornographischer Schriften

(...)

(3) Wer pornographische Schriften (§ 11 Abs. 3), die Gewalttätigkeiten, den sexuellen Mißbrauch von Kindern oder sexuelle Handlungen von Menschen mit Tieren zum Gegenstand haben,
   1. verbreitet,
   2. öffentlich ausstellt, anschlägt, vorfuhrt oder sonst zugänglich macht oder
   3. herstellt, bezieht, liefert, vorrätig hält, anbietet, ankündigt, anpreist, einzuführen oder auszuführenden unternimmt, um sie oder aus ihnen gewonnene Stücke im Sinne der Nummern 1 oder 2 zu verwenden oder einem anderen eine solche Verwendung zu ermöglichen,

   wird, wenn die pornographischen Schriften den sexuellen Mißbrauch von Kindern zum Gegenstand haben, mit Freiheitsstrafe von drei Monaten bis zu fünf Jahren, sonst mit Freiheitsstrafe bis zu drei Jahren oder mit Geldstrafe bestraft.

(4) Haben die pornographischen Schriften (§ 11 Abs. 3) in den Fällen des Absatzes 3 den sexuellen Mißbrauch von Kindern zum Gegenstand und geben sie ein tatsächliches oder wirklichkeitsnahes Geschehen wieder, so ist die Strafe Freiheitsstrafe von sechs Monaten bis zu zehn Jahren, wenn der Täter gewerbsmäßig oder als Mitglied einer Bande handelt, die sich zur fortgesetzten Begehung solcher Taten verbunden hat.

(5) Wer es unternimmt, sich oder einem Dritten den Besitz von pornographischen Schriften (§ 11 Abs. 3) zu verschaffen, die den sexuellen Mißbrauch von Kindern zum Gegenstand haben, wird, wenn die Schriften ein tatsächliches oder wirklichkeitsnahes Geschehen wiedergeben, mit Freiheitsstrafe bis zu einem Jahr oder mit Geldstrafe bestraft. Ebenso wird bestraft, wer die in Satz 1 bezeichneten Schriften besitzt. (...)

§§

§ 184a Ausübung der verbotenen Prostitution (...)

§ 184 b Jugendgefährdende Prostitution (...)

§ 184 c Begriffsbestimmungen

Im Sinne dieses Gesetzes sind

1. sexuelle Handlungen nur solche, die im Hinblick auf das jeweils geschützte Rechtsgut von einiger Erheblichkeit sind,
2. sexuelle Handlungen vor einem anderen nur solche, die vor einem anderen vorgenommen werden, der den Vorgang wahrnimmt.

§ 185 Beleidigung

Die Beleidigung wird mit Freiheitsstrafe bis zu einem Jahr oder mit Geldstrafe und, wenn die Beleidigung mittels einer Tätlichkeit begangen wird, mit Freiheitsstrafe bis zu zwei Jahren oder mit Geldstrafe bestraft.

§ 203 Verletzung von Privatgeheimnissen

(1) Wer unbefugt ein fremdes Geheimnis, namentlich ein zum persönlichen Lebensbereich gehörendes Geheimnis oder ein Betriebs- oder Geschäftsgeheimnis, offenbart, das ihm als

1. Arzt, (...) oder Angehörigen eines anderen Heilberufs, der für die Berufsausübung oder die Führung der Berufsbezeichnung eine staatlich geregelte Ausbildung erfordert,
2. Berufspsychologen mit staatlich anerkannter wissenschaftlicher Abschlußprüfung,
3. Rechtsanwalt, (...)
4. Ehe-, Familien-, Erziehungs- oder Jugendberater sowie Berater für Suchtfragen in einer Beratungsstelle die von einer Behörde oder Körperschaft Anstalt oder Stiftung des öffentlichen Rechts anerkannt ist,

4a. Mitglied oder Beauftragten einer anerkannten Beratungsstelle nach §§ 3 und 8 des Schwangerschaftskonfliktgesetzes,

5. staatlich anerkanntem Sozialarbeiter oder staatlich anerkanntem Sozialpädagogen oder (...)

anvertraut worden oder sonst bekanntgeworden ist, wird mit Freiheitsstrafe bis zu einem Jahr oder mit Geldstrafe bestraft. (...)

(3) Den in Absatz 1 Genannten stehen ihre berufsmäßig tätigen Gehilfen und die Personen gleich, die bei ihnen zur Vorbereitung auf den Beruf tätig sind. (...)

§ 211 Mord

(1) Der Mörder wird mit lebenslanger Freiheitsstrafe bestraft.

(2) Mörder ist, wer aus Mordlust, zur Befriedigung des Geschlechtstriebs, aus Habgier oder sonst aus niedrigen Beweggründen, heimtückisch oder grausam oder mit gemeingefährlichen Mitteln oder um eine andere Straftat zu ermöglichen oder zu verdecken, einen Menschen tötet.

§ 212 Totschlag

(1) Wer einen Menschen tötet, ohne Mörder zu sein, wird als Totschläger mit Freiheitsstrafe nicht unter fünf Jahren bestraft.

(2) In besonders schweren Fällen ist auf lebenslange Freiheitsstrafe zu erkennen.

§ 213 Minder schwerer Fall des Totschlags

War der Totschläger ohne eigene Schuld durch eine ihm oder einem Angehörigen zugefügte Mißhandlung oder schwere Beleidigung von dem getöteten Menschen zum Zorn gereizt und hierdurch auf der Stelle zur Tat hingerissen worden oder liegt sonst ein minder schwerer Fall vor, so ist die Strafe Freiheitsstrafe von einem Jahr bis zu zehn Jahren.

§§ 218 ff. (☞ Schwangerschaftsabbruch)

§ 223 Körperverletzung

(1) Wer eine andere Person körperlich mißhandelt oder an der Gesundheit schädigt, wird mit Freiheitsstrafe bis zu fünf Jahren oder mit Geldstrafe bestraft. (...)

§ 224 Gefährliche Körperverletzung

(1) Wer die Körperverletzung (...)

2. mittels einer Waffe oder eines anderen gefährlichen Werkzeugs, (...)

begeht, wird mit Freiheitsstrafe von sechs Monaten bis zu zehn Jahren, in minder schweren Fällen mit Freiheitsstrafe von drei Monaten bis zu fünf Jahren bestraft.

§ 225 Mißhandlung von Schutzbefohlenen

(1) Wer eine Person unter achtzehn Jahren oder eine wegen Gebrechlichkeit oder Krankheit wehrlose Person, die
1. seiner Fürsorge oder Obhut untersteht,
2. seinem Hausstand angehört,
3. von dem Fürsorgepflichtigen seiner Gewalt überlassen worden oder
4. ihm im Rahmen eines Dienst- oder Arbeitsverhältnisses untergeordnet ist,

quält oder roh mißhandelt, oder wer durch böswillige Vernachlässigung seiner Pflicht, für sie zu sorgen, sie an der Gesundheit schädigt, wird mit Freiheitsstrafe von sechs Monaten bis zu zehn Jahren bestraft. (...)

§ 226 Schwere Körperverletzung

(1) Hat die Körperverletzung zur Folge, daß die verletzte Person
1. (...) die Fortpflanzungsfähigkeit verliert,
2. ein wichtiges Glied des Körpers verliert oder dauernd nicht mehr gebrauchen kann oder
3. in erheblicher Weise dauernd entstellt wird (...)

so ist die Strafe Freiheitsstrafe von einem Jahr bis zu zehn Jahren. (...)

§ 230 Strafantrag

(1) Die vorsätzliche Körperverletzung nach § 223 und die fahrlässige Körperverletzung nach § 229 werden nur auf Antrag verfolgt, es sei denn, daß die Strafverfolgungsbehörde wegen des besonderen öffentlichen Interesses an der Strafverfolgung ein Einschreiten von Amts wegen für geboten hält. (...)

§ 235 Entziehung Minderjähriger

(1) Mit Freiheitsstrafe bis zu fünf Jahren oder mit Geldstrafe wird bestraft, wer (...)
2. ein Kind, ohne dessen Angehöriger zu sein, den Eltern, einem Elternteil, dem Vormund oder dem Pfleger entzieht oder vorenthält.

(2) Ebenso wird bestraft, wer ein Kind den Eltern, einem Elternteil, dem Vormund oder dem Pfleger
1. entzieht, um es in das Ausland zu verbringen, oder
2. im Ausland vorenthält, nachdem es dorthin verbracht worden ist oder es sich dorthin begeben hat. (...)

(7) Die Entziehung Minderjähriger wird in den Fällen der Absätze 1 bis 3 nur auf Antrag verfolgt, es sei denn, daß die Strafverfolgungsbehörde wegen des besonderen öffentlichen Interesses an der Strafverfolgung ein Einschreiten von Amts wegen für geboten hält.

§ 236 Kinderhandel (...)

§ 237 Freiheitsberaubung

(1) Wer einen Menschen einsperrt oder auf andere Weise der Freiheit beraubt, wird mit Freiheitsstrafe bis zu fünf Jahren oder mit Geldstrafe bestraft. (...)

§ 240 Nötigung

(1) Wer einen Menschen rechtswidrig mit Gewalt oder durch Drohung mit einem empfindlichen Übel zu einer Handlung, Duldung oder Unterlassung nötigt, wird mit Freiheitsstrafe bis zu drei Jahren oder mit Geldstrafe bestraft.

(2) Rechtswidrig ist die Tat, wenn die Anwendung der Gewalt oder die Androhung des Übels zu dem angestrebten Zweck als verwerflich anzusehen ist. (...)

(4) In besonders schweren Fällen ist die Strafe Freiheitsstrafe von sechs Monaten bis zu fünf Jahren. Ein besonders schwerer Fall liegt in der Regel vor, wenn der Täter
1. eine andere Person zu einer sexuellen Handlung nötigt,
2. eine Schwangere zum Schwangerschaftsabbruch nötigt (...)

§ 241 Bedrohung

(1) Wer einen Menschen mit der Begehung eines gegen ihn oder eine ihm nahestehende Person gerichteten Verbrechens bedroht, wird mit Freiheitsstrafe bis zu einem Jahr oder mit Geldstrafe bestraft.(...)

§ 303 Sachbeschädigung

(1) Wer rechtswidrig eine fremde Sache beschädigt oder zerstört, wird mit Freiheitsstrafe bis zu zwei Jahren oder mit Geldstrafe bestraft. (...)

Strafprozeßordnung

§ 52 [Zeugnisverweigerungsrecht aus persönlichen Gründen]

(1) Zur Verweigerung des Zeugnisses sind berechtigt

1. der Verlobte des Beschuldigten;
2. der Ehegatte des Beschuldigten, auch wenn die Ehe nicht mehr besteht;
3. wer mit dem Beschuldigten in gerader Linie verwandt oder verschwägert, in der Seitenlinie bis zum dritten Grad verwandt oder bis zum zweiten Grad verschwägert ist oder war.

(2) Haben Minderjährige wegen mangelnder Verstandesreife (...) von der Bedeutung des Zeugnisverweigerungsrechts keine genügende Vorstellung, so dürfen sie nur vernommen werden, wenn sie zur Aussage bereit sind und auch ihr gesetzlicher Vertreter der Vernehmung zustimmt. Ist der gesetzliche Vertreter selbst Beschuldigter, so kann er über die Ausübung des Zeugnisverweigerungsrechts nicht entscheiden; das gleiche gilt für den nicht beschuldigten Elternteil, wenn die gesetzliche Vertretung beiden Eltern zusteht.

(3) Die zur Verweigerung des Zeugnisses berechtigten Personen, in den Fällen des Absatzes 2 auch deren zur Entscheidung über die Ausübung des Zeugnisverweigerungsrechts befugte Vertreter, sind vor jeder Vernehmung über ihr Recht zu belehren. Sie können den Verzicht auf dieses Recht auch während der Vernehmung widerrufen.

§ 53 [Zeugnisverweigerungsrecht aus beruflichen Gründen]

(1) Zur Verweigerung des Zeugnisses sind ferner berechtigt(...)

3. Rechtsanwälte, (...) Ärzte, (...) Hebammen über das, was ihnen in dieser Eigenschaft anvertraut worden oder bekanntgeworden ist;

3a. Mitglieder oder Beauftragte einer anerkannten Beratungsstelle nach den §§ 3 und 8 des Schwangerschaftskonfliktgesetzes über das, was ihnen in dieser Eigenschaft anvertraut worden oder bekanntgeworden ist;

3b. Berater für Fragen der Betäubungsmittelabhängigkeit in einer Beratungsstelle, die eine Behörde oder eine Körperschaft, Anstalt oder Stiftung des öffentlichen Rechts anerkannt oder bei sich eingerichtet hat, über das, was ihnen in dieser Eigenschaft anvertraut worden oder bekanntgeworden ist;(...)

(2) Die in Absatz 1 Nr. 2 bis 3b Genannten dürfen das Zeugnis nicht verweigern, wenn sie von der Verpflichtung zur Verschwiegenheit entbunden sind.

§ 53a [Zeugnisverweigerungsrecht der Berufshelfer]

(1) Den in § 53 Abs. 1 Nr. 1 bis 4 Genannten stehen ihre Gehilfen und die Personen gleich, die zur Vorbereitung auf den Beruf an der berufsmäßigen Tätigkeit teilnehmen. (...)

§ 55 [Auskunftsverweigerungsrecht]

(1) Jeder Zeuge kann die Auskunft auf solche Fragen verweigern, deren Beantwortung ihm selbst oder einem der in § 52 Abs. 1 bezeichneten Angehörigen die Gefahr zuziehen würde, wegen einer Straftat oder einer Ordnungswidrigkeit verfolgt zu werden.

(2) Der Zeuge ist über sein Recht zur Verweigerung der Auskunft zu belehren.

§ 58 a

(1) Die Vernehmung eines Zeugen kann auf Bild-Ton-Träger aufgezeichnet werden. Sie soll aufgezeichnet werden

1. bei Personen unter sechzehn Jahren, die durch die Straftat verletzt worden sind, oder
2. wenn zu besorgen ist, daß der zeuge in der Hauptverhandlung nicht vernommen werden kann und die Aufzeichnung zur Erforschung der Wahrheit erforderlich ist.

(2) Die Verwendung der Bild-Ton-Aufzeichnung ist nur für Zwecke der Strafverfolgung und nur insoweit zulässig, als dies zur Erforschung der Wahrheit erforderlich ist. (...).

§ 68 [Vernehmung zur Person]

(1) Die Vernehmung beginnt damit, daß der Zeuge über Vornamen und Zunamen, Alter, Stand oder Gewerbe und Wohnort befragt wird. (...)

(2) Besteht Anlaß zu der Besorgnis, daß durch die Angabe des Wohnortes der Zeuge oder eine andere Person gefährdet wird, so kann dem Zeugen gestattet werden, statt des Wohnortes seinen Geschäfts- oder Dienstort oder eine andere ladungsfähige Anschrift anzugeben. Unter der in Satz 1 genannten Voraussetzung kann der Vorsitzende in der Hauptverhandlung dem Zeugen gestatten, seinen Wohnort nicht anzugeben.

(3) Besteht Anlaß zu der Besorgnis, daß durch die Offenbarung der Identität oder des Wohn- oder Aufenthaltsortes des Zeugen Leben, Leib oder Freiheit des Zeugen oder einer anderen Person gefährdet wird, so kann ihm gestattet werden, Angaben zur Person nicht oder nur über eine frühere Identität zu machen. (...) Die Unterlagen, die die Feststellung der Identität des Zeugen gewährleisten, werden bei der Staatsanwaltschaft verwahrt. (...)

§ 68 a [Fragen nach entehrenden Tatsachen und Vorstrafen]

(1) Fragen nach Tatsachen, die dem Zeugen oder einer Person, die im Sinne des § 52 Abs. 1 sein Angehöriger ist, zur Unehre gereichen können oder deren persönlichen Lebensbereich betreffen, sollen nur gestellt werden, wenn es unerläßlich ist. (...)

§ 68 b

Zeugen, die noch keinen anwaltlichen Beistand haben, kann für die Dauer der Vernehmung mit Zustimmung der Staatsanwaltschaft ein Rechtsanwalt beigeordnet werden, wenn ersichtlich ist, daß sie ihre Befugnisse bei der Vernehmung nicht selbst wahrnehmen können und ihren schutzwürdigen Interessen auf andere Weise nicht Rechnung getragen werden kann. Hat die Vernehmung

1. ein Verbrechen,
2. ein Vergehen nach §§ 174 bis 174 c, 176, 179 Abs. 1 bis 3, §§ 180, 180b, 182, 225 Abs. 1 oder 2 des Strafgesetzbuches oder (...)

zum Gegenstand, so ist die Beiordnung auf Antrag des Zeugen oder Staatsanwaltschaft anzuordnen, soweit die Voraussetzungen des Satzes 1 vorliegen. Für die Beiordnung gelten § 141 Abs. 4 und § 142 Abs. 1 entsprechen. Die Entscheidung ist unanfechtbar.

§§

§ 81 c [Untersuchung anderer Personen]

(1) Andere Personen als Beschuldigte dürfen, wenn sie als Zeugen in Betracht kommen, ohne ihre Einwilligung nur untersucht werden, soweit zur Erforschung der Wahrheit festgestellt werden muß, ob sich an ihrem Körper eine bestimmte Spur oder Folge einer Straftat befindet. (...)

(2) Bei anderen Personen als Beschuldigten sind Untersuchungen zur Feststellung der Abstammung und die Entnahme von Blutproben ohne Einwilligung des zu Untersuchenden zulässig, wenn kein Nachteil für seine Gesundheit zu befürchten und die Maßnahme zur Erforschung der Wahrheit unerläßlich ist. (...)

(3) Untersuchungen oder Entnahmen von Blutproben können aus den gleichen Gründen wie das Zeugnis verweigert werden. (...)

(4) Maßnahmen nach den Absätzen 1 und 2 sind unzulässig, wenn sie dem Betroffenen bei Würdigung aller Umstände nicht zugemutet werden können. (...)

§ 81 d [Untersuchung einer Frau]

(1) Kann die körperliche Untersuchung einer Frau das Schamgefühl verletzen, so wird sie einer Frau oder einem Arzt übertragen. Auf Verlangen der zu untersuchenden Frau soll eine andere Frau oder ein Angehöriger zugelassen werden.

(2) Diese Vorschrift gilt auch dann, wenn die zu untersuchende Frau in die Untersuchung einwilligt.

§ 81 e [Molekulargenetische Untersuchungen]

(1) An dem durch Maßnahmen nach § 81 a Abs. 1 erlangten Material dürfen auch molekulargenetische Untersuchungen durchgeführt werden. (...)

§ 112 [Voraussetzungen der Untersuchungshaft; Haftgründe]

(1) Die Untersuchungshaft darf gegen den Beschuldigten angeordnet werden, wenn er der Tat dringend verdächtig ist und ein Haftgrund besteht. (...)

(2) Ein Haftgrund besteht, wenn auf Grund bestimmter Tatsachen
   1. festgestellt wird, daß der Beschuldigte flüchtig ist oder sich verborgen halt,
   2. bei Würdigung der Umstände des Einzelfalles die Gefahr besteht, daß der Beschuldigte sich dem Strafverfahren entziehen werde (Fluchtgefahr), oder
   3. das Verhalten des Beschuldigten den dringenden Verdacht begründet, er werde
      a) Beweismittel vernichten, (...) (Verdunkelungsgefahr). (...)

§ 112a [Weiterer Haftgrund]

(1) Ein Haftgrund besteht auch, wenn der Beschuldigte dringend verdächtig ist,
   1. eine Straftat nach den §§ 174, 174a, 176, 177 oder § 179 des Strafgesetzbuches (...) begangen zu haben

   und bestimmte Tatsachen die Gefahr begründen, daß er vor rechtskräftiger Aburteilung weitere erhebliche Straftaten gleicher Art begehen oder die Straftat fortsetzen werde, die Haft zur Abwendung der drohenden Gefahr erforderlich und in den Fällen der Nummer 2 eine Freiheitsstrafe von mehr als einem Jahr zu erwarten ist. (...)

§ 153 [Nichtverfolgung von Bagatellsachen]

(1) Hat das Verfahren ein Vergehen zum Gegenstand so kann die Staatsanwaltschaft mit Zustimmung des für die Eröffnung des Hauptverfahrens zuständigen Gerichts von der Verfolgung absehen, wenn die Schuld des Täters als gering anzusehen wäre und kein öffentliches Interesse an der Verfolgung besteht. Der Zustimmung des Gerichts bedarf es nicht bei einem Vergehen, das nicht mit einer im Mindestmaß erhöhten Strafe bedroht ist und bei dem die durch die Tat verursachten Folgen gering sind. (...)

§ 153a [Vorläufiges Absehen von Klage; vorläufige Einstellung]

(1) Mit Zustimmung des für die Eröffnung des Hauptverfahrens zuständigen Gerichts und des Beschuldigten kann die Staatsanwaltschaft bei einem Vergehen vorläufig von der Erhebung der öffentlichen Klage absehen und zugleich dem Beschuldigten Auflagen und Weisungen erteilen, wenn diese geeignet sind, das öffentliche Interesse an der Strafverfolgung zu beseitigen, und die Schwere der Schuld nicht entgegensteht. Als Auflagen oder Weisungen kommen insbesondere in Betracht,
   1. zur Wiedergutmachung des durch die Tat verursachten Schadens eine bestimmte Leistung zu erbringen,
   2. einen Geldbetrag zugunsten einer gemeinnützigen Einrichtung oder der Staatskasse zu zahlen,
   3. sonst gemeinnützige Leistungen zu erbringen,
   4. Unterhaltspflichten in einer bestimmten Höhe nachzukommen,
   5. sich ernsthaft bemühen, einen Ausgleich mit dem Verletzten zu erreichen (Täter-Op-

fer-Ausgleich) und dabei seine Tat ganz oder zum überwiegenden Teil wieder gut zu machen oder deren Wiedergutmachung zu erstreben, oder

6. an einem Aufbauseminar nach § 2b Abs. 2 Satz 2 oder § 4 Abs. 8 Satz 4 des Straßenverkehrsgesetzes teilzunehmen.

Zur Erfüllung der Auflagen und Weisungen setzt die Staatsanwaltschaft dem Beschuldigten eine Frist, die in den Fällen des Satzes 2 Nr. 1 bis 3, 5 und 6 höchstens sechs Monate, in den Fällen des Satzes 2 Nr. 4 höchstens ein Jahr beträgt. Die Staatsanwaltschaft kann Auflagen und Weisungen nachträglich aufheben und die Frist einmal für die Dauer von drei Monaten verlängern; mit Zustimmung des Beschuldigten kann sie auch Auflagen und Weisungen nachträglich auferlegen und ändern. Erfüllt der Beschuldigte die Auflagen und Weisungen, so kann die Tat nicht mehr als Vergehen verfolgt werden. (...)

§ 153b [Absehen von Klage; Einstellung]

(1) Liegen die Voraussetzungen vor, unter denen das Gericht von Strafe absehen könnte,[1] so kann die Staatsanwaltschaft mit Zustimmung des Gerichts das für die Hauptverhandlung zuständig wäre, von der Erhebung der öffentlichen Klage absehen. (...)

§ 155a

Die Staatsanwaltschaft und das Gericht sollen in jedem Stadium des Verfahrens die Möglichkeit prüfen, einen Ausgleich zwischen Beschuldigtem und Verletztem zu erreichen. In geeigneten Fällen sollen sie darauf hinwirken. Gegen des ausdrücklichen Willen des Verletzten darf die Eignung nicht angenommen werden.

§ 155b

(1) Die Staatsanwaltschaft und das Gericht können zum Zweck des Täter-Opfer-Ausgleichs oder der Schadenswiedergutmachung einer von ihnen mit der Durchführung beauftragten Stelle von Amts wegen oder auf deren Antrag die hierfür erforderlichen personenbezogenen Informationen übermitteln. (...)

§ 158 [Strafanzeigen; Strafanträge]

(1) Die Anzeige einer Straftat und der Strafantrag können bei der Staatsanwaltschaft, den Behörden und Beamten des Polizeidienstes und den Amtsgerichten mündlich oder schriftlich angebracht werden. Die mündliche Anzeige ist zu beurkunden.

(2) Bei Straftaten, deren Verfolgung nur auf Antrag eintritt, muß der Antrag bei einem Gericht oder der Staatsanwaltschaft schriftlich oder zu Protokoll, bei einer anderen Behörde schriftlich angebracht werden.

§ 160 [Ermittlungsverfahren]

(1) Sobald die Staatsanwaltschaft durch eine Anzeige oder auf anderem Wege von dem Verdacht einer Straftat Kenntnis erhält, hat sie zu ihrer Entschließung darüber, ob die öffentliche Klage zu erheben ist, den Sachverhalt zu erforschen.

(2) Die Staatsanwaltschaft hat nicht nur die zur Belastung, sondern auch die zur Entlastung dienenden Umstände zu ermitteln (...).

§§

§ 161 a [Zeugen und Sachverständige vor der Staatsanwaltschaft]

(1) Zeugen und Sachverständige sind verpflichtet, auf Ladung vor der Staatsanwaltschaft zu erscheinen und zur Sache auszusagen oder ihr Gutachten zu erstatten. (...)

§ 163 [Aufgaben der Polizei]

(1) Die Behörden und Beamten des Polizeidienstes haben Straftaten zu erforschen und alle keinen Aufschub gestattenden Anordnungen zu treffen, um die Verdunkelung der Sache zu verhüten.

---

[1] z.B. bei einem Täter-Opfer-Ausgleichsversuch nach § 46 a StGB

(2) Die Behörden und Beamten des Polizeidienstes übersenden ihre Verhandlungen ohne Verzug der Staatsanwaltschaft. (...)

§ 168c [Anwesenheit bei richterlicher Vernehmung]

(2) Bei der richterlichen Vernehmung eines Zeugen oder Sachverständigen ist der Staatsanwaltschaft, dem Beschuldigten und dem Verteidiger die Anwesenheit gestattet.

(3) Der Richter kann einen Beschuldigten von der Anwesenheit bei der Verhandlung ausschließen, wenn dessen Anwesenheit den Untersuchungszweck gefährden würde. Dies gilt namentlich dann wenn zu befürchten ist, daß ein Zeuge in Gegenwart des Beschuldigten nicht die Wahrheit sagen werde.(...)

(5) Von den Terminen sind die zur Anwesenheit Berechtigten vorher zu benachrichtigen. Die Benachrichtigung unterbleibt, wenn sie den Untersuchungserfolg gefährden würde. (...)

§ 168 e

Besteht die dringende Gefahr eines schwerwiegenden Nachteils für das Wohl des Zeugen, wenn er in Gegenwart der Anwesenheitsberechtigten vernommen wird, und kann sie nicht in anderer Weise abgewendet werden, so soll der Richter die Vernehmung von den Anwesenheitsberechtigten getrennt durchführen. Die Vernehmung wird diesen zeitgleich in Bild und Ton übertragen. Die Mitwirkungsbefugnisse der Anwesenheitsberechtigten bleiben im übrigen unberührt. §§ 58 a und 241 a finden entsprechende Anwendung. Die Entscheidung nach Satz 1 ist unanfechtbar.

§ 171 [Bescheidung des Antragstellers]

Gibt die Staatsanwaltschaft einem Antrag auf Erhebung der öffentlichen Klage keine Folge oder verfugt sie nach dem Abschluß der Ermittlungen die Einstellung des Verfahrens, so hat sie den Antragsteller unter Angabe der Gründe zu bescheiden. In dem Bescheid ist der Antragsteller, der zugleich der Verletzte ist, über die Möglichkeit der Anfechtung und die dafür vorgesehene Frist (§ 172 Abs. 1) zu belehren.

§ 172 [Klageerzwingungsverfahren]

(1) Ist der Antragsteller zugleich der Verletzte, so steht ihm gegen den Bescheid nach § 171 binnen zwei Wochen nach der Bekanntmachung die Beschwerde an den vorgesetzten Beamten der Staatsanwaltschaft zu. (...)

(2) Gegen den ablehnenden Bescheid des vorgesetzten Beamten der Staatsanwaltschaft kann der Antragsteller binnen einem Monat nach der Bekanntmachung gerichtliche Entscheidung beantragen. Hierüber und über die dafür vorgesehene Form ist er zu belehren; die Frist läuft nicht, wenn die Belehrung unterblieben ist. Der Antrag ist nicht zulässig, wenn das Verfahren ausschließlich eine Straftat zum Gegenstand hat, die vom Verletzten im Wege der Privatklage verfolgt werden kann, oder wenn die Staatsanwaltschaft nach § 153 Abs. 1, § 153a Abs. 1 Satz 1, 7 oder § 153b Abs. 1 von der Verfolgung der Tat abgesehen hat (...).

(3) Der Antrag auf gerichtliche Entscheidung muß die Tatsachen welche die Erhebung der öffentlichen Klage begründen sollen, und die Beweismittel angeben. Er muß von einem Rechtsanwalt unterzeichnet sein; für die Prozeßkostenhilfe gelten dieselben Vorschriften wie in bürgerlichen Rechtsstreitigkeiten. Der Antrag ist bei dem für die Entscheidung zuständigen Gericht einzureichen.

(4) Zur Entscheidung über den Antrag ist das Oberlandesgericht zuständig. (...)

§ 247 [Entfernung des Angeklagten]

Das Gericht kann anordnen, daß sich der Angeklagte während einer Vernehmung aus dem Sitzungszimmer entfernt, wenn zu befürchten ist, ein Mitangeklagter oder ein Zeuge werde bei seiner Vernehmung in Gegenwart des Angeklagten die Wahrheit nicht sagen. Das gleiche gilt, wenn bei der Vernehmung einer Person unter sechzehn Jahren als Zeuge in Gegenwart des Angeklagten ein erheblicher Nachteil für das Wohl des Zeugen zu befürchten ist oder wenn bei einer Vernehmung einer anderen Person als Zeuge in Gegenwart des Angeklagten die dringende Gefahr eines schwerwiegenden Nachteils für ihre Gesundheit besteht. (...) Der Vorsitzende hat den Angeklagten, sobald dieser wieder anwesend ist, von dem wesentlichen Inhalt dessen zu unterrichten, was während seiner Abwesenheit ausgesagt oder sonst verhandelt worden ist.

§ 247 a

Besteht die dringende Gefahr eines schwerwiegenden Nachteils für das Wohl des Zeugen, wenn er in Gegenwart der in der Hauptverhandlung Anwesenden vernommen wird, und kann sie nicht in anderer Weise, namentlich durch eine Entfernung des Angeklagten sowie den Ausschluß der Öffentlichkeit, abgewendet werden, so kann das Gericht anordnen, daß der Zeuge sich während der Vernehmung an einem anderen Ort aufhält; eine solche Anordnung ist auch unter den Voraussetzungen des § 251 Abs. 1 Nr. 2, 3 oder 4 zulässig, soweit dies zur Erforschung der Wahrheit erforderlich ist. Die Entscheidung ist unanfechtbar. Die Aussage wird zeitgleich in Bild und Ton in das Sitzungszimmer übertragen. Sie soll aufgezeichnet werden, wenn zu besorgen ist, daß der Zeuge in einer weiteren Hauptverhandlung nicht vernommen werden kann und die Aufzeichnung zur Erforschung der Wahrheit erforderlich ist. § 58 a Abs. 2 findet entsprechende Anwendung.

§ 250 [Grundsatz der persönlichen Vernehmung]

Beruht der Beweis einer Tatsache auf der Wahrnehmung einer Person, so ist diese in der Hauptverhandlung zu vernehmen. Die Vernehmung darf nicht durch Verlesung des über eine frühere Vernehmung aufgenommenen Protokolls oder einer schriftlichen Erklärung ersetzt werden.

§ 251 [Verlesung von Protokollen]

(1) Die Vernehmung eines Zeugen (...) darf durch Verlesung der Niederschrift über seine frühere richterliche Vernehmung ersetzt werden, wenn
   1. (...) sein Aufenthalt nicht zu ermitteln ist
   2. dem Erscheinen (...) andere nicht zu beseitigende Hindernisse entgegenstehen; (...)
   4. der Staatsanwalt, der Verteidiger und der Angeklagte mit der Verlesung einverstanden sind.

(2) Hat der Angeklagte einen Verteidiger, so kann die Vernehmung eines Zeugen (...) durch die Verlesung einer Niederschrift über eine andere Vernehmung oder einer Urkunde, die eine von ihm stammende schriftliche Erklärung enthält, ersetzt werden, wenn der Staatsanwalt, der Verteidiger und der Angeklagte damit einverstanden sind. Im übrigen ist die Verlesung nur zulässig, wenn der Zeuge (...) in absehbarer Zeit gerichtlich nicht vernommen werden kann. (...)

§ 252 [Unstatthafte Protokollverlesung]

Die Aussage eines vor der Hauptverhandlung vernommenen Zeugen, der erst in der Hauptverhandlung von seinem Recht, das Zeugnis zu verweigern, Gebrauch macht, darf nicht verlesen werden.

§§

§ 253 [Protokollverlesung zur Gedächtnisunterstützung]

(1) Erklärt ein Zeuge (...), daß er sich einer Tatsache nicht mehr erinnere, so kann der hierauf bezügliche Teil des Protokolls über seine frühere Vernehmung zur Unterstützung seines Gedächtnisses verlesen werden.

(2) Dasselbe kann geschehen, wenn ein in der Vernehmung hervortretender Widerspruch mit der früheren Aussage nicht auf andere Weise ohne Unterbrechung der Hauptverhandlung festgestellt oder behoben werden kann.

§ 255 a

(1) Für die Vorführung der Bild-Ton-Aufzeichnung einer Zeugenvernehmung gelten die Vorschriften zur Verlesung einer Niederschrift über eine Vernehmung gemäß §§ 251, 252, 253 und 255 entsprechend.

(2) In das Verfahren wegen Straftaten gegen die sexuelle Selbstbestimmung (§§ 174 bis 184 c des Strafgesetzbuches) oder gegen das Leben (§§ 211 bis 222 des Strafgesetzbuches) oder wegen Mißhandlung von Schutzbefohlenen (§ 225 des Strafgesetzbuches) kann die Vernehmung eines Zeugen unter sechzehn Jahren durch die Vorführung der Bild-Ton-Aufzeichnung seiner früheren richterlichen Vernehmung ersetzt werden, wenn der Angeklagte und sein Verteidiger Gelegenheit hatten, an dieser mitzuwirken. Eine ergänzende Vernehmung des Zeugen ist unzulässig.

§ 374 [Zulässigkeit; Klageberechtigte]

(1) Im Wege der Privatklage können vom Verletzten verfolgt werden, ohne daß es einer vorgängigen Anrufung der Staatsanwaltschaft bedarf,
 1. ein Hausfriedensbruch (§ 123 des Strafgesetzbuches),
 2. eine Beleidigung (§§ 185 bis 187a und 189 des Strafgesetzbuches), wenn sie nicht gegen eine der in § 194 Abs. 4 des Strafgesetzbuches genannten politischen Körperschaften gerichtet ist, (...)
 4. eine Körperverletzung (§§ 223, 223 a und 230 des Strafgesetzbuches),
 5. eine Bedrohung (§ 241 des Strafgesetzbuches),
 6. eine Sachbeschädigung (§ 303 des Strafgesetzbuches), (...)

§ 378 [Beistand und Vertreter des Klägers](...)

§ 380 [Sühneversuch]

(1) Wegen Hausfriedensbruchs, Beleidigung, (...) Körperverletzung (§§ 223, 223 a, 230 des Strafgesetzbuches), Bedrohung und Sachbeschädigung ist die Erhebung der Klage erst zulässig, nachdem vor einer durch die Landesjustizverwaltung zu bezeichnenden Vergleichsbehörde die Sühne erfolglos versucht worden ist. Der Kläger hat die Bescheinigung hierüber mit der Klage einzureichen. (...)

§ 385 [Stellung des Privatklägers, Ladungen; Akteneinsicht]

(1) Soweit in dem Verfahren auf erhobene öffentliche Klage die Staatsanwaltschaft zuzuziehen und zu hören ist, wird in dem Verfahren auf erhobene Privatklage der Privatkläger zugezogen und gehört. Alle Entscheidungen, die dort der Staatsanwaltschaft bekanntgemacht werden, sind hier dem Privatkläger bekanntzugeben. (...)

§ 395 [Befugnis zum Anschluß als Nebenkläger]

(1) Der erhobenen öffentlichen Klage kann sich als Nebenkläger anschließen,
 1. durch eine rechtwidrige Tat
  a) nach den §§ 174, 174a, 174b, 176, 177, 179, 180 und 181 des Strafgesetzbuches
  b) nach den §§ 185, 186, 187, 187a und 189 des Strafgesetzbuches
  c) nach den §§ 221, 223, 223 a, 223 b, 224, 225, 229 und 340 des Strafgesetzbuches
  d) nach den §§ 234, 234a, 239 Abs. 2, §§ 239a und 239 b des Strafgesetzbuches,
 2. durch eine versuchte rechtswidrige Tat nach den §§ 211 und 212 des Strafgesetzbuches verletzt ist oder
 3. durch einen Antrag auf gerichtliche Entscheidung (§ 172) die Erhebung der öffentlichen Klage herbeigeführt hat. (...)

(4) Der Anschluß ist in jeder Lage des Verfahrens zulässig. (...)

§ 396 [Anschlußerklärung]

(1) Die Anschlußerklärung ist bei dem Gericht schriftlich einzureichen. Eine vor Erhebung der öffentlichen Klage bei der Staatsanwaltschaft oder dem Gericht eingegangene Anschlußerklärung wird mit der Erhebung der öffentlichen Klage wirksam. (...)

(2) Das Gericht entscheidet über die Berechtigung zum Anschluß als Nebenkläger nach Anhörung der Staatsanwaltschaft. (...)

(3) Erwägt das Gericht, das Verfahren nach § 153 Abs. 2, § 153a Abs. 2, § 153b Abs. 2 oder § 154 Abs. 2 einzustellen, so entscheidet es zunächst über die Berechtigung zum Anschluß.

§ 397 [Rechte des Nebenklägers]

(1) Der Nebenkläger ist nach erfolgtem Anschluß, auch wenn er als Zeuge vernommen werden soll, zur Anwesenheit in der Hauptverhandlung berechtigt. Im übrigen gelten die §§ 378 und 385 Abs. 1 bis 3 entsprechend. Die Befugnis zur Ablehnung eines Richters (§§ 24, 31) oder Sachverständigen (§ 74), das Fragerecht (§ 240 Abs. 2), das Recht zur Beanstandung von Anordnungen des Vorsitzenden (§ 238 Abs. 2) und von Fragen (§ 242), das Beweisantragsrecht (§ 244 Abs. 3 bis 6) sowie das Recht zur Abgabe von Erklärungen (§§ 257, 258) steht auch dem Nebenkläger zu. (...)

§ 397 a

(1) Auf Antrag des Nebenklägers ist diesem ein Rechtsanwalt als Beistand zu bestellen, wenn die Berechtigung zum Anschluß als Nebenkläger auf § 395 Abs. 1 Nr. 1 Buchstabe a oder Nr. 2 beruht und die zum Anschluß berechtigende Tat ein Verbrechen ist. Hat der Nebenkläger bei Antragstellung das sechzehnte Lebensjahr noch nicht vollendet, so ist ihm ein Rechtsanwalt als Beistand auch dann zu bestellen, wenn die Tat im Sinne des Satzes 1 ein Vergehen ist oder er durch eine rechtswidrige Tat nach § 225 des Strafgesetzbuches verletzt ist. Der Antrag kann schon vor der Erklärung des Anschlusses gestellt werden. Für die Bestellung des Rechtsanwaltes gilt § 142 Abs. 1 entsprechend.

(2) Liegen die Voraussetzungen für eine Bestellung nach Absatz 1 nicht vor, so ist dem Nebenkläger für die Hinzuziehung eines Rechtsanwalts auf Antrag Prozeßkostenhilfe nach denselben Vorschriften wie in bürgerlichen Rechtsstreitigkeiten zu bewilligen, wenn die Sach- oder Rechtslage schwierig ist, der Verletzte seine Interessen selbst nicht ausreichend wahrnehmen kann oder ihm dies nicht zuzumuten ist. Absatz 1 Satz 3 und 4 gilt entsprechend. § 114 zweiter Halbsatz und § 121 Abs. 1 bis 3 der Zivilprozeßordnung sind nicht anzuwenden.

(3) Über die Bestellung des Rechtsanwaltes und die Bewilligung der Prozeßkostenhilfe entscheidet das mit der Sache befaßte Gericht. In den Fällen des Absatzes 2 ist die Entscheidung unanfechtbar.

§ 398 [Verfahren]

(1) Der Fortgang des Verfahrens wird durch den Anschluß nicht aufgehalten. (...)

§ 400 [Rechtsmittelbefugnis des Nebenklägers]

(1) Der Nebenkläger kann das Urteil nicht mit dem Ziel anfechten, daß eine andere Rechtsfolge der Tat verhängt wird oder daß der Angeklagte wegen einer Gesetzesverletzung verurteilt wird, die nicht zum Anschloß des Nebenklägers berechtigt.

(2) Dem Nebenkläger steht die sofortige Beschwerde gegen den Beschluß zu, durch den die Eröffnung des Hauptverfahrens abgelehnt oder das Verfahren nach den §§ 206a und 206b eingestellt wird, soweit er die Tat betrifft, auf Grund deren der Nebenkläger zum Anschluß befugt ist. Im übrigen ist der Beschluß, durch den das Verfahren eingestellt wird, für den Nebenkläger unanfechtbar.

§§

§ 401 [Rechtsmittel des Nebenklägers]

(1) Der Rechtsmittel kann sich der Nebenkläger unabhängig von der Staatsanwaltschaft bedienen. (...)

§ 402 [Widerruf Tod des Nebenklägers]

Die Anschlußerklärung verliert durch Widerruf (...) des Nebenklägers ihre Wirkung.

§ 403 [Entschädigung des Verletzten; Voraussetzungen]

(1) Der Verletzte oder sein Erbe kann gegen den Beschuldigten einen aus der Straftat erwachsenen vermögensrechtlichen Anspruch, der zur Zuständigkeit der ordentlichen Gerichte gehört und noch nicht anderweit gerichtlich anhängig gemacht ist, im Straf-

verfahren geltend machen, im Verfahren vor dem Amtsgericht ohne Rücksicht auf den Wert des Streitgegenstandes. (...)

§ 406 d [Mitteilung an den Verletzten]

(1) Dem Verletzten ist auf Antrag der Ausgang des gerichtlichen Verfahrens mitzuteilen, soweit es ihn betrifft. (...)

§ 406 e [Akteneinsicht]

(1) Für den Verletzten kann ein Rechtsanwalt die Akten (...) einsehen sowie amtlich verwahrte Beweisstücke besichtigen (...). (...)

(5) Unter den Voraussetzungen des Absatzes 1 können dem Verletzten Auskünfte und Abschriften aus den Akten erteilt werden; (...).

§ 406 f [Beistand und Vertreter des Verletzten]

(1) Der Verletzte kann sich im Strafverfahren des Beistands eines Rechtsanwalts bedienen oder sich durch einen solchen vertreten lassen.

(2) Bei der Vernehmung des Verletzten durch das Gericht oder die Staatsanwaltschaft ist dem Rechtsanwalt die Anwesenheit gestattet. Er kann für den verletzten dessen Recht zur Beanstandung von Fragen (§ 238 Abs. 2, § 242) ausüben und den Antrag auf Ausschluß der Öffentlichkeit nach § 171 b des Gerichtsverfassungsgesetzes stellen, nicht jedoch, wenn der Verletzte widerspricht.

(3) Wird der Verletzte als Zeuge vernommen, so kann, wenn er dies beantragt, einer Person seines Vertrauens die Anwesenheit gestattet werden. Die Entscheidung trifft derjenige, der die Vernehmung leitet (...).

§ 406 g [Beistand des nebenklageberechtigten Verletzten]

(1) Wer nach § 395 zum Anschluß als Nebenkläger befugt ist, kann sich auch vor Erhebung der öffentlichen Klage des Beistands eines Rechtsanwalts bedienen oder sich durch einen solchen vertreten lassen, auch wenn der Anschluß als Nebenkläger nicht erklärt wird.

(2) Der Rechtsanwalt ist über die in § 406 f Abs. 2 bezeichneten Befugnisse hinaus zur Anwesenheit in der Hauptverhandlung berechtigt, auch soweit diese nicht öffentlich ist. Ihm ist bei richterlichen Vernehmungen (...) die Anwesenheit zu gestatten, wenn dadurch nicht der Untersuchungszweck gefährdet wird; (...).

(3) § 397 a gilt entsprechend für
1. die Bestellung eines Rechtsanwalts und
2. die Bewilligung von Prozeßkostenhilfe für die Hinzuziehung eines Rechtsanwalts.

Im vorbereiteten Verfahren entscheidet das Gericht, das für die Eröffnung des Hauptverfahrens zuständig wäre.

(4) Auf Antrag dessen, der zum Anschluß als Nebenkläger berechtigt ist, kann in den Fällen des § 397 a Abs. 2 einstweilen ein Rechtsanwalt als Beistand bestellt werden, wenn
1. dies aus besonderen Gründen geboten ist,
2. die Mitwirkung eines Beistandes eilbedürftig ist und
3. die Bewilligung von Prozeßkostenhilfe möglich erscheint, eine rechtzeitige Entscheidung hierüber aber nicht zu erwarten ist.

Für die Bestellung gelten § 142 Abs. 1 und § 162 entsprechend. Die Bestellung endet, wenn nicht innerhalb einer vom Richter zu bestimmenden Frist ein Antrag auf Bewilligung von Prozeßkostenhilfe gestellt oder wenn die Bewilligung von Prozeßkostenhilfe abgelehnt wird.

§ 406 h [Hinweispflicht]

Der Verletzte soll auf seine Befugnisse nah den §§ 406d, 406e, 406f und 406g sowie auf seine Befugnis, sich der erhobenen öffentlichen Klage als Nebenkläger anzuschließen (§ 395) und die Bestellung oder Hinzuziehung eines Rechtsanwalts als Beistand zu beantragen (§ 397 a) hingewiesen werden.

Gerichtsverfassungsgesetz

§ 171b

(1) Die Öffentlichkeit kann ausgeschlossen werden, soweit Umstände aus dem persönlichen Lebensbereich eines Prozeßbeteiligten, Zeugen oder durch eine rechtswidrige Tat (§ 11 Abs. 1 Nr. 5 des Strafgesetzbuches) Verletzten zur Sprache kommen, deren öffentliche Erörterung schutzwürdige Interessen verletzen würde, soweit nicht das Interesse an der öffentlichen Erörterung dieser Umstände überwiegt. Dies gilt nicht, soweit die Personen, deren Lebensbereiche betroffen sind, in der Hauptverhandlung dem Ausschluß der Öffentlichkeit widersprechen.

(2) Die Öffentlichkeit ist auszuschließen, wenn die Voraussetzungen des Absatzes 1 Satz 1 vorliegen und der Ausschluß von der Person, deren Lebensbereich betroffen ist, beantragt wird.

(3) Die Entscheidungen nach den Absätzen 1 und 2 sind unanfechtbar.

§ 172

Das Gericht kann für die Verhandlung oder für einen Teil davon die Öffentlichkeit ausschließen, wenn (...)

4. eine Person unter sechzehn Jahren vernommen wird.

Richtlinien für Straf- und Bußgeldverfahren

4c. Rücksichtnahme auf den Verletzten

Der Staatsanwalt achtet darauf, daß die für den Verletzten aus dem Strafverfahren entstehenden Belastungen möglichst gering gehalten und seine Belange im Strafverfahren berücksichtigt werden.

4d. Unterrichtung des Verletzten

I. Sobald der Staatsanwalt mit den Ermittlungen selbst befaßt ist, prüft er, ob der Verletzte bereits gemäß § 406 h StPO belehrt worden ist. Falls erforderlich, holt er diese Belehrung nach. Dazu kann er das übliche Formblatt verwenden.

II. Von einem Hinweis nach § 406 h StPO kann namentlich dann abgesehen werden, wenn dieser, insbesondere im Hinblick auf eine große Anzahl von Verletzten, mit einem unverhältnismäßigen Aufwand verbunden wäre.

19. Vernehmung von Kindern und Jugendlichen

I. Eine mehrmalige Vernehmung von Kindern und Jugendlichen vor der Hauptverhandlung ist wegen der damit verbunden seelischen Belastung dieser Zeugen nach Möglichkeit zu vermeiden.

II. Alle Umstände, die für die Glaubwürdigkeit eines Kindes oder eines Jugendlichen bedeutsam sind, sollen möglichst frühzeitig festgestellt werden. Es ist zweckmäßig hierüber die Eltern, die Lehrer, den Geistlichen oder andere Erzieher zu befragen, wenn nötig, ist mit dem Jugendamt Fühlung zu nehmen.

III. Bleibt die Glaubwürdigkeit zweifelhaft, so ist ein Sachverständiger, der über besondere Kenntnisse und Erfahrungen auf dem Gebiet der Kinderpsychologie verfügt, zuzuziehen.

19a. Vernehmung des Verletzten als Zeugen

I. Ist erkennbar, daß mit der Vernehmung als Zeuge für den Verletzten eine erhebliche psychische Belastung verbunden sein kann, wird ihm bei der Vernehmung mit besonderer Einfühlung und Rücksicht zu begegnen sein; auf § 68 a StPO wird hingewiesen. Einer Vertrauensperson nach § 406f Abs. 3 StPO soll die Anwesenheit gestattet werden wenn der Untersuchungszweck nicht gefährdet wird.

§§

II. Bei der richterlichen Vernehmung des Verletzten wirkt der Staatsanwalt durch Anregung und Antragstellung auf eine entsprechende Durchführung der Vernehmung hin. Er achtet insbesondere darauf, daß der Verletzte durch Fragen und Erklärungen des Beschuldigten und seines Verteidigers nicht größeren Belastungen ausgesetzt wird, als im Interesse der Wahrheitsfindung hingenommen werden muß.

III. Eine mehrmalige Vernehmung des Verletzten vor der Hauptverhandlung kann für diesen zu einer erheblichen Belastung führen und ist deshalb nach Möglichkeit zu vermeiden.

86. Allgemeines

I. Sobald der Staatsanwalt von einer Straftat erfährt, die mit der Privatklage verfolgt werden kann, prüft er, ob ein öffentliches Interesse an der Verfolgung von Amts wegen besteht.

II. Ein öffentliches Interesse wird in der Regel vorliegen, wenn der Rechtsfrieden über den Lebenskreis des Verletzten hinaus gestört und die Strafverfolgung ein gegenwärtiges Anliegen der Allgemeinheit ist, z.B. wegen des Ausmaßes der Rechtsverletzung wegen der Roheit oder Gefährlichkeit der Tat, der niedrigen Beweggründe des Täters oder der Stellung des Verletzten im öffentlichen Leben. Ist der Rechstfrieden über den Lebenskreis des Verletzten hinaus nicht gestört worden, so kann ein öffentliches Interesse auch dann vorliegen, wenn dem Verletzten wegen seiner persönlichen Beziehung zum Täter zugemutet werden kann, die Privatklage zu erheben, und die Strafverfolgung ein gegenwärtiges Anliegen der Allgemeinheit ist.

III. Der Staatsanwalt kann Ermittlungen darüber anstellen, wo ein öffentliches Interesse besteht.

87. Verweisung auf die Privatklage

I. Die Entscheidung über die Verweisung auf den Privatklageweg trifft der Staatsanwalt. Besteht nach Ansicht der Behörden oder Beamten des Polizeidienstes kein öffentliches Interesse an der Strafverfolgung, so legen sie die Anzeige ohne weitere Ermittlungen dem Staatsanwalt vor.

II. Kann dem Verletzten nicht zugemutet werden die Privatklage zu erheben, weil er die Straftat nicht oder nur unter großen Schwierigkeiten aufklären könnte, so soll der Staatsanwalt die erforderlichen Ermittlungen anstellen, bevor er den Verletzten auf die Privatklage verweist, z.B. bei Beleidigung durch namenlose Schriftstücke. Dies gilt aber nicht für unbedeutende Verfehlungen.

221. Beschleunigung, Benachrichtigung des Jugendamtes

I. Das Verfahren ist zu beschleunigen, vor allem deswegen, weil das Erinnerungsvermögen der Kinder rasch verblaßt und weil sie besonders leicht zu beeinflussen sind.

II. Wird ein Beschuldigter, der in häuslicher Gemeinschaft mit dem Geschädigten lebt oder der auf diesen in anderer Weise unmittelbar einwirken kann, freigelassen, so ist das Jugendamt unverzüglich zu benachrichtigen, damit die erforderlichen Maßnahmen zum Schutz des Geschädigten ergriffen werden können. Die Benachrichtigung obliegt derjenigen Stelle, welche die Freilassung veranlaßt hat.

222. Vernehmung von Kindern, Ausschluß und Beschränkung der Öffentlichkeit

I. Werden Kinder als Zeugen vernommen, so sind die Nr. 19, 19a, 130a, Abs. 2 und 135 Abs. 2 zu beachten. Vielfach wird es sich empfehlen, schon zur ersten Vernehmung einen Sachverständigen beizuziehen, der über besondere Kenntnisse und Erfahrungen auf dem Gebiet der Kinderpsychologie verfügt.

II. Hat der Beschuldigte ein glaubhaftes Geständnis vor dem Richter abgelegt, so ist im Interesse des Kindes zu prüfen, ob dessen Vernehmung noch nötig ist (vgl. Nr. 111 Abs. 4)

III. Wegen des Ausschlusses oder der Beschränkung der Öffentlichkeit sind Nr. 131a, 132 zu beachten.

233. Erhebung der öffentlichen Klage

Das öffentliche Interesse an der Verfolgung von Körperverletzungen ist vor allem dann zu bejahen, wenn eine rohe Tat, eine erhebliche Mißhandlung oder eine erheblichen Verletzung vorliegen (vgl. Nr. 86). Dies gilt auch, wenn die Körperverletzung in einer engen Lebensgemeinschaft begangen wurde; Nr. 235 Abs. 3 gilt entsprechend.

234. Verfolgung ohne Strafantrag

I. Ein besonderes öffentliches Interesse an der Verfolgung von Körperverletzungen (§ 232 Abs. 1 StGB) wird namentlich dann anzunehmen sein, wenn der Täter einschlägig vorbestraft ist, roh oder besonders leichtfertig gehandelt hat oder durch die Tat eine erhebliche Verletzung verursacht wurde. Andererseits kann auch der Umstand beachtlich sein, daß der Verletzte auf Bestrafung keinen Wert legt.

II. Wird die öffentlichen Klage erhoben, ohne daß ein Strafantrag gestellt ist, so soll in der Anklageschrift oder in dem Strafbefehlsantrag erklärt werden, daß wegen des besonderen öffentlichen Interesses an der Strafverfolgung ein Einschreiten von Amts wegen geboten ist.

III. Ergibt sich in einem Verfahren wegen einer von Amts wegen zu verfolgenden Tat nach Anklageerhebung, daß möglicherweise nur eine Verurteilung wegen Körperverletzung (§ 232 Abs. 1 StGB) in Betracht kommt oder daß eine derartige Verurteilung nach dem Ergebnis der Beweisaufnahme zusätzlich dringend geboten erscheint, so erklärt der Staatsanwalt, ob er ein Einschreiten von Amts wegen für geboten hält.

IV. Bei im Straßenverkehr begangenen Körperverletzungen ist Nr. 243 Abs. 3 zu beachten.

235. Kindesmißhandlung

I. Auch namenlosen und vertraulichen Hinweisen geht der Staatsanwalt grundsätzlich nach; bei der Beweissicherung beachtet er insbesondere § 81 c Abs. 3 Satz 3 StPO. Im übrigen gelten die Nummern 221, 222 Abs. 1 und 2 sinngemäß.

II. Bei einer Kindesmißhandlung ist das besondere öffentliche Interesse an der Strafverfolgung (§ 232 Abs. 1 Satz 1 StGB) grundsätzlich zu bejahen. Eine Verweisung auf den Privatklageweg gemäß § 374 StPO ist in der Regel nicht angezeigt.

III. Sind sozialpädagogische, familientherapeutische oder andere unterstützende Maßnahmen eingeleitet worden und erscheinen diese erfolgversprechend, kann ein öffentliches Interesse an der Strafverfolgung entfallen.

Polizeigesetz (Hessisches Gesetz über die öffentliche Sicherheit und Ordnung – HSOG)

§ 1 Aufgaben der Gefahrenabwehr- und der Polizeibehörden

(1) Die Gefahrenabwehrbehörden (Verwaltungsbehörden, Ordnungsbehörden) und die Polizeibehörden haben die gemeinsame Aufgabe der Abwehr von Gefahren für die öffentliche Sicherheit oder Ordnung (Gefahrenabwehr), soweit dieses Gesetz nichts anderes bestimmt. (...)

(3) Der Schutz privater Rechte obliegt den Gefahrenabwehr- und den Polizeibehörden nach diesem Gesetz nur dann, wenn gerichtlicher Schutz nicht rechtzeitig zu erlangen ist und wenn ohne gefahrenabwehrbehördliche oder polizeiliche Hilfe die Verwirklichung des Rechts vereitelt oder wesentlich erschwert werden würde.

(4) Die Polizeibehörden haben im Rahmen der Gefahrenabwehr auch zu erwartende Straftaten zu verhüten (vorbeugende Bekämpfung von Straftaten).

(...)

§ 31 Platzverweisung

Die Gefahrenabwehr- und die Polizeibehörden können zur Abwehr einer Gefahr eine Person vorübergehend von einem Ort verweisen oder ihr vorübergehend das Betreten eines Ortes verbieten. (...)

§ 32 Gewahrsam

(1) Die Polizeibehörden können eine Person in Gewahrsam nehmen, wenn dies
(...)
2. unerläßlich ist, um die unmittelbar bevorstehende Begehung oder Fortsetzung einer Straftat oder einer Ordnungswidrigkeit mit erheblicher Bedeutung für die Allgemeinheit zu verhindern,
3. unerläßlich ist, um eine Platzverweisung nach § 31 durchzusetzen, (...)

Schadenersatz- und Unterlassungsanspruch (Bürgerliches Gesetzbuch)

§ 823 [Schadensersatzpflicht]

(1) Wer vorsätzlich oder fahrlässig das Leben, den Körper, die Gesundheit, die Freiheit, das Eigentum oder ein sonstiges Recht eines anderen widerrechtlich verletzt, ist dem anderen zum Ersatze des daraus entstehenden Schadens verpflichtet.(...)

§ 847 [Schmerzensgeld]

(1) Im Falle der Verletzung des Körpers oder der Gesundheit sowie im Falle der Freiheitsentziehung kann der Verletzte auch wegen des Schadens, der nicht Vermögensschaden ist, eine billige Entschädigung in Geld verlangen.

(2) Ein gleicher Anspruch steht einer Frauensperson zu, gegen die ein Verbrechen oder Vergehen wider die Sittlichkeit begangen oder die durch Hinterlist, durch Drohung oder unter Mißbrauch eines Abhängigkeitsverhältnisses zur Gestattung der außerehelichen Beiwohnung bestimmt wird.

§ 1004 [Beseitigungs- und Unterlassungsanspruch]

(1) Wird das Eigentum[1] in anderer Weise (...) beeinträchtigt, so kann der Eigentümer von dem Störer die Beseitigung der Beeinträchtigung verlangen. Sind weitere Beeinträchtigungen zu besorgen, so kann der Eigentümer auf Unterlassung klagen.(...)

Opferentschädigungsgesetz (OEG)

§ 1 Anspruch auf Versorgung

(1) Wer im Geltungsbereich dieses Gesetzes (...) infolge eines vorsätzlichen, rechtswidrigen tätlichen Angriffs gegen seine oder eine andere Person oder durch dessen rechtmäßige Abwehr eine gesundheitliche Schädigung erlitten hat, erhält wegen der gesundheitlichen und wirtschaftlichen Folgen auf Antrag Versorgung in entsprechender Anwendung der Vorschriften des Bundesversorgungsgesetzes.[2] (...)

(4) Ausländer haben einen Anspruch auf Versorgung,
1. wenn sie Staatsangehörige eines Mitgliedstaates der Europäischen Gemeinschaften sind oder
2. soweit Rechtsvorschriften der Europäischen Gemeinschaften, die eine Gleichbehandlung mit Deutschen erforderlich machen, auf sie anwendbar sind oder
3. wenn die Gegenseitigkeit gewährleistet ist. (...)

---

[1] gilt auch bei Verletzung der anderen, in § 823 genannten Rechte entsprechend

[2] § 9 Bundesversorgungsgesetz
Die Versorgung umfaßt
1. Heilbehandlung, Versehrtenleibesübungen und Krankenbehandlung (§§ 10 bis 24a),
2. Leistungen der Kriegsopferfürsorge (§§ 25 bis 27i),
3. Beschädigtenrente (§§ 29 bis 34) und Pflegezulage (§ 35),
4. Bestattungsgeld (§ 36) und Sterbegeld (§ 37),
5. Hinterbliebenenrente (§§ 38 bis 52),
6. Bestattungsgeld beim Tod von Hinterbliebenen (§ 53).

(5) Sonstige Ausländer, die sich rechtmäßig nicht nur für einen vorabergehenden Aufenthalt von längstens sechs Monaten im Bundesgebiet aufhalten, erhalten Versorgung nach folgenden Maßgaben:
 1. Leistungen wie Deutsche erhalten Ausländer, die sich seit mindestens drei Jahren ununterbrochen rechtmäßig im Bundesgebiet aufhalten;
 2. ausschließlich einkommensunabhängige Leistungen erhalten Ausländer, die sich ununterbrochen rechtmäßig noch nicht drei Jahre im Bundesgebiet aufhalten.

 Rechtmäßiger Aufenthalt im Sinne dieses Gesetzes ist auch ein aus humanitären Gründen oder aus erheblichem öffentlichen Interesse geduldeter Aufenthalt. (...)

(6) Versorgung wie die in Absatz 5 Nr. 2 genannten Ausländer erhalten auch ausländische Geschädigte, sie sich rechtmäßig für einen vorübergehenden Aufenthalt von längstens sechs Monaten im Bundesgebiet aufhalten,
 1. wenn sie mit einem Deutschen oder einem Ausländer, der zu den in Absatz 4 oder 5 bezeichneten Personen gehört, verheiratet oder in gerader Linie verwandt sind oder
 2. wenn sie Staatsangehörige eines Vertragsstaates des Europäischen Übereinkommens vom 24. November 1983 über die Entschädigung für Opfer von Gewalttaten sind, soweit dieser keine Vorbehalte zum Übereinkommen erklärt hat.

(7) Wenn ein Ausländer, der nach Absatz 5 oder 6 anspruchsberechtigt ist,
 1. ausgewiesen oder abgeschoben wird oder
 2. das Bundesgebiet verlassen hat und seine Aufenthaltsgenehmigung erloschen ist oder
 3. ausgereist und nicht innerhalb von sechs Monaten erlaubt wieder eingereist ist, erhält er für jedes begonnene Jahr seines ununterbrochen rechtmäßigen Aufenthalts im Bundesgebiet eine Abfindung in Höhe des Dreifachen, insgesamt jedoch mindestens in Höhe des Zehnfachen, höchstens in Höhe des Dreißigfachen der monatlichen Grundrente. (...)

(8) Die Hinterbliebenen eines Geschädigten erhalten auf Antrag Versorgung in entsprechender Anwendung der Vorschriften des Bundesversorgungsgesetzes. (...)

§ 2 Versagungsgründe

(1) Leistungen sind zu versagen, wenn der Geschädigte die Schädigung verursacht hat oder wenn es aus sonstigen, insbesondere in dem eigenen Verhalten des Anspruchstellers liegenden Gründen unbillig wäre, Entschädigung zu gewähren. (...)

(2) Leistungen können versagt werden, wenn der Geschädigte es unterlassen hat, das ihm Mögliche zur Aufklärung des Sachverhalts und zur Verfolgung des Täters beizutragen, insbesondere unverzüglich Anzeige bei einer für die Strafverfolgung zuständigen Behörde zu erstatten.

Gesetz zur Sicherung von zivilrechtlichen Ansprüchen von Opfern (OASG)

§ 1 Gesetzliches Forderungspfandrecht

(1) Es besteht ein Pfandrecht an einer Forderung, die ein Täter oder Teilnehmer einer rechtswidrigen Tat im Sinne des § 11 Abs. 1 Nr. 5 des Strafgesetzbuches (Gläubiger) im Hinblick auf eine öffentliche Darstellung der Tat gegen einen Dritten (Schuldner) erwirbt. (...)

§§

§ 4 Auskunftspflicht

Liegen Tatsachen, die die Annahme begründen, daß ein gesetzliches Pfandrecht nach § 1 Abs. 1 Satz 1 oder 2 entstanden ist und der Verletzte Pfandgläubiger geworden ist, so kann dieser von dem Täter, dem Teilnehmer, einem an der Veröffentlichung beteiligten Dritten und einem sonstigen Begünstigten Auskunft über das Bestehen und den Umfang einer Forderung nach § 1 Abs. 1 Satz 1 oder 2 und § 7 verlangen. Gesetzliche Auskunfts- oder Aussageverweigerungsrechte sowie Verschwiegenheitspflichten bleiben unberührt.

SCHWANGERSCHAFTSABBRUCH

Strafgesetzbuch

§ 218 Schwangerschaftsabbruch

(1) Wer eine Schwangerschaft abbricht, wird mit Freiheitsstrafe bis zu drei Jahren oder mit Geldstrafe bestraft. (...)

(3) Begeht die Schwangere die Tat, so ist die Strafe Freiheitsstrafe bis zu einem Jahr oder Geldstrafe.

(4) (...). Die Schwangere wird nicht wegen Versuchs bestraft.

§ 218a Straflosigkeit des Schwangerschaftsabbruchs

(1) Der Tatbestand des § 218 ist nicht verwirklicht, wenn
1. die Schwangere den Schwangerschaftsabbruch verlangt und dem Arzt durch eine Bescheinigung nach § 219 Abs. 2 Satz 2 nachgewiesen hat, daß sie sich mindestens drei Tage vor dem Eingriff hat beraten lassen,
2. der Schwangerschaftsabbruch von einem Arzt vorgenommen wird und
3. seit der Empfängnis nicht mehr als zwölf Wochen vergangen sind.

(2) Der mit Einwilligung der Schwangeren von einem Arzt vorgenommene Schwangerschaftsabbruch ist nicht rechtswidrig, wenn der Abbruch der Schwangerschaft unter Berücksichtigung der gegenwärtigen und zukünftigen Lebensverhältnisse der Schwangeren nach ärztlicher Erkenntnis angezeigt ist um eine Gefahr für das Leben oder die Gefahr einer schwerwiegenden Beeinträchtigung des körperlichen oder seelischen Gesundheitszustandes der Schwangeren abzuwenden, und die Gefahr nicht auf eine andere für sie zumutbare Weise abgewendet werden kann.

(3) Die Voraussetzungen des Absatzes 2 gelten bei einem Schwangerschaftsabbruch, der mit Einwilligung der Schwangeren von einem Arzt vorgenommen wird, auch als erfüllt, wenn nach ärztlicher Erkenntnis an der Schwangeren eine rechtswidrige Tat nach den §§ 176 bis 179 des Strafgesetzbuches begangen worden ist, dringende Gründe für die Annahme sprechen, daß die Schwangerschaft auf der Tat beruht, und seit der Empfängnis nicht mehr als zwölf Wochen vergangen sind.

(4) Die Schwangere ist nicht nach § 218 strafbar, wenn der Schwangerschaftsabbruch nach Beratung (§ 219) von einem Arzt vorgenommen worden ist und seit der Empfängnis nicht mehr als zweiundzwanzig Wochen verstrichen sind. Das Gericht kann von Strafe nach § 218 absehen, wenn die Schwangere sich zur Zeit des Eingriffs in besonderer Bedrängnis befunden hat.

§ 219 Beratung der Schwangeren in einer Not- und Konfliktlage

(1) Die Beratung dient dem Schutz des ungeborenen Lebens. Sie hat sich von dem Bemühen leiten zu lassen, die Frau zur Fortsetzung der Schwangerschaft zu ermutigen und ihr Perspektiven für ein Leben mit dem Kind zu eröffnen; sie soll ihr helfen, eine verantwortliche und gewissenhafte Entscheidung zu treffen. Dabei muß der Frau bewußt sein, daß das Ungeborene in jedem Stadium der Schwangerschaft auch ihr gegenüber ein eigenes Recht auf Leben hat und daß deshalb nach der Rechtsordnung ein Schwangerschaftsabbruch nur in Ausnahmesituationen in Betracht kommen kann, wenn der Frau durch das Austragen des Kindes eine Belastung erwächst, die so schwer und außergewöhnlich ist, daß sie die zumutbare Opfergrenze übersteigt. Die Beratung soll durch Rat und Hilfe dazu beitragen, die in Zusammenhang mit der Schwangerschaft bestehende Konfliktlage zu bewältigen und einer Notlage abzuhelfen. Das Nähere regelt das Schwangerschaftskonfliktgesetz.

(2) Die Beratung hat nach dem Schwangerschaftskonfliktgesetz durch eine anerkannte Schwangerschaftskonfliktberatungsstelle zu erfolgen. Die Beratungsstelle hat der Schwangeren nach Abschluß der Beratung hierüber eine mit dem Datum des letzten

Beratungsgesprächs und dem Namen der Schwangeren versehene Bescheinigung nach Maßgabe des Schwangerschaftskonfliktgesetzes auszustellen. (...)

Schwangerenkonfliktgesetz

§ 2 Beratung

(1) Jede Frau und jeder Mann hat das Recht, sich zu den in § 1 Abs. 1 genannten Zwecken in Fragen der Sexualaufklärung, Verhütung und Familienplanung sowie in allen eine Schwangerschaft unmittelbar oder mittelbar berührenden Fragen von einer hierfür vorgesehenen Beratungsstelle informieren und beraten zu lassen.

(2) (...) Die Schwangere ist darüber hinaus bei der Geltendmachung von Ansprüchen sowie bei der Wohnungssuche, bei der Suche nach einer Betreuungsmöglichkeit für das Kind und bei der Fortsetzung ihrer Ausbildung zu unterstützen. Auf Wunsch der Schwangeren können Dritte zur Beratung hinzuzuziehen.

(3) Zum Anspruch auf Beratung gehört auch die Nachbetreuung nach einem Schwangerschaftsabbruch oder nach der Geburt des Kindes.

§ 5 Inhalt der Schwangerschaftskonfliktberatung

(1) Die nach § 219 des Strafgesetzbuches notwendige Beratung ist ergebnisoffen zu führen. Sie geht von der Verantwortung der Frau aus. Die Beratung soll ermutigen und Verständnis wecken, nicht belehren oder bevormunden. Die Schwangerschaftskonfliktberatung dient dem Schutz des ungeborenen Lebens.

(2) Die Beratung umfaßt:

1. das Eintreten in eine Konfliktberatung; (...)
2. jede nach Sachlage erforderliche medizinische, soziale und juristische Information, die Darlegung der Rechtsansprüche von Mutter und Kind und der möglichen praktischen Hilfen, (...)
3. das Angebot, die schwangere Frau bei der Geltendmachung von Ansprüchen, bei der Wohnungssuche, bei der Suche nach einer Betreuungsmöglichkeit für das Kind und bei der Fortsetzung ihrer Ausbildung zu unterstützen, sowie das Angebot einer Nachbetreuung.

Die Beratung unterrichtet auf Wunsch der Schwangeren auch über Möglichkeiten, ungewollte Schwangerschaften zu vermeiden.

§ 6 Durchführung der Schwangerschaftskonfliktberatung

(1) Eine ratsuchende Schwangere ist unverzüglich zu beraten.

(2) Die Schwangere kann auf ihren Wunsch gegenüber der sie beratenden Person anonym bleiben.

(3) Soweit erforderlich, sind zur Beratung im Einvernehmen mit der Schwangeren (...)

3. andere Personen, insbesondere der Erzeuger sowie nahe Angehörige, hinzuzuziehen.

(4) Die Beratung ist für die Schwangere und die nach Absatz 3 Nr. 3 hinzugezogenen Personen unentgeltlich.

§§

§ 7 Beratungsbescheinigung

(1) Die Beratungsstelle hat nach Abschluß der Beratung der Schwangeren eine mit Namen und Datum versehene Bescheinigung darüber auszustellen, daß eine Beratung nach den §§ 5 und 6 stattgefunden hat.

(2) Hält die beratende Person nach dem Beratungsgespräch eine Fortsetzung dieses Gesprächs für notwendig, soll diese unverzüglich erfolgen.

(3) Die Ausstellung einer Beratungsbescheinigung darf nicht verweigert werden, wenn durch eine Fortsetzung des Beratungsgesprächs die Beachtung der in § 218a Abs. 1 des Strafgesetzbuches vorgesehenen Fristen unmöglich werden könnte.

Gesetz zur Hilfe für Frauen bei Schwangerschaftsabbrüchen in besonderen Fällen

§ 1 Berechtigte

(1) Eine Frau hat Anspruch auf Leistungen nach diesem Gesetz, wenn ihr die Aufbringung der Mittel für den Abbruch einer Schwangerschaft nicht zuzumuten ist und sie ihren Wohnsitz oder gewöhnlichen Aufenthalt im Geltungsbereich dieses Gesetzes hat. Für Frauen, die Anspruch auf Leistungen nach dem Asylbewerberleistungsgesetz haben, gilt § 10 a Abs. 3 Satz 4 des Asylbewerberleistungsgesetzes entsprechend.

(2) Einer Frau ist die Aufbringung der Mittel im Sinne des Absatzes I nicht zuzumuten, wenn ihre verfügbaren persönlichen Einkünfte in Geld oder Geldeswert eintausendsiebenhundert Deutsche Mark (Einkommensgrenze) nicht übersteigen und ihr persönlich kein kurzfristig verwertbares Vermögen zur Verfügung steht oder der Einsatz des Vermögens für sie eine unbillige Härte bedeuten würde. Die Einkommensgrenze erhöht sich um jeweils vierhundert Deutsche Mark für jedes Kind, dem die Frau unterhaltspflichtig ist, wenn das Kind minderjährig ist und ihrem Haushalt angehört oder wenn es von ihr überwiegend unterhalten wird. Übersteigen die Kosten der Unterkunft für die Frau und die Kinder, für die ihr der Zuschlag nach Satz 2 zusteht, fünfhundert Deutsche Mark, so erhöht sich die Einkommensgrenze um den Mehrbetrag, höchstens jedoch um fünfhundert Deutsche Mark.[1]

(3) Die Voraussetzungen des Absatzes 2 gelten als erfüllt

1. wenn die Frau laufende Hilfe zum Lebensunterhalt nach dem Bundessozialhilfegesetz, Arbeitslosenhilfe nach dem Arbeitsförderungsgesetz, Ausbildungsförderung im Rahmen der Anordnung der Bundesanstalt für Arbeit über die individuelle Förderung der beruflichen Ausbildung oder über die Arbeits- und Berufsförderung Behinderter, Leistungen nach dem Asylbewerberleistungsgesetz oder Ausbildungsförderung nach dem Bundesausbildungsförderungsgesetz erhält oder
2. wenn Kosten für die Unterbringung der Frau in einer Anstalt, einem Heim oder in einer gleichartigen Einrichtung von einem Träger der Sozialhilfe oder der Jugendhilfe getragen werden.

---

[1] Die Beträge werden jährlich angehoben. Derzeit gelten folgende Einkommensgrenzen:

	West	Ost
Einkommensgrenze	1.775	1.631
Kinderzuschlag	419	402
Abzugsbetrag für Unterkunft	522 (über 500)	522 (über 435)

WICHTIGE ADRESSEN UND TELEFONNUMMERN

Neben den Frauenhäusern ☞ geben Ihnen folgende Stellen nützliche Tips oder Adressen, an die Sie sich wenden können:

- Jede Stadt- bzw. Gemeindeverwaltung ab 10.000 Einwohnern hat mittlerweile eine Gleichstellungsbeauftragte, die Sie den Gelben Seiten (nicht dem Telefonbuch) unter Stadt- bzw. Gemeindeverwaltung entnehmen können. Ist die Gleichstellungsbeauftragte nicht gesondert eingetragen, rufen Sie die Zentrale an und lassen sich verbinden.
- Die Gelben Seiten und die verschiedenen Telefonauskunftsdienste sind mittlerweile eine wahre Fundgrube für nützliche Telefonnummern. In den Gelben Seiten befindet sich vorne ein Sonderteil, der für beinahe jede Lebenssituation die entsprechende Nummer bereit hält. Sie finden hier die Telefonnummern sämtlicher Notrufe – z.B. Notrufe für vergewaltigte Frauen, Wildwasser (Beratungsstellen gegen sexuellen Missbrauch), Telefonseelsorge und vieler weiterer Beratungsstellen.
- Kennen Sie keine Scheidungsanwältin in Ihrer Nähe, dann hilft Ihnen das Rechtsanwältinnenverzeichnis der feministischen Rechtszeitschrift STREIT: Das Anwältinnenverzeichnis enthält die Anschriften von über 200 Anwältinnen, die schwerpunktmäßig für Frauen tätig sind; zudem können Sie darin gezielt nach Anwältinnen suchen, deren Tätigkeitsschwerpunkte z.B im Familien- oder im Arbeits- und Sozialrecht liegen. (Bezugsadresse: Wyckstr. 8, 28213 Bremen; Fax (04 21) 2 23 97 19. Kosten: 25,– DM + 5,– DM Versandkostenanteil). Zudem können Ihnen die Rechtsanwaltskammern und Anwaltsvereine Auskunft geben; sie gibt es in jedem Bundesland deren Telefonnummern finden Sie im Telefonbuch.
- Sollte sich keines der im Folgenden aufgeführten Frauenhäuser in Ihrer Nähe befinden, kann Ihnen die Telekom-Auskunft die Telefonnummer des nächstgelegenen Frauenhauses nennen.

AUTONOME FRAUENHÄUSER UND BERATUNGSSTELLEN[1]

BADEN-WÜRTTEMBERG

Frauenhaus Zollernalbkreis e.V.
Postfach 10 04 46
72304 Balingen
(0 74 33) 84 06

Frauenhaus Calw
Postfach 12 03
75325 Calw
(0 70 51) 7 82 81

Frauen helfen Frauen e.V.
Postfach 10 03 33
73703 Esslingen
(07 11) 37 10 41
Beratungsstelle
(07 11) 35 72 12

Villa Courage
Habsburgerstr. 9
79104 Freiburg
(07 61) 55 12 80

Frauenhaus Heidelberg e.V.
Postfach 10 23 43
69013 Heidelberg
(0 62 21) 83 30 88

Frauenselbsthilfe »Courage«
Mannheimer Str. 287
69123 Heidelberg
(0 62 21) 84 07 40

Frauen helfen Frauen e.V.
Postfach 17 01
74007 Heilbronn
(0 71 31) 50 78 53

Verein zum Schutz mißhandelter Frauen und deren Kinder
Postfach 05 15
76155 Karlsruhe
(07 21) 56 78 24

Frauen helfen Frauen e.V.
Postfach 15 15
73230 Kirchheim u.T.
(0 70 21) 7 55 24
Büro
(0 70 21) 4 65 53

Frauen helfen Frauen e.V.
Postfach 14 64
79504 Lörrach
(0 76 21) 16 87 99

Mannheimer Frauenhaus e.V.
Postfach 31 03 25
68263 Mannheim
(06 21) 74 42 42

Frauen helfen Frauen
Postfach 14 33
77604 Offenburg
(07 81) 3 43 11

Frauenhaus Reutlingen e.V.
Postfach 15 07
72705 Reutlingen
(0 71 21) 30 07 78

Beratung und Information für Frauen
Römerstr. 30
70180 Stuttgart
(07 11) 6 49 45 50

Frauen helfen Frauen e.V.
Postfach 15 02 02
70075 Stuttgart
(07 11) 54 20 21

Frauen helfen Frauen e.V.
Postfach 15 28
72005 Tübingen
(0 70 71) 6 66 04

---

[1] Laut Adressenverzeichnis der Zentralen Informationsstelle der autonomen Frauenhäuser (ZIF)
Brinzingerweg 34/1
73732 Esslingen
Stand 10/99

Aussenbüro
Brunnenstr. 18
72074 Tübingen
(0 70 71) 2 64 57

Frauen helfen Frauen e.V.
Postfach 17 68
89007 Ulm
(07 31) 61 99 06

BAYERN

Frauen helfen Frauen e.V.
Postfach 16 08
84484 Burghausen
(0 86 77) 70 07

Frauen helfen Frauen e.V.
Postfach 12 23
93130 Burglengenfeld
(0 94 71) 71 31

Frauenhaus Fürstenfeldbruck
Postfach 3 21
82219 Eichenau
(0 81 41) 74 59

Kindergruppe Frauenhaus
Postfach 23 08
91012 Erlangen
(0 91 31) 20 11 42

Kontakt – Information – Beratung
Gerberei 4
91054 Erlangen
(0 91 31) 2 58 78

Frauenhaus Erlangen
Postfach 35 05
91023 Erlangen
(0 91 31) 2 58 72

Frauenhaus
Postfach 13 38
85313 Freising
(0 81 61) 9 12 12

Beratung im Frauentreff
Obere Hauptstr. 3
85354 Freising
(0 81 61) 31 58

Frauen helfen Frauen e.V.
Postfach 15 70
87405 Kempten/Allgäu
(08 31) 1 80 18

Frauenhaus Memmingen
Postfach 11 27
87681 Memmingen
(0 83 31) 46 44

Frauenhaus München
Postfach 90 04 46
81504 München
(0 89) 645 169

Frauen helfen Frauen e.V.
Postfach 11 02 04
93015 Regensburg
(09 41) 2 40 00

Frauenhaus
Postfach 12 35
97402 Schweinfurt
(0 97 21) 78 60 30

Frauen helfen Frauen
Postfach 17 08
84470 Waldkraiburg
(0 86 38) 8 37 97

Frauen helfen Frauen e.V.
Bahnhofstr. 13
82515 Wolfratshausen
(0 81 71) 1 86 80

BERLIN

3. Berliner Frauenhaus
Postfach 70 02 36
10322 Berlin
(0 30) 5 59 35 31

Büro für Frauen in Krisensituationen
Immanuelkirchstr. 10
10405 Berlin
(0 30) 4 40 60 58

Frauenhaus – Beratungsstelle
Alt Moabit 55
10555 Berlin
(0 30) 3 91 49 47

4. Berliner Frauenhaus
Postfach 87 01 34
13161 Berlin
(0 30) 91 61 18 36

2. Berliner Frauenhaus
Postfach 20 07 57
13517 Berlin
(0 30) 3 73 30 08

1. Berliner Frauenhaus
Postfach 33 06 34
14176 Berlin
(0 30) 8 26 30 18

Frauenraum
Torstr. 112
10119 Berlin
(0 30) 4 48 45 28

BRANDENBURG

Unabhängiger Frauenverband
Brandenburg e.V.
Postfach 16 25
14747 Brandenburg
(0 33 81) 30 13 27

Frauen helfen Frauen e.V.
Theimstr. 55
03050 Cottbus
(03 55) 71 21 50

Für Frauen e.V.
Brandenburger Allee 9
16227 Eberswalde-Finow
(0 33 34) 3 34 08

Frauen für Frauen e.V.
Diehloer Berge 6
15890 Eisenhüttenstadt
(0 33 64) 4 37 86

Frauenhaus Frankfurt/Oder
Postfach 439
15236 Frankfurt/Oder
(03 35) 6 21 37

Frauen helfen Frauen e.V.
Gartenstr. 14 g
15517 Fürstenwalde
(0 33 61) 5 74 81

Hilfe für Frauen e.V.
Kreuzstr. 7
16755 Gransee
(0 33 06) 2 16 23

Frauenhaus Guben
c/o Frauenzentrum Guben e.V.
Berliner Str. 35
03172 Guben
(0 35 61) 22 87

Autonomes Frauenhaus
Postfach 01 01 47
01969 Lauchhammer
(0 35 74) 26 93

Filu Frauenzentrum
Jahnstr. 18-20
14972 Ludwigsfelde
(0 33 78) 29 39

Neuruppiner Frauen für Frauen e.V.
Fontanestr. 8
16816 Neuruppin
(0 33 91) 23 03

Autonomes Frauenzentrum e.V.
Zeppelinstr. 189
14471 Potsdam
(03 31) 96 45 16

Unabhängiger Frauenverein e.V.
Postlagernd Rathenow/West
14712 Rathenow
(0 33 85) 50 36 15

Frauen für Frauen e.V.
Postfach 3 39
19322 Wittenberge
(0 38 77) 40 36 84

BREMEN

Bremer Frauenhaus
Postfach 10 67 51
28067 Bremen
(04 21) 34 95 73

Beratungsladen
Dobbenweg 9
28203 Bremen
(04 21) 7 29 29

HAMBURG

1. Frauenhaus
Postfach 20 17 01
20207 Hamburg
(0 40) 4 30 21 76

5. Hamburger Frauenhaus e.V.
Postfach 20 32 40
20222 Hamburg
(0 40) 8 51 16 62

4. Hamburger Frauenhaus e.V.
Postfach 30 61 31
20327 Hamburg
(0 40) 1 97 04

3. Frauenhaus Hamburg e.V.
Postfach 90 21 02
21055 Hamburg
(0 40) 1 97 14

2. Frauenhaus
Postfach 73 04 32
22124 Hamburg
(0 40) 6 77 82 80

HESSEN

Frauen helfen Frauen e.V.
Postfach 5 61
36295 Alsfeld
(0 66 31) 7 35 34

Frauen helfen Frauen e.V.
Beratungsstelle
36295 Alsfeld
(0 66 41) 6 22 13

Frauen helfen Frauen e.V.
Postfach 14 06
36224 Bad Hersfeld
(0 66 21) 6 53 33

Frauen helfen Frauen e.V.
Postfach 11 19
34521 Bad Wildungen
(0 56 21) 30 95

Beratungsladen
Hinterstraße 25
34537 Bad Wildungen
(0 56 21) 9 18 86

Frauenhaus Erbach
Postfach 12 01
64702 Erbach
(0 60 62) 56 46

Frauenhaus Eschwege e.V.
Postfach 12 04
37252 Eschwege
(0 56 51) 3 26 65

Frauen helfen Frauen e.V.
Postfach 56 02 35
60407 Frankfurt am Main
(0 61 01) 4 83 11

Frauen helfen Frauen e.V.
Posfach 10 03 27
61143 Friedberg
(0 60 31) 1 53 53

Frauenhaus Gießen e.V.
Liebigstr. 13
35390 Gießen
(06 41) 7 33 43

Frauen helfen Frauen e.V.
Postfach 12 48
64502 Groß Gerau
(0 61 52) 3 99 77

Beratungsstelle Frauen fördern Frauen
Schöneckenstr. 2
64521 Groß-Gerau
(0 61 52) 3 99 99

Frauen helfen Frauen e.V.
Postfach 14 20
63404 Hanau
(0 61 81) 1 25 75

Frauen helfen Frauen e.V.
Postfach 13 52
65703 Hofheim
(0 61 92) 2 62 55

Beratungsstelle
65703 Hofheim
(0 61 92) 2 42 12

Frauenhaus Kassel
Postfach 10 11 03
34011 Kassel
(05 61) 89 88 89

Frauenhaus e.V.
Postfach 14 39
65534 Limburg
(0 64 31) 2 32 00

Frauen helfen Frauen e.V.
Postfach 14 33
35004 Marburg
(0 64 21) 1 48 30

Beratungsstelle
Alter Hirchhainerweg 5
35039 Marburg
(0 64 21) 16 15 16

Frauen helfen Frauen e.V.
Postfach 12 06
64834 Münster
(0 60 71) 3 30 33

Frauen helfen Frauen e.V.
Postfach16 67
61406 Oberursel
(0 61 71) 5 16 00

Beratungsstelle
Marktplatz 10
61440 Oberursel
(0 61 71) 5 17 68

Frauen helfen Frauen e.V.
Postfach 10 05 40
63005 Offenbach
(0 69) 88 61 39

Beratungsladen für Frauen
Kaiserstr. 32 – 34
63065 Offenbach
(0 69) 81 65 57

Frauenhaus
Frankfurter Str. 13
65479 Raunheim
(0 61 42) 4 63 89 oder 4 63 11

Frauen helfen Frauen e.V.
Postfach 12 11
63084 Rodgau
(0 61 06) 1 33 60

Frauen helfen Frauen e.V.
Postfach 11 69
34267 Schauenburg
(05 61) 4 91 01 94

Frauen helfen Frauen
Postfach 11 46
63601 Wächtersbach
(0 60 53) 49 87

Frauenhaus Wetzlar e.V.
Langgasse 70
35578 Wetzlar
(0 64 41) 4 63 64

MECKLENBURG-VORPOMMERN

Frauenhaus Greifswald
Postfach 3 09
17463 Greifswald
(03 51) 2 81 77 88

Autonomes Frauenhaus
Postfach 10 11 53
18001 Rostock
(03 81) 45 44 06 und 45 44 07

NIEDERSACHSEN

Frauenhaus e.V.
Postfach 14 29
38004 Braunschweig
(05 31) 34 34 74

Beratungsstelle
Hamburger Straße 239
38114 Braunschweig
(05 31) 30 22 00

Frauenhaus Celle
Postfach 11 25
29201 Celle
(0 51 41) 2 57 88

Frauenhaus e.V.
Postfach 18 37
37008 Göttingen
(05 51) 4 83 20

Frauenhaus Hameln e.V.
Postfach 10 03 18
31753 Hameln
(0 51 51) 2 52 99

Frauen helfen Frauen e.V.
Postfach 20 05
30020 Hannover
(05 11) 66 44 77

Frauenhaus Hildesheim e.V.
Postfach 10 01 41
31104 Hildesheim
(0 51 21) 1 55 44

Frauenhaus Lüchow
Postfach 14 07
29434 Lüchow
(0 58 41) 54 50 und 46 26

Frauen helfen Frauen e.V.
Beußweg 2
21339 Lüneburg
(0 41 31) 6 17 33
Autonomes Frauenhaus e.V.
Postfach 18 25
26008 Oldenburg
(04 41) 4 79 81

Frauenhaus Osnabrück e.V.
Postfach 19 24
49009 Osnabrück
(05 41) 6 54 00

Frauenberatungsstelle
Spindelstr. 41
49074 Osnabrück
(05 41) 80 34 05

Frauenhaus Peine e.V.
Postfach 13 71
31203 Peine
(0 51 71) 5 55 57

Frauen in Not e.V.
Postfach 10 02 67
38202 Salzgitter
(0 53 41) 1 30 33

Frauen helfen Frauen e.V.
Postfach 11 19
28784 Schwanewede
(0 42 09) 6 88 89

Frauen- und Kinderhaus
Postfach 14 25
29504 Uelzen
(05 81) 7 79 99

Wolfsburger Frauenhaus
Postfach 10 03 53
38403 Wolfsburg
(0 53 61) 2 38 60

NORDRHEIN-WESTFALEN

Frauen helfen Frauen e.V.
Postfach 52 13
59802 Arnsberg
(0 29 31) 67 91

Frauen helfen Frauen e.V.
Postfach 10 11 65
33511 Bielefeld
(05 21) 17 73 76

Frauen helfen Frauen e.V.
Posfach 17 02 67
53028 Bonn
(02 28) 63 53 69

Frauenberatungsstelle
Kölnstr. 69
53111 Bonn
(02 28) 65 95 00

Frauen helfen Frauen e.V.
Postfach 10 06 26
46526 Dinslaken
(0 20 64) 1 36 46

Frauen helfen Frauen e.V.
Postfach 2 34
46282 Dorsten
(0 23 62) 4 10 55

Frauen helfen Frauen e.V.
Postfach 16 01 19
44331 Dortmund
(02 31) 80 00 81 und 80 00 82

Beratungsstelle
Kronprinzenstr. 26
44135 Dortmund
(02 31) 52 10 08

Frauen helfen Frauen e.V.
Postfach 10 05 14
47005 Duisburg
(02 03) 6 22 13

Lila Frauentreff
Dellestr. 9
47051 Duisburg
(02 03) 2 25 63

Frauenhaus Erftkreis
Postfach 22 50
50356 Erftstadt
(0 22 37) 76 89

Frauen helfen Frauen e.V.
Postfach 25 01 31
45341 Essen
(02 01) 66 86 86

Frauen helfen Frauen e.V.
Postfach 10 08 08
45808 Gelsenkirchen
(02 09) 20 11 00

Frauenhaus Gütersloh e.V.
Postfach 16 37
33426 Gütersloh
(0 52 41) 3 41 00

Frauen helfen Frauen e.V.
Postfach 52 10
58102 Hagen
(0 23 34) 48 45

Beratungsstelle
Bahnhofstr. 41
58095 Hagen
(0 23 34) 1 58 88

Frauenhaus Herford e.V.
Postfach 16 06
32006 Herford
(0 52 21) 2 38 83

Frauentreffpunkt
Unter den Linden 29
32052 Herford
(0 52 21) 5 10 66

Verein zur Förderung
des Frauenhauses e.V.
Postfach 20 05 28
44635 Herne
(0 23 25) 4 98 75

1. Frauenhaus Köln
Postfach 90 07 25
51117 Köln
(02 21) 51 55 02

2. Frauenhaus Köln
Postfach 62 03 73
50696 Köln
(02 21) 51 55 54

Frauenhaus Rheydt e.V.
Postfach 20 04 05
41204 Mönchengladbach
(0 21 66) 1 60 41

Frauenhaus Oberhausen
Postfach 10 04 41
46004 Oberhausen
(02 08) 80 45 12

Frauenhaus Paderborn e.V.
Postfach 15 05
33045 Paderborn
(0 52 51) 51 51

Frauen- und Mädchenberatungsstelle Lilith
Fürstenbergstr. 41
33102 Paderborn
(0 52 51) 2 13 11

Frauen helfen Frauen e.V.
Postfach 10 06 40
57006 Siegen
(02 71) 5 77 00

Beratungsstelle
Freudenbergstr. 28
57072 Siegen
(02 71) 2 18 87

Frauen helfen Frauen e.V.
Postfach 11 03 26
48205 Warendorf
(0 25 81) 7 80 18

Frauen helfen Frauen e.V.
Postfach 14 05
58404 Witten
(0 23 39) 62 92

Frauen helfen Frauen e.V.
Postfach 13 04 21
42031 Wuppertal
(02 02) 71 14 26

Frauentreff
Sattlerstr. 26
42105 Wuppertal
(02 02) 31 88 55

RHEINLAND-PFALZ

Frauenhaus Frankenthal
Postfach 14 55
67204 Frankenthal
(0 62 33) 96 95

Frauenhaus Westerwald
Postfach 11 52
57620 Hachenburg
(0 26 62) 58 88

Frauenhaus Idar-Oberstein
Postfach 01 12 64
55702 Idar-Oberstein
(0 67 81) 15 22

Beratungsstelle Frauen helfen Frauen
Vogelsangstr. 4
67433 Neustadt
(0 63 21) 23 29

Frauenhaus e.V.
Postfach 15 24
67325 Speyer
(0 62 32) 2 88 35

SACHSEN

Frauenhaus Dresden e.V.
Postfach 21 01 30
01261 Dresden
(03 51) 2 81 77 88

1. Autonomes Frauenhaus Leipzig
Postfach 31 07 16
04211 Leipzig
(03 41) 4 79 81 79

Frauenhaus Löbau
Postfach 3 30
02703 Löbau
(0 35 85) 40 41 46

Frauen helfen Frauen e.V.
Töpferberg 4
02763 Zittau
(0 35 83) 51 05 15

SACHSEN-ANHALT

Frauenhaus Dessau
Postfach 97
06842 Dessau
(03 49) 8 82 60 70

Frauenhaus Wolfen
Postfach 118
06754 Wolfen
(0 34 94) 63 20 56

SCHLESWIG-HOLSTEIN

Frauenhaus Kreis Stormarn
Postfach 13 31
22903 Ahrensburg
(0 41 02) 8 17 09

Frauen helfen Frauen in Not e.V.
Postfach 3 44
25303 Elmshorn
(0 41 21) 2 58 95

Hilfe für Frauen in Not e.V.
Apenrader Str. 31
24939 Flensburg
(04 61) 4 63 63

Frauenhaus Dithmarschen
Posfach 12 26
25732 Heide
(04 81) 6 10 21

Autonomes Frauenhaus Itzehoe e.V.
Postfach 13 29
25503 Itzehoe
(0 48 21) 6 17 12

Frauenhaus Kiel
Postfach 26 47
24025 Kiel
(04 31) 68 18 25

Beratungsstelle »Die Lerche«
Lerchenstraße 19
24103 Kiel
(04 31) 67 54 78

Frauenhaus Ost-Holstein
Postfach 11 31
23734 Lensahn
(0 43 63) 17 21

Frauen helfen Frauen e.V.
Adolf-Ehrtmann-Str. 2
23564 Lübeck
(04 51) 6 60 33

Frauenhaus Neumünster
Postfach 15 52
24505 Neumünster
(0 43 21) 4 67 33

Frauenhaus Pinneberg e.V.
Postfach 14 06
25404 Pinneberg
(0 41 01) 20 49 67

Frauen in Not e.V.
Postfach 3 39
24207 Preetz
(0 43 42) 8 26 16

Frauenhaus Rendsburg e.V.
Postfach 5 35
24753 Rendsburg
(0 43 31) 2 27 26

Frauenhaus Schwarzenbek
Postfach 11 61
21484 Schwarzenbek
(0 41 51) 75 78

Beratungsstelle für Frauen in Not
Hans-Böckler-Str. 7
21493 Schwarzenbek
(0 41 51) 8 13 06

Frauen helfen Frauen e.V.
Postfach 12 17
22871 Wedel/Holstein
(0 41 03) 1 45 53

THÜRINGEN

Frauenhaus Eisenach
Postfach 10 16 54
99805 Eisenach
(0 36 91) 7 51 75

Verein »Hilfe für Frauen in Not« e.V.
Posfach 15 49
07502 Gera
(03 65) 5 13 90

Jenaer Frauenhaus e.V.
Wagnergasse 25
07743 Jena
(0 36 41) 44 98 72

Frauenhaus Meiningen
Postfach 90
98617 Meiningen
(0 36 93) 20 26

VERBANDLICHE FRAUENHAUSTRÄGER

Leider gibt es derzeit kein vollständiges Verzeichnis der verbandlichen Frauenhäuser. Die Adressen und Telefonnummern erhalten Sie bei folgenden Stellen:

Arbeiterwohlfahrt Bundesverband e.V.
Postfach 11 49
53001 Bonn
Tel.: (02 28) 66 85-0

Arbeitsgemeinschaft Deutscher Frauen- und Kinderschutzhäuser
Wonnhaldestr. 9
79100 Freiburg
Tel.: (07 61) 4 00 16 86

Der Paritätische (DPWV)
Heinrich-Hoffmann-Str. 3
60528 Frankfurt am Main
Tel.: (0 69) 67 06-0

Diakonisches Werk der Evangelischen Kirche Deutschland
Postfach 10 11 42
70010 Stuttgart
Tel.: (07 11) 2 15 90

Sozialdienst katholischer Frauen Zentrale e.V.
Agnes-Neuhaus-Str. 5
44135 Dortmund
Tel.: (02 31) 55 70 26-0

BLANKOBERECHNUNGSFORMULARE FÜR EINE ÜBERSCHLAGSBERECHNUNG VON ANSPRÜCHEN AUF GELDLEISTUNGEN

(Vorlagen zum Vergrößern und Kopieren)

Vereinfachte Berechnung des Beratungshilfe- bzw. Prozesskostenhilfeanspruchs

	Berechnungsmodus	
Nettoeinkommen	Alle Einkünfte (auch Unterhalt) einschließlich Weihnachtsgeld, Urlaubsgeld, Zulagen abzüglich Steuern und SV-Beiträge umgerechnet auf einen Monat oder vereinfacht: monatliches Nettoeinkommen x 13 : 12	
+ Kindergeld, Wohngeld		
– Kosten der Wohnung	Miete plus Nebenkosten plus Heizung	
– Versicherungen	soweit gesetzlich vorgeschrieben oder angemessen (z.B. Haftpflicht, Hausrat)	
– Werbungskosten	Arbeitsmittel, Fahrten zur Arbeit, Gewerkschaftsbeiträge	
– Abzugsbetrag für Erwerbstätige	bei Einkommen über 1.050 DM: 50% des Sozialhilferegelsatzes (273 DM)	
– Abzugsbetrag	64% des Regelsatzes nach § 79 BSHG (672 DM)	
– Abzugsbetrag für Ehegatten	64% des Regelsatzes nach § 79 BSHG (672 DM)	
– Abzugsbetrag für weitere unterhaltsberechtigte Personen	45% des Regelsatzes nach § 79 BSHG (473 DM)	
– sonstige Zahlungsverpflichtungen und besondere Belastungen	z.B. Kredite, Kinderbetreuungskosten	
einzusetzendes Einkommen (DM)*		

*

einzusetzendes Einkommen (DM)	eine Monatsrate von (DM)	einzusetzendes Einkommen (DM)	eine Monatsrate von (DM)
bis 30	0	900	310
100	30	1000	350
200	60	1100	400
300	90	1200	450
400	120	1300	500
500	150	1400	550
600	190	1500	600
700	230	über 1500	600*
800	270		

Vereinfachte Berechnung des Erziehungsgelds ab dem 7. Monat

	Berechnungsmodus	
Nettoeinkommen	Alle Einkünfte einschließlich Weihnachtsgeld, Urlaubsgeld, Zulagen, Steuerrückerstattungen, abzüglich Steuern und SV-Beiträge umgerechnet auf einen Monat oder vereinfacht: monatliches Nettoeinkommen x 13	
– Grundbetrag	Nicht getrennt lebende Ehegatten (29.400 DM); sonstige Berechtigte (23.700 DM)	
– Erhöhungsbetrag	pro unterhaltsberechtigtem Kind (4.200 DM)	
= Differenz		
: 30 = Anrechnungsbetrag		
Erziehungsgeld =	volles Erziehungsgeld (600 DM) – Anrechnungsbetrag	

Vereinfachte Berechnung zur Finanzierung eines Schwangerschaftsabbruchs

	Berechnungsmodus	
Verfügbares (persönliches) Einkommen		
– Einkommensgrenze	(1.775/1.631 DM)	
– Erhöhungsbetrag	pro unterhaltsberechtigtem Kind (419/402 DM)	
– Kosten der Wohnung	soweit sie 500/435 DM übersteigen (max. 522 DM)	
= Differenz		

Formulare

Vereinfachte Berechnung der Sozialhilfe

	Berechnungsmodus	
Bedarf = Eckregelsatz	Festlegung durch Rechtsverordnungen der Länder (546/527 DM)	
+ Mehrbedarfszuschlag	40% des Regelsatzes bei einem Kind unter 7 oder 2 Kindern unter 16 Jahren	
+ Regelsatz anderer Haushaltsangehöriger	altersabhängig (273/264 DM bis 491/474 DM)	
+ Kosten der Wohnung	Miete plus Nebenkosten plus Heizung	
= Sozialhilfebedarf		
Einkommen = Nettoeinkommen	Alle Einkünfte einschließlich Weihnachtsgeld, Urlaubsgeld, Zulagen, Steuerrückerstattungen, abzüglich Steuern und SV-Beiträge umgerechnet auf einen Monat oder vereinfacht: monatliches Nettoeinkommen x 13 : 12 jeweils plus Kindergeld	
– Versicherungen	soweit gesetzlich vorgeschrieben oder angemessen (z.B. Haftpflicht, Hausrat)	
– Werbungskosten	• Arbeitsmittel: pauschal 10 DM • Fahrten zur Arbeit: billigste Zeitkarte, sonst 10 DM/Entfernungskilometer • Gewerkschaftsbeiträge	
– Abzugsbetrag für Erwerbstätige	bei Einkommen über 1.050 DM: 50% des Eckregelsatzes (273 DM)	
– Abzugsbetrag für Kinder	20 DM bei einem 40 DM bei zwei und mehr Kindern	
= Anrechenbares Einkommen		
Sozialhilfe	= Bedarf – anrechenbares Einkommen	

Vereinfachte Berechnung des Ehegattenunterhalts

	Berechnungsmodus	Ehefrau	Ehemann
Ehegattenunterhalt = Nettoeinkommen	Alle Einkünfte einschließlich Weihnachtsgeld, Urlaubsgeld, Zulagen, Steuerrückerstattungen, abzüglich Steuern und SV-Beiträge umgerechnet auf einen Monat oder vereinfacht: monatliches Nettoeinkommen x 13 : 12 jeweils plus Kindergeld		
– Werbungskosten	Arbeitsmittel, Fahrten zur Arbeit, Gewerkschaftsbeiträge. Pauschal: 5% des Nettoeinkommens (mindestens 90 und höchstens 260 DM)		
– ehebedingte Schulden	gemeinsamer Entschluss, kommt allen zugute		
= bereinigtes Nettoeinkommen			
– Kindesunterhalt	nach der Düseldorfer Tabelle (bei der Berechnung des Ehegattenunterhalts wird das Kindergeld nicht abgezogen)		
= maßgebliche Beträge			
Einkommensdifferenz			
x 3 : 7			
= Elementarunterhalt			
+ Vorsorgeunterhalt	Beiträge zur Kranken-, Pflege-, Rentenversicherung (z.Zt. etwa 35% des Einkommens, wobei die Hälfte vom Arbeitgeber getragen wird)		
Selbstbehaltsgrenze unterschritten?	siehe Düsseldorfer Tabelle (einkommensabhängig; mindestens 1.300 DM, wenn der unterhaltspflichtige Ehegatte arbeitslos ist bzw. 1.500 DM, wenn er oder sie arbeitet)		
Maximaler Unterhaltsbetrag			

AUTORINNEN

Dagmar Oberlies ist promovierte Juristin und Professorin am Fachbereich Sozialarbeit der Fachhochschule Frankfurt am Main. Sie war lange Jahre Anwältin und Referatsleiterin im Saarländischen Sozialministerium. 1983 hat sie zusammen mit anderen Juristinnen die feministische Rechtszeitschrift »STREIT« gegründet.

Simone Holler ist Diplom-Sozialarbeiterin und langjährige Mitarbeiterin im Frankfurter Frauenhaus. Darüber hinaus ist sie Lehrbeauftragte am Fachbereich Sozialarbeit der Fachhochschule Frankfurt am Main.

Margrit Brückner ist promovierte Soziologin und Professorin am Fachbereich Sozialarbeit der Fachhochschule Frankfurt am Main. Ihr Arbeitsschwerpunkt ist seit vielen Jahren das Thema »Gewalt gegen Frauen und Mädchen«. Sie ist als Supervisorin im Bereich Frauen- und Mädchenarbeit tätig.